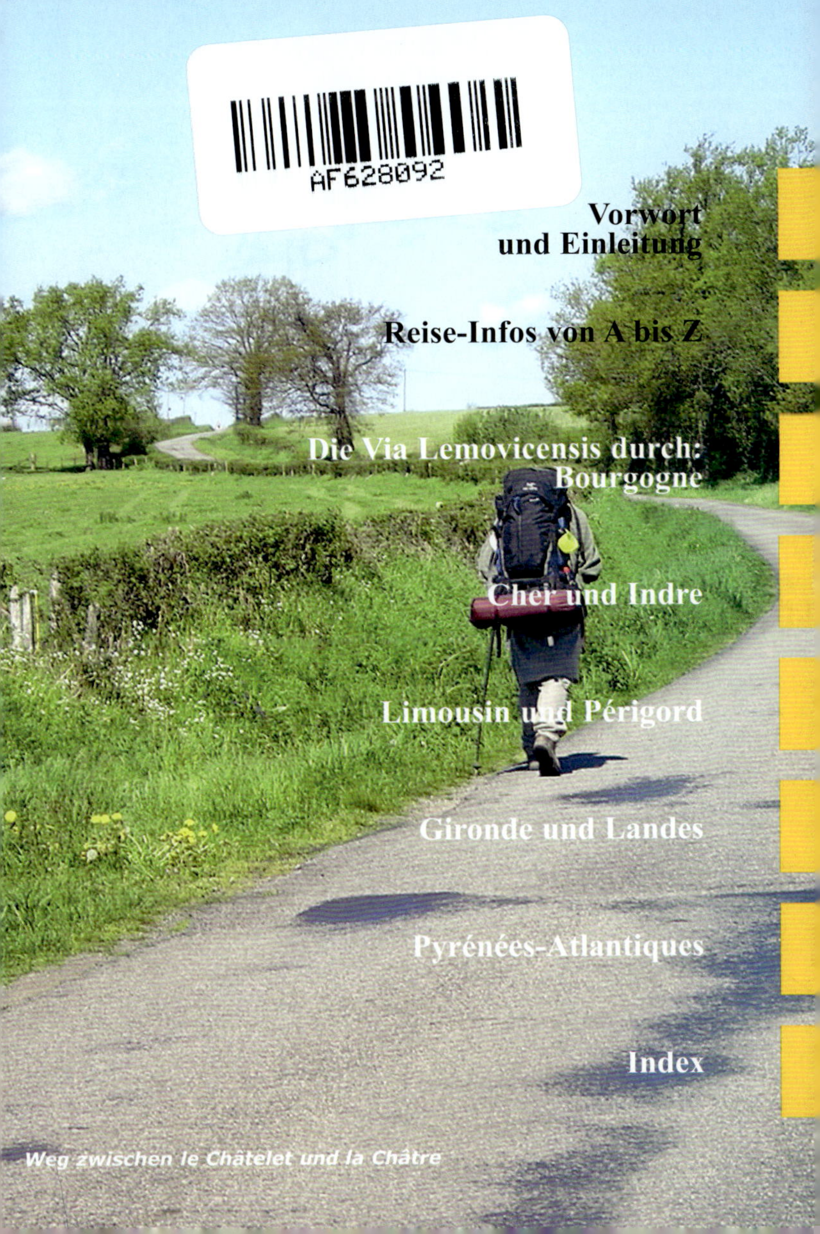

Weg zwischen le Châtelet und la Châtre

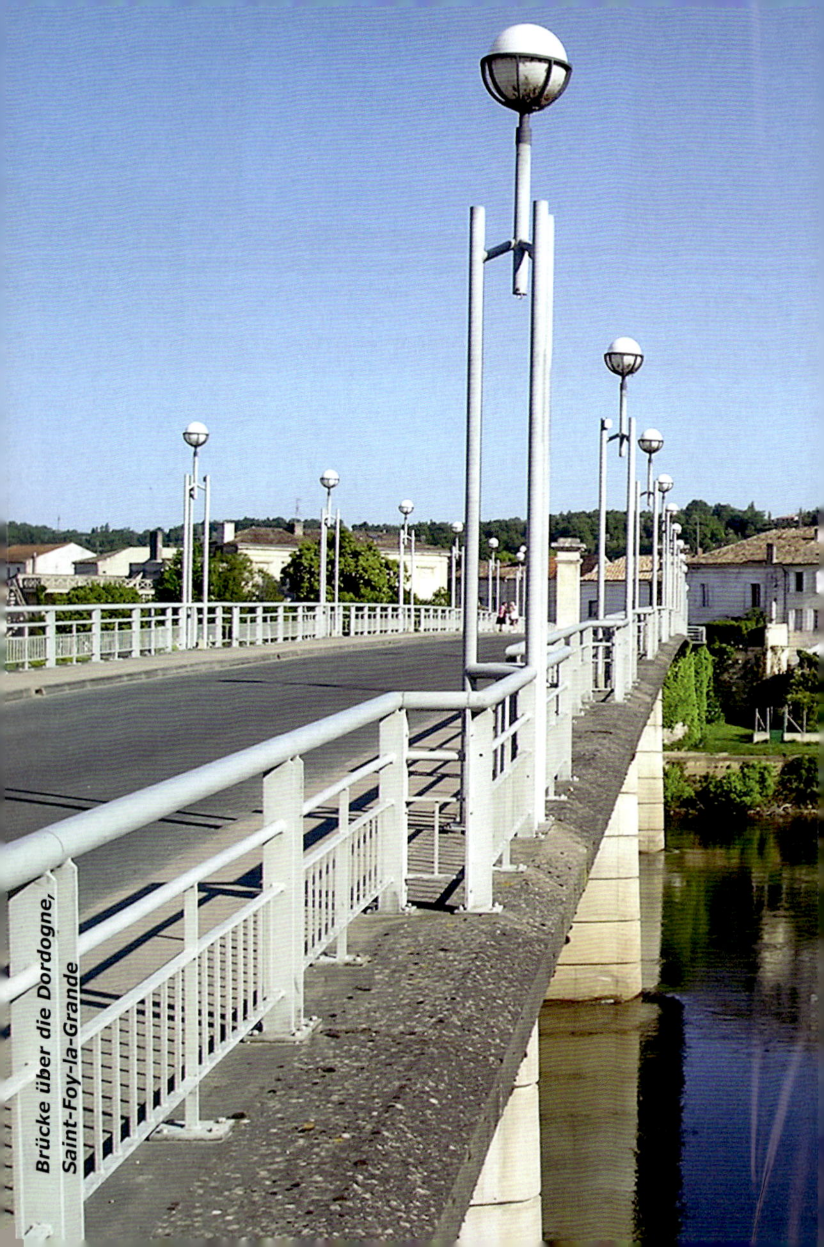

Brücke über die Dordogne,
Saint-Foy-la-Grande

Band 166

OutdoorHandbuch

Randolf Fügen

Frankreich: Jakobsweg Via Lemovicensis

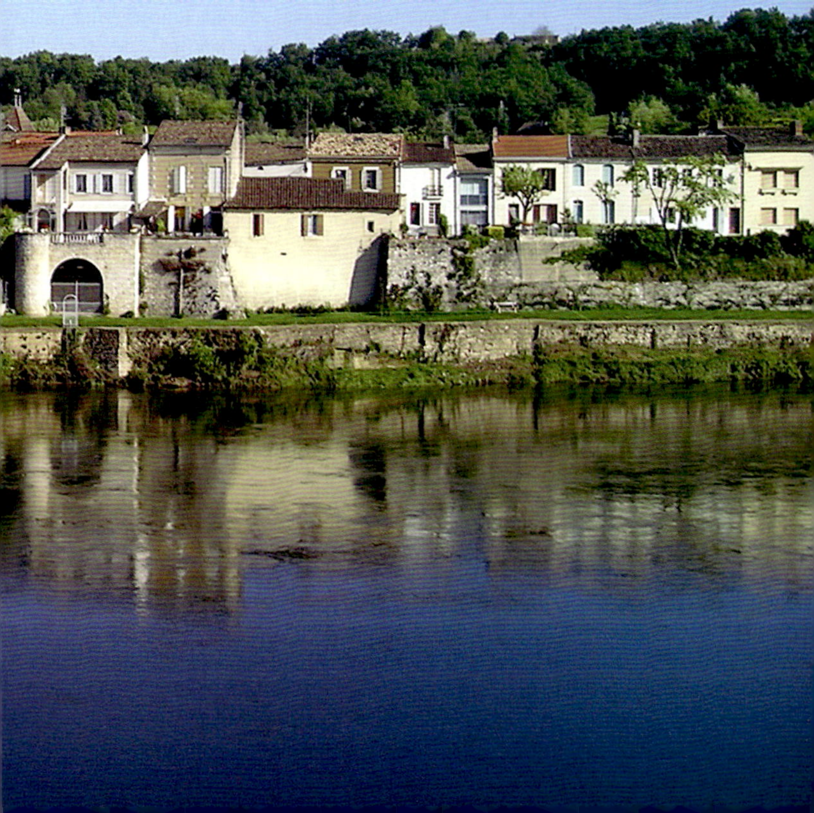

Frankreich: Jakobsweg

Der Autor und der Verlag sind für Lesertipps und Verbesserungen (besonders per E-Mail) unter Angabe der Auflagen- und Seitennummer dankbar.

Dieses OutdoorHandbuch hat 224 Seiten mit 63 farbigen Abbildungen sowie 58 farbigen Kartenskizzen im Maßstab 1:150.000, 63 farbigen Höhenprofilen, 7 farbigen Stadtplänen und einer farbigen, ausklappbaren Übersichtskarte. Es wurde auf chlorfrei gebleichtem, FSC®-zertifiziertem Papier gedruckt, in Deutschland klimaneutral hergestellt und transportiert und wegen der größeren Strapazierfähigkeit mit PUR-Kleber gebunden.

FSC
www.fsc.org
MIX
Papier aus verantwortungsvollen Quellen
FSC® C009051

Klimaneutral
Druckprodukt
ClimatePartner.com/10951-1909-1002

Dieses Buch ist im Buchhandel und in Outdoor-Läden erhältlich und kann im Internet oder direkt beim Verlag bestellt werden.

Via Lemovicensis

OutdoorHandbuch aus der Reihe „Der Weg ist das Ziel“, Band 166

ISBN 978-3-86686-647-8 4., überarbeitete Auflage 2019

Text und Fotos: Randolf Fügen
Karten: Heide Schwinn
Lektorat: Amrei Risse
Layout: Alexandra Sauerland

Gesamtherstellung: gutenberg beuys feindruckerei

Dieses OutdoorHandbuch wurde konzipiert und redaktionell erstellt vom:

Conrad Stein Verlag GmbH, Kiefernstr. 6, 59514 Welver,
☏ 023 84/96 39 12, FAX 023 84/96 39 13,
info@conrad-stein-verlag.de,
www.conrad-stein-verlag.de

Besuchen Sie uns bei Facebook & Instagram:

www.facebook.com/outdoorverlag

www.instagram.com/outdoorverlag

Titelfoto: Pilgerkreuz bei Ostabat-Asme

Inhalt

Vorwort zur 4. Auflage

Als ich diesen Weg 2004 entdeckt und daraufhin beschrieben habe, hätte ich nicht gedacht, dass der Pilgerführer mal in der 4. Auflage erscheinen würde. Dies habe ich – und haben die anderen Pilger – vor allem den vielen freiwilligen Helfern am Weg und bei den Jakobusgesellschaften zu verdanken. Freiwillige, die sich um die Ausschilderung des Weges kümmern, die Pilgerherbergen am Wege öffnen und betreiben und die sich für diesen Jakobsweg durch Frankreich einsetzen. Einen herzlichen Dank.

Ein Dank geht auch an die Pilger, die mir mit Hinweisen und Anregungen geholfen haben, dass diese Auflage entstehen konnte. So habe ich an einigen Wegabschnitten Alternativrouten eingearbeitet, denn, das habe ich bei meinen Besuchen vor Ort festgestellt, der Weg „lebt", er verändert sich und wird von den Pilgern und den Einheimischen angenommen. So sind auch in dieser Auflage neue Herbergen hinzugekommen und andere wieder weggefallen. Über neue Wegstrecken und neue Unterkunftsmöglichkeiten wird auch in den Herbergen am Weg informiert und so wünsche ich allen Pilgern, Wanderern und Radfahrern „buen camino" oder auch „bonne route".

Einleitung

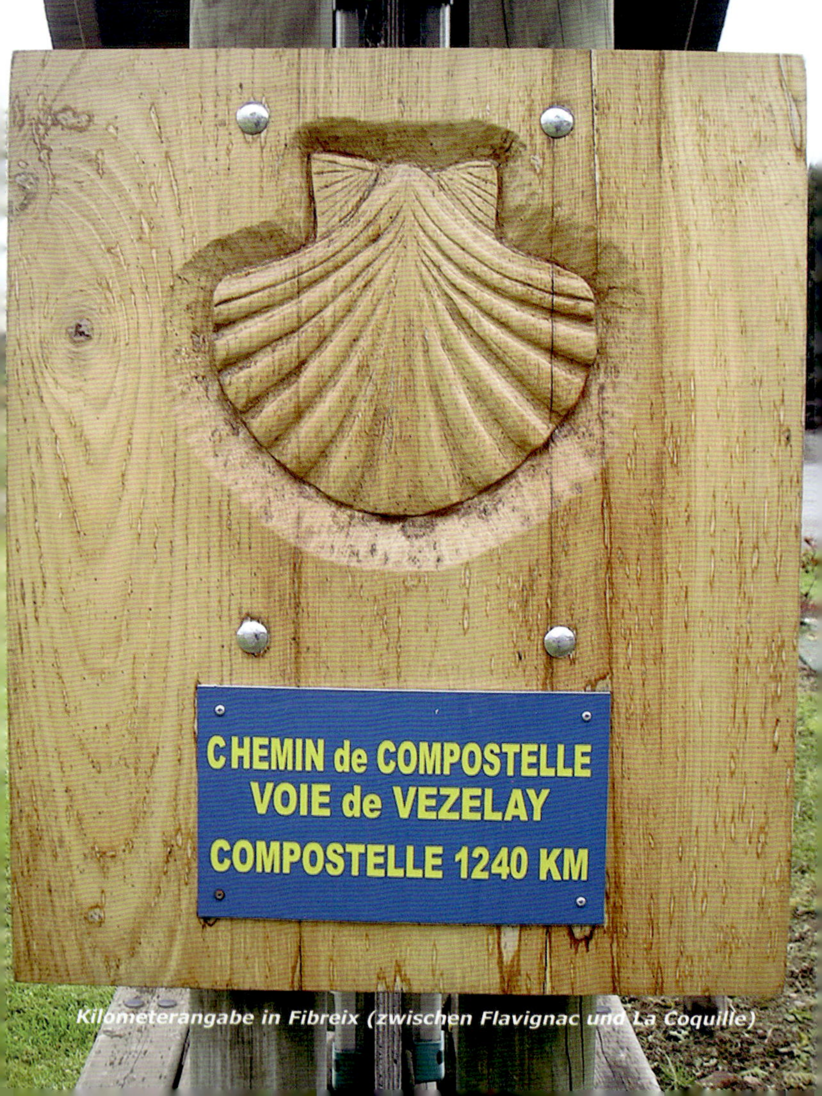

Kilometerangabe in Fibreix (zwischen Flavignac und La Coquille)

Als Jakobs- oder Jakobuswege bezeichnet man die Wege, die die Pilger im Mittelalter auf ihrer Reise nach Santiago de Compostela zurückgelegt haben. Vielfach haben sie alte Handels- und Heerstraßen benutzt. Es sind somit keine reinen Pilgerwege.

Die Auswahl der einzelnen Wege hatte für einen Pilger im Mittelalter unterschiedliche Gründe. Die Begehbarkeit, die jahreszeitlichen Schwankungen unterlag, und die Versorgung am Weg waren entscheidende Kriterien. Durch alte Urkunden und Berichte können aber bestimmte Routen als Wege, die von vielen Pilgern benutzt wurden, nachgewiesen werden.

Geschichte

Der Apostel Jakobus der Ältere, der Bruder des Evangelisten Johannes, gehörte zum engeren Kreis der Jünger um Jesus. Er starb im Jahr 44 den Märtyrertod. Die Legende erzählt, dass er davor in Spanien missioniert hatte und der Leichnam daher auf teilweise wundersame Weise nach Galicien, an das „Ende der Welt" (*finis terrae*), überführt wurde.

Das Grab des Apostels geriet in Vergessenheit, bis es 829 von dem Eremiten Pelayo (lat. *Pelagius*) in einem Gräberfeld entdeckt wurde. Da Pelayo angab, von Sternen geleitet worden zu sein, bekam das Feld den Namen campus stellae (Sternenfeld). Der Apostel wird in Spanien „Santiago" (*San Jacobo*) genannt. So entstand der Name Santiago de Compostela.

Die Nachricht von der Entdeckung des Apostelgrabes verbreitete sich rasch. Aus dem ganzen christlichen Europa strömten Pilger nach Santiago. Galicien gehörte damals zum Einflussbereich des Königreiches Asturien, dessen Herrscher die beginnende Pilgerschaft zu nutzen wusste. Asturien verstand sich als christliches Bollwerk gegen die Araber, die bereits einen Großteil der Iberischen Halbinsel besetzt hielten.

Päpstliche Privilegien, Ablässe, fast unglaubliche Wunderberichte und die Förderung des Pilgerwesens aufgrund von politischen und wirtschaftlichen Zielen durch die weltlichen Machthaber machten das Apostelgrab in Santiago de Compostela zu dem bevorzugten Pilgerziel europäischer Christen. Die Wallfahrt zum Grab wurde zu einer großen Massenbewegung im Mittelalter. Zwischen dem 11. und 15. Jh. erlebte sie ihre Blütezeit.

Im 16. Jh. kam es zum Niedergang der Pilgerbewegung nach Santiago. Die Wallfahrt selbst geriet zunehmend in Verruf. Zunächst Frankreich und dann Mitteleuropa wurden durch Religionskriege erschüttert, Spanien versuchte sich dagegen abzuschotten. Durch die Reformation und den Humanismus veränderten sich die Lebenseinstellungen der Menschen. Als 1589 die Gefahr der Plünderung Santiagos bestand, wurden die Gebeine des Apostels versteckt und gerieten so erneut in Vergessenheit. Erst 1879 wurden sie bei Baumaßnahmen wiederentdeckt. Obwohl Papst Leo XIII. sie als echt anerkannte, brauchte es eine Zeit, bis die Wallfahrt nach Santiago wieder eine europäische Dimension erreichte.

Erst nach dem Zweiten Weltkrieg, als Theologen, Historiker und Kunstgeschichtler die Bedeutung der „großen Wallfahrt des Mittelalters" herausstellten, erwachte die Pilgerbewegung erneut. Der Kreis der Interessierten und derjenigen, die sich zu Fuß auf den Weg machen, wuchs. 1985 wurde Santiago de Compostela auf die UNESCO-Weltkulturerbeliste gesetzt, 1987 erklärte der Europarat die Pilgerwege nach Santiago zur „Ersten Kulturstraße Europas".

Schließlich wurden 1993 der Hauptweg in Spanien (Camino Francés) und fünf Jahre später die wichtigsten Hauptwege durch Frankreich ebenfalls in die UNESCO- Weltkulturerbeliste aufgenommen.

Die Wege in Frankreich

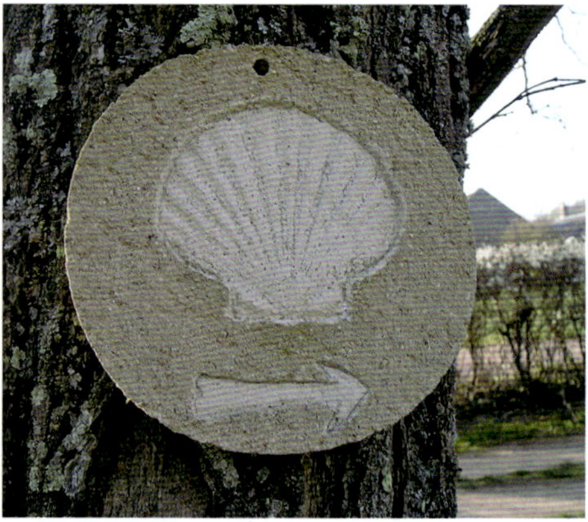

Privat angebrachte Wegmarkierung

Im Jahr 1139 erschien eine ausführliche Beschreibung der Wallfahrt: das „Liber Sancti Jacobi", offiziell „Codex Calixtinus" genannt. Das 5. Buch, der „Guide du pèlerin de Saint-Jacques de Compostelle", gilt als einer der ersten Pilgerführer. Er enthält eine allgemeine Beschreibung der Pilgerwege durch Nordspanien sowie eine Beschreibung der einzelnen Etappenorte in Frankreich und gibt Informationen über die Bevölkerung in den durchquerten Regionen. Als Autor gilt Aymeric Picaud, ein Geistlicher aus der Region Poitou (Departement Vienne).

Der Pilgerführer kennt vier Wege durch Frankreich nach Santiago: Die Via Tolosana beginnt in Arles, verläuft über Toulouse und führt über den Somportpass nach Spanien. Die Via Podiensis hat Le Puy-en-Velay als Ausgangspunkt. Die Via Turonensis beginnt in Tour und die Via Lemovicensis fängt in Vézelay an und verläuft über Limoges. Die drei letztgenannten Wege vereinigen sich in Ostabat und führen dann über die Pyrenäen und als Camino Francés durch Spanien. In Puenta la Reina kommt der über den Somportpass verlaufende Aragonesische Weg dazu.

Via Lemovicensis

Die Via Lemovicensis wird in Frankreich auch als „Voie de Vézelay" (Weg von/über Vézelay) bezeichnet. In manchen Urkunden findet sich des Weiteren der Name „Via Viziliacenis" (nach dem Startpunkt Vézelay).

Im Jahr 1120 wurde die Kirche von Vézelay durch ein Feuer zerstört, bei dem auch zahlreiche Pilger den Tod fanden. Urkunden, die danach geschrieben wurden, verweisen allein auf den verkürzten Weg mit dem Startpunkt in Limoges oder sogar nur in Périgueux. Spätestens 1146 war die Kirche aber wieder aufgebaut und Vézelay erneut der große Sammlungspunkt der Pilger.

Anders als bei den anderen Hauptrouten haben sich an der Via Lemovicensis einige Variationen entwickelt. Die bekanntesten sind die Varianten über Bourges oder Nevers und diejenigen über Sante-Foy-la-Grande oder Bergerac. Die Route über Nevers wurde als „le Grand Chemin Royal" beschrieben und die Strecke über Sante-Foy-la-Grande als die historisch korrekte und am meisten benutzte Route definiert.

Die Via Lemovicensis gehört zu den ruhigeren Hauptrouten in Frankreich. Sie gilt als wenig überlaufen und durchquert auch wenig touristische Gebiete. Auf ihr laufen die Pilger, die noch die Ruhe des Weges suchen, die man in Spanien und auf der Via Podiensis inzwischen vielfach vermisst. Der Weg führt über keine großen Höhen und ist angenehm zu begehen.

Erst 1992 begann der Aufbau einer pilgertouristischen Infrastruktur. Vor allem Monique Chassain († 2017) und ihre Mitstreiter trugen dazu bei, dass man sich beim Verlauf der Via Lemovicensis an die Beschreibungen von Aymeric Picaud hielt.

1999 wurde die „Association des Amis de Saint-Jacques de la Voie de Vézelay" (Jakobusfreunde an der Via Lemovicensis) gegründet, deren Aufgabe es ist, den Weg weiterzuentwickeln.

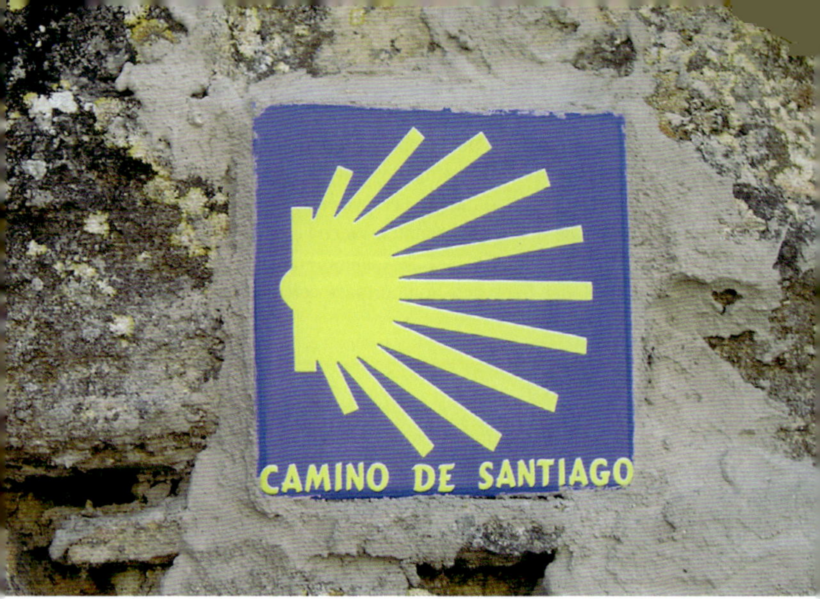

Die Jakobsmuschel

Heute kümmern sich verschiedene Jakobusgesellschaften um die Via Lemovicensis:

- ▷ Amis et Pèlerins de Saint-Jacques de la Voie de Vézelay,
  www.vezelay-compostelle.eu
- ▷ Amis et Pèlerins de Saint-Jacques du Limousin-Périgord,
  www.compostelle-limousin-perigord.fr
- ▷ Amis de Saint-Jacques de Compostelle en Aquitaine,
  www.saint-jacques-aquitaine.com/voie_vezelay.php
- ▷ Société Landaise des Amis des Saint-Jacques,
  www.compostelle-landes.org
- ▷ Amis du chemin de Saint-Jacques des Pyrénées-Atlantiques,
  www.aucoeurduchemin.org

Das heilige Jahr

Wenn der Tag des heiligen Jakobus, der 25. Juli, auf einen Sonntag fällt, dann ist ein „heiliges Jahr" (*jubileo* = Jubeljahr). Seit 1122 hat Santiago de Compostela als einzige Stadt neben Rom das vom Papst verliehene Recht, ein heiliges Jahr zu feiern. In diesen Jahren sind besonders viele Touristen und Pilger nach Santiago unterwegs und viele Veranstaltungen finden zu Ehren des Apostels statt. Das nächste heilige Jahr ist 2021.

Die Jakobsmuschel

Spätestens seit dem Anfang des 12. Jh. ist die Jakobsmuschel (*Pecten jacobaeus*) das Symbol der Pilgerschaft. Wie es dazu kam, ist historisch nicht geklärt. Im „Liber Sancti Jakobi" wird sie zum ersten Mal erwähnt. Man kann sie an der galicischen Atlantikküste finden oder in Santiago kaufen. Sie bot dem Pilger auf dem Heimweg Hilfe und rechtlichen Schutz und diente in der Heimat als Nachweis der Pilgerschaft.

☺ Auch heute noch ist die Muschel (*la coquille*) das Erkennungszeichen eines Pilgers. Wer sie sichtbar am Rucksack oder an der Kleidung trägt, wird unterwegs oft darauf angesprochen und häufig wird ihm Hilfe angeboten.

Der Pilgerausweis

Der Pilgerausweis wird auch Pilgerpass, Pilgerbeglaubigung oder Pilgerbrief genannt. Auf Französisch heißt er *lettre de créance du pèlerin* und in Spanien credencial. Um in den Genuss von Übernachtungen in den Pilgerherbergen und in einigen Klöstern zu kommen, ist ein Pilgerausweis unbedingt erforderlich. Erhältlich ist er bei einer der vielen Jakobusgesellschaften (☞Kapitel „Information" in den „Reise-Infos von A bis Z").

Der Pilgerausweis dient mit seinen Stempeln (*tampon*) als Nachweis der Pilgerschaft für die Herbergen und als schöne Erinnerung an die Reise. Die Tourismusinformationen und Rathäuser sind gerne bereit, den Pilgerpass abzustempeln.

☺ Je nach Länge der geplanten Wanderung kann es notwendig sein, die leeren Seiten vorher zu kopieren, um genügend Platz für Stempel zu haben.

☹ Um in Santiago die Pilgerurkunde, die *compostela*, zu bekommen, müssen Sie die letzten 100 km vor Santiago zu Fuß oder die letzten 200 km mit dem Fahrrad zurückgelegt haben. Wie viele Kilometer Sie vorher bereits bewältigt haben, ist für die Pilgerurkunde unwesentlich. Für die letzten 100 km ist es inzwischen notwendig, zwei Stempel pro Tag nachzuweisen.

Reise-Infos von A bis Z

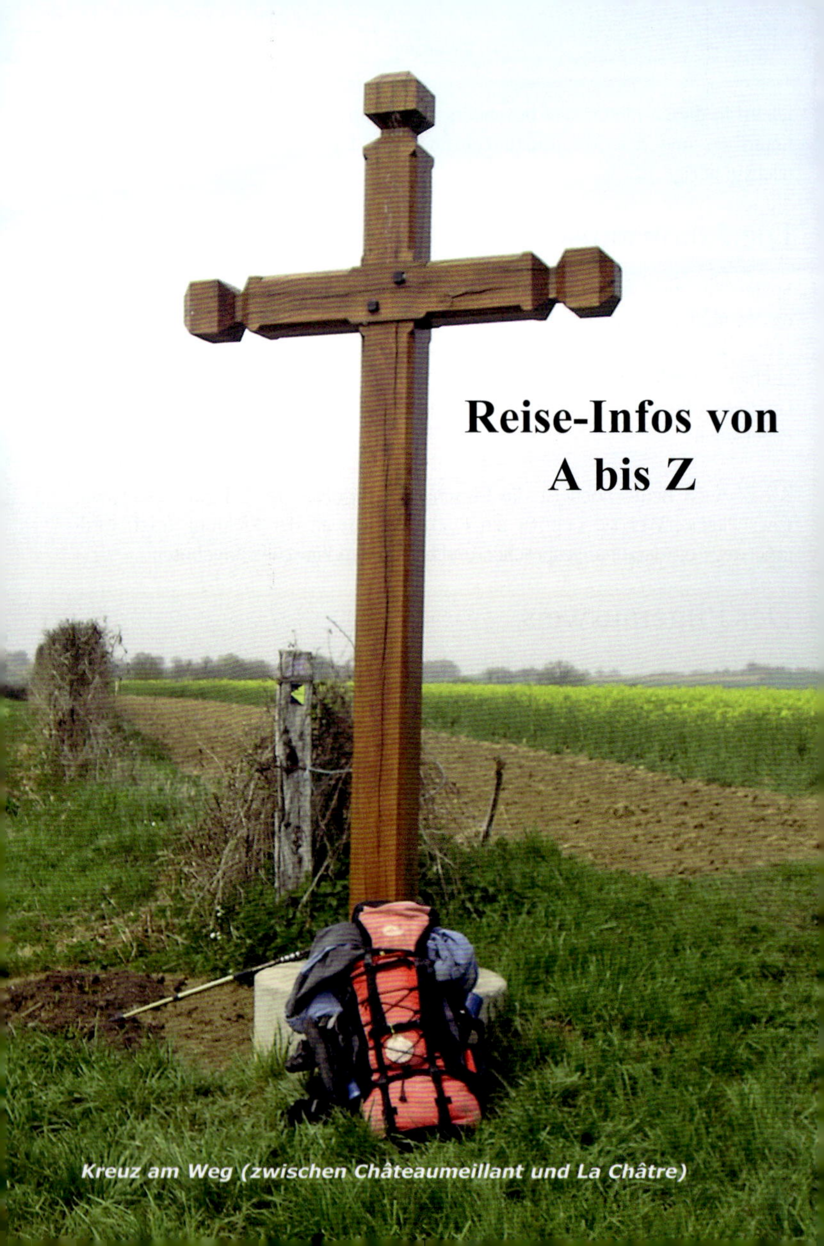

Kreuz am Weg (zwischen Châteaumeillant und La Châtre)

An- und Rückreise

Anreise

mit der Bahn:

Vézelay liegt südlich von Auxerre und besitzt keinen eigenen Bahnhof. Der Weg vom Bahnhof Sermizelles-Vézelay in die Stadt (10 km) ist auf S. 46 beschrieben. Eine Alternative ist es, die Wanderung in Avallon zu beginnen und über den GR 13 nach Vézelay zu wandern (ca. 16 km).

Sermizelles-Vézelay und Avallon haben Bahnanschluss über Laroche-Migennes nach Paris (Gare Bercy) und Dijon. Zum TGV-Bahnhof in Montbard (TGV ab Paris, Gare de Lyon) gibt es eine Busverbindung über Avallon.

Zwischen Ende April und Ende Oktober gibt es Kleinbusverbindungen (*navettes*) zwischen Avallon und Vézelay. Sie verkehren während der Sommerferien im Juli/August täglich, in der Vor- und Nachsaison nur samstags und sonntags. Täglich einmal wird auch der Bahnhof Sermizelles angefahren. Nähere Auskünfte erteilt das Office de tourisme de Vézelay.

♦ ☏ 03 86 33 23 69, www.vezelaytourisme.com

Die Fahrt mit dem Taxi vom Bahnhof Sermizelles nach Vézelay dauert etwa 10 Min. und kostet € 28.

♦ Taxi Cyril Rodron, 21 Rue Saint-Etienne, ☏ 06 74 53 45 76, www.taxi-vezelay.com

In den TGV und Fernzügen werden keine Fahrräder mitgenommen. In den Regional- und Nahverkehrszügen hingegen ist dies kein Problem.

Über innerfranzösische Zugverbindungen informiert die Internetseite der französischen Bahn (SNCF): www.sncf.com (auch auf Deutsch).

Über Zugverbindungen von Deutschland aus informiert die Internetseite der Deutschen Bahn: www.bahn.de.

mit dem Bus:

Eine Anreise mit dem Fernbus kann günstiger sein als mit der Bahn. Allerdings werden in Frankreich nur die großen Städte an der Via Lemovicensis durch Fernbusse angefahren. So gibt es z. B. Fernbusverbindungen nach Auxerre. Dort ist dann allerdings ein Umstieg auf die Bahn notwendig.

mit dem Auto:

- von **Norden**: Autobahn A 6 (Paris – Lyon), Ausfahrt Nitry, dann über die D944, D32, N6 und D951 nach Vézelay
- von **Süden**: Autobahn A 6 (Paris – Lyon), Ausfahrt Avallon, dann über Avallon, die N6 und die D957 nach Vézelay

P Eine Parkmöglichkeit, auch für einen längeren Zeitraum, besteht für € 10 pro Woche am Campingplatz bei der Jugendherberge. Nähere Auskünfte unter ☏ 03 86 33 24 18 oder auberge.jeunesse.vezelay@orange.fr.

☹ Die meisten Autobahnen in Frankreich werden privat betrieben und sind mautpflichtig. An einzelnen Kassenhäuschen ist ein entsprechender Betrag zu entrichten.

Rückreise

Von Saint-Jean-Pied-de-Port gibt es eine direkte Zugverbindung nach Bayonne. Von hier aus sind Paris, Biarritz oder Pau gut zu erreichen.

In den meisten Zügen von Saint-Jean-Pied-de-Port nach Bayonne dürfen Sie Ihr Fahrrad mitnehmen. In den Direktzügen von Bayonne nach Paris ist dies nicht möglich.

Falls Sie nur einen Abschnitt der Via Lemovicensis in Frankreich zurücklegen möchten oder können, orientieren Sie sich an dem Symbol, mit dem die Etappenorte mit Bahnhof gekennzeichnet sind.

Auf dem Land gibt es allerdings nur noch wenige Bahnstrecken, sodass viele Städte nicht mehr über einen Bahnhof verfügen. Größere Orte sind dafür mit dem Überlandbus (*car*) erreichbar.

☹ Die meisten Überlandbusse und viele Bahnen verkehren leider nur werktags.

Die Via Lemovicensis verläuft in Nordost-Südwest-Richtung. Das Bahnnetz in Frankreich ist aber nach wie vor auf Paris ausgerichtet und die meisten Eisenbahnstrecken kreuzen die Via Lemovicensis quer.

Eine Rückreise mit dem Fernbus kann eine günstigere Alternative sein, allerdings besteht wie auf der Hinreise das Problem, dass nur die großen Städte an der Via Lemovicensis angefahren werden. So gibt es z. B. Fernbusverbindungen ab Bayonne.

Ausrüstung

Der Rucksack sollte bequem zu tragen sein. Beim Packen ist zu beachten, dass er idealerweise nicht mehr als 1/8 des Körpergewichtes wiegen sollte. Je leichter der Rucksack ist, desto einfacher lässt es sich wandern. Bei leichterem Gepäck können die Tagesetappen länger sein, da auf den Füßen dann weniger Druck lastet. Falls Sie doch zu viel mitgenommen haben, schicken Sie einen Teil davon einfach wieder nach Hause. Dies ist von jedem Postamt aus ohne Probleme möglich.

Ferner ist beim Packen darauf zu achten, dass schwere Sachen auf Schulterhöhe liegen, also oben im Rucksack.

Hinweis an der Pilgerherberge in Port-St-Foy

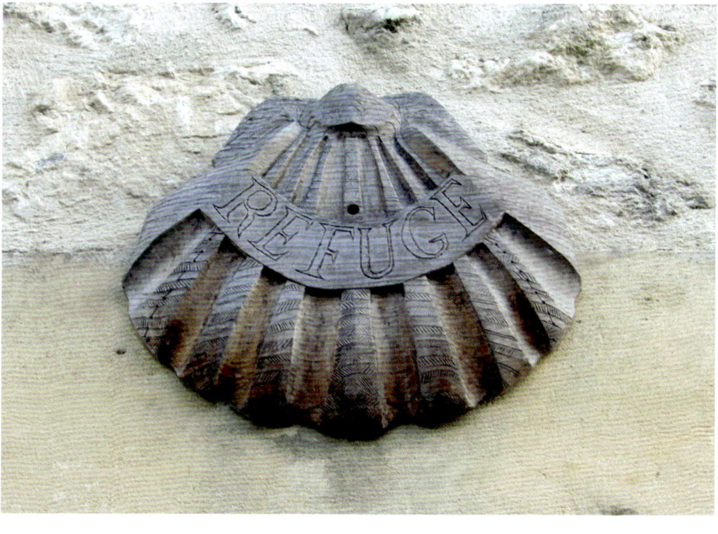

Das Schuhwerk sollte gut eingelaufen sein. Ob Sie Wanderschuhe oder -stiefel oder nur gute Sportschuhe tragen, ist eine persönliche Einstellungssache. Stiefel haben den Vorteil, dass sie einen besseren Schutz für die Knöchel bieten. Auch ist darauf zu achten, dass auf einigen Wegen ein gutes Profil notwendig ist.

Beachten Sie bitte: Nehmen Sie nur die allernötigste Kleidung mit! Man kann mit sehr wenig Kleidung auskommen. In den meisten Unterkünften ist es möglich, seine Wäsche zu waschen. In Frankreich gibt es alles zu kaufen, was man braucht. Nehmen Sie keine großen Vorräte mit.

Folgendes Gepäck sollten Sie nicht vergessen:

- ☐ Schlafsack, der im Sommer sehr leicht sein kann
- ☐ leichtes Regencape oder Poncho
- ☐ Jacke, die im Sommer leicht sein kann
- ☐ Pullover, auch im Sommer
- ☐ T-Shirts
- ☐ zwei Paar Hosen (Im Sommer empfehle ich zwei kurze Hosen oder eine mit abnehmbaren Beinen und eine kurze.)
- ☐ gute Wandersocken
- ☐ Unterwäsche
- ☐ Halstuch oder Schal
- ☐ im Sommer Mütze oder Hut mit breiter Krempe und Sonnenschutzmittel
- ☐ Reiseapotheke (☞ Erste Hilfe)
- ☐ Kulturbeutel und Handtuch
- ☐ Badelatschen zum Duschen
- ☐ Waschmittel für die Wäsche
- ☐ Wäscheleine (kann auch nur eine Schnur sein)
- ☐ Sicherheitsnadeln oder Wäscheklammern (Zum Trocknen können Sie die gewaschene Wäsche beim Wandern auch an den Rucksack hängen.)
- ☐ kleine Taschenlampe oder Stirnlampe
- ☐ Wasserflasche
- ☐ Messer, Gabel, Löffel, Dosenöffner
- ☐ Ohrstöpsel für die Schlafsäle in den Herbergen

Weitere Tipps:

- ▷ Ich habe einen Poncho mit einer Ausbuchtung für den Rucksack benutzt und damit auch bei Dauerregen gute Erfahrungen gemacht.

- ▷ Eine Isomatte ist nicht notwendig. Wenn man allerdings seine Quartiermöglichkeiten erweitern möchte und auch bereit ist, auf dem Boden zu schlafen, ist eine solche nützlich.
- ▷ Leichte Langarmhemden trocknen schnell und schützen vor Sonnenstrahlen und Mücken.
- ▷ Spezielle Outdoorbekleidung aus modernen Fasern ist strapazierfähig, leicht und trocknet schnell.
- ▷ Ein Handtuch aus Mikrofasergewebe ist leicht, trocknet schnell und nimmt auch noch im feuchten Zustand Wasser auf.
- ▷ In deutschen Drogeriemärkten gibt es die gängigen Utensilien (Salben, Cremes, Zahnpasta, Haarwaschmittel, Sonnenschutz etc.) in kleinen Dosen und Tuben.
- ▷ Informationsmaterial, Stadtpläne, Broschüren usw. können Sie von unterwegs nach Hause schicken.
- ▷ Ein leichter, kleiner Regenschirm kann hilfreich sein, wenn Sie an Regentagen bequem Städte besichtigen möchten.

Generell gilt: Nehmen Sie lieber weniger Gepäck mit und kaufen Sie unterwegs je nach Bedarf nach.

☺ Spezielle Geschäfte für Outdoorbedarf bieten eine große Bandbreite an Ausstattungsgegenständen und Kleidung an. Dort gilt in der Regel: je teurer, desto leichter und strapazierfähiger.

Wanderstock

Ein Wanderstock entlastet die Gelenke, kann gegen Hunde und Schlangen schützen und hilft auf unwegsamem Gelände und bei der Überquerung von Bächen und sumpfigen Wegstrecken. Der Stock sollte leicht und elastisch sein und am besten aus Haselnussholz bestehen. Idealerweise ist er 20 cm länger als die Person, die ihn trägt, damit ein harmonisches Gleichgewicht erreicht wird.

Eine Alternative zu einem größeren Wanderstock ist die Benutzung von zwei Teleskopwanderstöcken. Sinnvoll ist es, solche mit Stoßdämpfung zu besorgen. Gumminoppen sind für das Laufen auf geteerten Wegen sinnvoll. Teleskopwanderstöcke haben den Vorteil, dass sie bei Nichtgebrauch auf ein handliches Maß verkleinert werden können. Wer keine Lust hat, vorher einen Wanderstock zu kaufen, kann sich im Wald ein passendes Stück Holz suchen oder auf die einfachen Wanderstöcke zurückgreifen, die in den Touristenorten verkauft werden.

Diplomatische Vertretungen

Ⓓ Ambassade de la République Fédérale d´Allemagne (Botschaft der Bundesrepublik Deutschland), 28 Rue Marbeau, 75116 Paris, ☏ +33/(0)153 83 45 00, ✉ allemagne@pari.diplo.de, 🖳 www.allemagne.diplo.de

♦ Französische Botschaft in Deutschland, Pariser Platz 5, 10117 Berlin, ☏ 030/590 03 90 00, 🖳 de.ambafrance.or

Ⓐ Ambassade d'Autriche (Botschaft der Republik Österreich), 6 Rue Fabert, 75007 Paris, ☏ +33/(0)140 63 30 63, ✉ paris-ob@bmaia.gv.at, 🖳 www.bmeia.gv.at/oeb-paris

♦ Botschaft der Französischen Republik, Technikerstraße 2, 1014 Wien, ☏ +43/(0)1/50 27 50, 🖳 www.ambafrance-at.org

(CH) Ambassade de Suisse (Botschaft der Schweizerischen Eidgenossenschaft), 142 Rue de Grenelle, 75007 Paris, ☏ +33/(0)149 55 67 00, ✉ paris@eda.admin.ch, 🖳 www.eda.admin.ch/paris

♦ Botschaft der Französischen Republik, Schosshaldenstraße 46, 3006 Bern, ☏ +41/(0)31/359 21 11, 🖳 www.ambafrance-ch.org

Einkaufen

In den meisten Orten gibt es Lebensmittelgeschäfte und Restaurants. Proviant für mehrere Tage muss nicht eingepackt werden, es ist aber empfehlenswert, sich in den größeren Orten für ein bis zwei Tage einzudecken. Achten Sie besonders darauf, wenn Sie am folgenden Tag während der Mittagspause durch den einzigen Ort mit einem Lebensmittelgeschäft auf der Etappe kommen sollten.

Die Öffnungszeiten der Läden sind unterschiedlich, die meisten machen aber eine Mittagspause. So sind die Kernöffnungszeiten von Di bis Sa 9:00 bis 12:00 und 15:00 bis 19:00. Sonntagvormittag haben einige Bäckereien und manche Lebensmittelläden geöffnet.

☹ Lebensmittelläden (mit Ausnahme der großen Supermärkte) haben in der Regel montags geschlossen. Dies betrifft auch viele Bäckereien. Montagvormittag haben auch viele andere Geschäfte, selbst in größeren Städten, geschlossen.

☹ Es gestaltet sich mitunter schwierig, für nur ein Essen im Lebensmittelmarkt einzukaufen. Vieles gibt es nur in Mehrfachpackungen.

☺ Je nach Jahreszeit verkaufen Bauernhöfe Obst und Gemüse.

Erste Hilfe

Jeder Wanderer sollte in der Lage sein, die einfachsten Probleme selbst zu lösen. Eine kleine Reiseapotheke sollte jeder im Rucksack mitnehmen. Dazu gehören normales Pflaster, spezielles Blasenpflaster, eine Nagelschere, Desinfektionsmittel, eine infektionshemmende Salbe, eine Salbe gegen Mückenstiche und eine Binde.

Blasen lassen sich durch gute Vorbeugung vermeiden: Tragen Sie nur gut eingelaufene Schuhe und möglichst Socken oder Strümpfe ohne Nähte. In Sportgeschäften gibt es spezielle Wander- oder Trekkingsocken.

Zur Behandlung von Blasen gibt es unterschiedliche Tipps. Das Beste ist, die Blase verhornen zu lassen. Drückt die Blase zu sehr, ist es auch möglich, sie aufzuschneiden, zu desinfizieren und gut trocknen zu lassen, sodass sich möglichst schnell eine neue Haut bilden kann. Spezielle Blasenpflaster (z. B. Compeed oder billigere Konkurrenzprodukte) sind auch wirkungsvoll.

Apotheken gibt es in zahlreichen Orten. Chambres d'hôtes und die Pilgerherbergen haben in der Regel auch einen Erste-Hilfe-Kasten.

☺ Die regelmäßige Behandlung der Füße mit Hirschtalg vermindert den Druck und die Reibung auf der Haut.

✋ Auf einigen Streckenabschnitten gibt es Vipern, deren Biss tödlich sein kann. Die Schlangen, die ich gesehen habe, haben aber mehr Angst vor dem Menschen als andersherum. Dennoch ist es ratsam, bei einer Rast auf Mauern oder Steinen mit einem Stock mehrmals auf die Steine zu schlagen, bevor man sich setzt. Die Vibration vertreibt die Schlangen.

✋ In Waldgebieten und auf Wiesenwegen ist mit Zecken zu rechnen. Es empfiehlt sich, am Abend seinen Körper zu untersuchen und Zecken rechtzeitig zu entfernen. In Apotheken sind spezielle Zeckenzangen erhältlich.

Essen und Trinken

Frankreich ist ein Land der Feinschmecker. Die Auswahl an Speisen in den Restaurants und an Lebensmitteln in den Geschäften ist vielfältig. Es lohnt sich, regionale Spezialitäten zu probieren.

Das Mittagessen (*déjeuner*) gibt es üblicherweise zwischen 12:00 und 14:00 und das Abendessen (*diner*) ab 19:30 oder 20:00. Selbst bis 21:00 oder 22:00 kann auch in kleineren Orten noch ein warmes Menü bestellt werden.

Restaurants bieten meistens ein komplettes Menü (*menu*) zu einem Festpreis an. Dazu gehören eine warme oder kalte Vorspeise (*entrée* oder *hors-d'œuvre*), ein Fleisch- (*viande*) oder Fischgericht (*poisson*) im Hauptgang sowie Käse (*fromage*) bzw. eine Süßspeise zum Nachtisch (*dessert*). Brot (*pain*) und (Leitungs-)Wasser (*l'eau*) sind meistens im Preis enthalten, vielfach auch Wein (*vin*). Falls das Wasser nicht automatisch gebracht wird, können Sie getrost eine Karaffe (*carafe d'eau*) verlangen.

Das Tagesmenü (*menu du jour*) ist in der Regel das günstigste Menü, das Hauptgericht daraus wird oft auch als Tagesgericht (*plat du jour*) angeboten.

Das franzöische Frühstück (*petit-déjeuner*) ist bei Übernachtungen oft extra zu zahlen. Es besteht in der Regel aus einem Heißgetränk (*café, chocolat, thé*), Baguette und/oder Croissant, Butter, Marmelade und einem Glas Orangensaft.

Falls Sie Ihre Unterkunft ohne Frühstück verlassen, denken Sie daran, dass die Bars nicht vor 8:00, oft sogar noch später öffnen.

Kochgelegenheit in einer Herberge

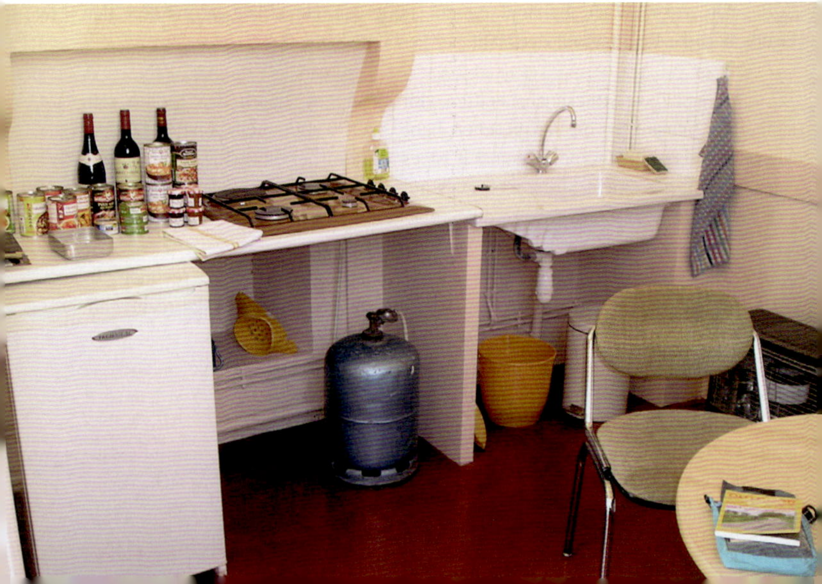

☺ Es ist gut, immer etwas Proviant für einen möglichen Leistungsabfall dabeizuhaben. Dazu eignen sich Trockenfrüchte, Nüsse, Müsliriegel (*barres céréales*) und Traubenzucker.

Salami und Hartkäse halten sich auch bei großer Hitze recht gut. Gute Erfahrungen habe ich auch mit kleinen Wurstdosen (*pâté de campagne*) gemacht, die es in den verschiedensten Ausführungen überall in Frankreich gibt.

☹ Sie können Ihr Essensangebot auch durch die Gaben der Natur am Wegesrand erweitern. Allerdings weiß man nie, ob und wann irgendwelche Schädlingsbekämpfungsmittel gespritzt wurden.

☹ Die meisten Restaurants haben einen, viele auch zwei Tage in der Woche geschlossen, oft sogar sonntags.

Etappen

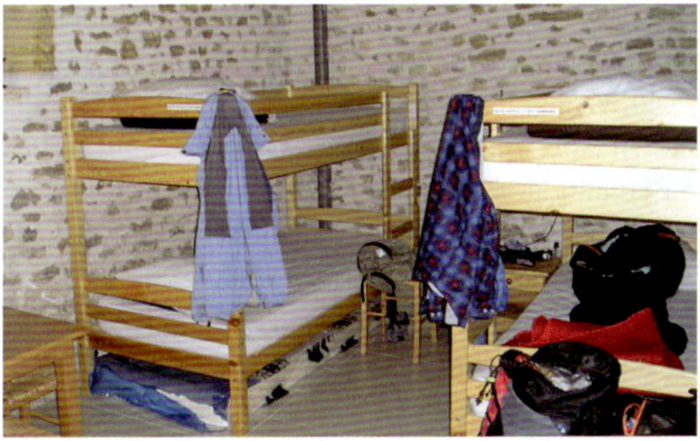

Eine mögliche Pilgerunterkunft auf den Etappen

Da jeder Wanderer unterschiedliche Wegstrecken zurücklegen kann und möchte, sind die Etappen in diesem Buch nach den Unterkunftsmöglichkeiten aufgeteilt. Dabei habe ich mich vor allem an den pilgergerechten Unterkünften orientiert. Sie können sich damit ein individuelles Programm zusammenstellen. Bewusst habe ich auch Unterkünfte (meist etwas teurere Hotels und Pensionen) zwischen den Etappenorten aufgeführt.

Für einen „normalen" Wanderer kann man je nach Wegbeschaffenheit und Wetter von etwa 25 km pro Tag ausgehen. Am Anfang sollten Sie weniger wandern, um sich daran zu gewöhnen. Später sind Tagesetappen von 30 km kein Problem mehr.

Die Kilometerangaben beziehen sich in der Regel auf die Ortszentren. Wenn sich eine Herberge außerhalb des Zentrums befindet, habe ich es angegeben.

Es gibt Wanderer, die nur Teile des Weges bereisen wollen. Zur allgemeinen Orientierung sind in der folgenden Übersicht die Entfernungen in groben Abschnitten angegeben:

Vézelay – Saint-Amand-Montrond	ca. 195 km
Saint-Amand-Montrond – Limoges	ca. 240 km
Limoges – Périgueux	ca. 120 km
Périgueux – La Réole	ca. 130 km
La Réole – Mont-de-Marsan	ca. 120 km
Mont-de-Marsan – Saint-Jean-Pied-de-Port	ca. 135 km
Insgesamt:	**ca. 940 km**

Fahrradfahrer

Der größte Teil der Via Lemovicensis ist sicherlich auch mit dem Fahrrad zu schaffen. Wenn Sie auf dem ausgeschilderten Weg bleiben möchten, ist allerdings ein Mountainbike notwendig. Die meisten Radfahrer orientieren sich nicht an der Beschilderung für die Via Lemovicensis, sondern an guten Straßenkarten, und benutzen die vielen wenig befahrenen Nebenstraßen.

In einigen Regionen gibt es auch besondere Fahrradstrecken, ist doch in den letzten Jahren ein Boom des Fahrradtourismus (*tourisme cycliste*) zu verzeichnen. Auskünfte darüber geben die Fremdenverkehrsämter (*offices du tourisme*) gerne. Auch die meisten Pilgerherbergen nehmen Fahrradfahrer als Übernachtungsgäste auf. Ebenso können Fahrradfahrer in den Gîtes d'étape oder den Chambres d'hôtes problemlos übernachten.

Radfahrer sollten mit allen notwendigen Werkzeugen und Ersatzteilen für kleinere Reparaturen ausgestattet sein und sich auch selbst helfen können. In den größeren Orten gibt es Autowerkstätten (*garage*), die auch Fahrradreparaturen übernehmen, oder spezielle Fahrradgeschäfte.

Feiertage

An Feiertagen haben Restaurants, Museen und Geschäfte häufig geschlossen. Neben den auch in Deutschland üblichen christlichen Feiertagen Ostern (*Pâques*), Christi Himmelfahrt (*l'Ascension*), Pfingsten (*la Pentecôte*) und Weihnachten (*Noël*) sind dies:

1. Januar	*le jour de l'An*, Neujahrstag
1. Mai	*la Fête du Travail*, Tag der Arbeit
8. Mai	*le Jour de la Victoire*, Ende des Zweiten Weltkriegs
14. Juli	*la Fête nationale*, Nationalfeiertag
15. August	*l'Assomption*, Mariä Himmelfahrt
1. November	*la Toussaint*, Allerheiligen
11. November	*l'Armistice*, Ende des Ersten Weltkriegs

Karfreitag und der 26. Dezember sind in Frankreich keine Feiertage.

Geld

Frankreich gehört zur Eurozone und der Euro ist alleiniges Zahlungsmittel. Lassen Sie sich nicht davon verwirren, dass der Eurocent von den Franzosen als *centime* bezeichnet wird.

EC-Karten (Maestro) werden in der Regel in Geschäften und Restaurants nicht akzeptiert. Es empfiehlt sich, mithilfe von Geldautomaten (*distributeur automatique*) für ausreichend Bargeld zu sorgen. Solche Automaten sind in den größeren Orten zu finden. Sie akzeptieren alle gängigen Karten. Auch in den meisten Postämtern können Sie mithilfe einer Kredit- oder EC-Karte und gegen entsprechende Gebühren an Bargeld kommen. Kreditkarten (wie VISA) werden in den meisten Restaurants und Geschäften gerne akzeptiert.

☺ Unter www.kartensicherheit.de können Sie sich eine SOS-Info-Karte ausdrucken. Auf dieser Karte stehen alle wichtigen Rufnummern zum Sperren von Kredit- und Mobilfunkkarten sowie Reiseschecks.

Hunde

Viele Haus- und Hofbesitzer haben Wachhunde. Meistens halten diese sich hinter einem Zaun auf und bellen nur ziemlich laut. Laufen Hunde frei herum, sollten Sie daran denken, dass sie meist Angst vor fremden Menschen haben und sich nicht gerne erschrecken lassen. Meistens wollen die Hunde nur „ihr Territorium" verteidigen und beruhigen sich, wenn man an dem entsprechenden Grundstück vorbei ist.

Viele Hunde reagieren darauf, wenn man sich bückt und so tut, als hebe man einen Stein auf. Ich habe gute Erfahrung damit gemacht, die Hunde mit meinen beiden Wanderstöcken auf Distanz zu halten und zügig weiterzugehen.

Für Wanderer mit Hund ist zu beachten, dass in vielen Unterkünften Hunde nicht erlaubt sind. Auch in vielen Hotels sind Hunde nicht gestattet. Falls ihnen doch Quartier bewilligt wird, ist für sie ein Zuschlag zu zahlen.

Information

Französische Fremdenverkehrsämter

Ⓓ Atout France – Französische Zentrale für Tourismus, Postfach 100128, 60001 Frankfurt/Main, ☎ 069/74 55 56, ✉ info.de@france.fr, 💻 www.france.fr/de

Ⓐ Atout France Wien, Tuchlauben 12, 1010 Wien, ☎ +43/(0)1/503 28 92, ✉ info.at@france.fr, 💻 www.france.fr/de

(CH) Atout France, Rennweg 42, 8001 Zürich, ☎ +41/(0)44/217 46 00, ✉ info.ch@atout-france.fr, 💻 www.france.fr/de

In vielen Orten erhalten Sie Auskünfte bei den lokalen Fremdenverkehrsbüros (*offices du tourisme oder syndicat d'initiative*, oft auch unter der gemeinsamen Abkürzung OTSI). Dort bekommen Sie Material über die Sehenswürdigkeiten der jeweiligen Region und Informationen über (weitere) Unterkünfte.

Die Kernöffnungszeiten sind Dienstag bis Freitag 10:00 bis 12:00 und 14:00 bis 17:30 und samstags am Vormittag. Viele Tourismusinformationen haben montags geschlossen. In den Sommermonaten Juli und August sind die Tourismusinformationen, vor allem in den größeren Städten, auch sonntags und montags geöffnet.

Jakobusgesellschaften

Es gibt inzwischen eine Vielzahl von Jakobusgesellschaften. Die meisten sind gerne bereit (z. T. gegen eine Gebühr und frankierten Rückumschlag), auch einen Pilgerpass auszustellen.

Deutschland

- Deutsche St. Jakobus-Gesellschaft e.V., Tempelhofer Straße 21, 52068 Aachen, ☎ 02 41/510 00 62, 💻 www.deutsche-jakobus-gesellschaft.de

Schweiz

- Schweizerische Vereinigung der Freunde des Jakobsweges, Sekretariat, ☎ +41/(0)32/682 25 50, ✉ sekretariat@viajakobi4.ch, 💻 www.jakobusweg.ch

Österreich

- Sankt Jakobus Bruderschaft, 💻 www.radolf.at

Niederlande

- Nederlands Genootschap van Sint-Jacob, Janskerkhof 28A, 3512 BN Utrecht, ☏ +31/(0)30/2 31 53 91, 💻 www.santiago.nl

Belgien

- Vlaams Genootschap van Santiago de Compostela, Varkenstraat 6, 2800 Mechelen, ☏ +32/(0)15 29 84 36, ✉ info@compostelagenootschap.be, 💻 www.compostelagenootschap.be

Frankreich

- Société Française des Amis de Saint-Jacques de Compostelle, 8 Rue Jean-Bart, 75006 Paris, ☏ +3/(0)1 43 54 32 90, 💻 www.compostelle.asso.fr
- Amis et Pèlerins de Saint-Jacques de la Voie de Vézelay – „Via Lemovicensis", 24 Rue Saint-Pierre, 89450 Vézelay, ☏ +33/(0)3 86 32 38 11, 💻 www.vezelay-compostelle.eu
- Amis du Chemin de Saint-Jacques des Pyrénées-Atlantiques, 39 Rue de Citadelle, 64220 Saint-Jean-Pied-de-Port, 💻 www.aucoeurduchemin.org

☺ Eine detaillierte Auflistung weiterer Jakobusgesellschaften finden Sie unter 💻 www.jakobus-info.de. Vielleicht gibt es auch eine in Ihrer Nähe.

Informationen finden Sie außerdem im Internet unter:

- 💻 www.jakobus-info.de
- www.compostelle.asso.fr

Kirchen

Viele Kirchen entlang der Via Lemovicensis sind geöffnet, in der Regel werktags von 9:00 bis 18:00. Oft ist dann die Kirchentür offen, sodass die zugängliche Kirche von Weitem erkennbar ist. Bedeutende Kirchen bieten häufig ein Erklärungsblatt an, meistens auf Französisch, Englisch und Niederländisch, seltener auf Deutsch.

Wenn die Kirche geschlossen ist, können Sie den Schlüssel vom Pfarrbüro, manchmal auch bei der Stadt- oder Gemeindeverwaltung (*mairie*), bekommen. Er wird meistens gerne herausgegeben.

Die meisten Kirchen verlangen keinen Eintritt, allerdings ist bei einigen für die Beleuchtung ein Münzautomat (manchmal auch mehrere in einer Kirche) für 1-Euro-Münzen aufgestellt.

Klima und Reisezeit

Die beste Reisezeit ist in den Monaten April bis Oktober. Im April kann es allerdings noch recht kalt sein und einige Herbergen besitzen keine Heizung.

Viele Herbergen sind nur von Anfang April bis Anfang Oktober geöffnet.

Die Via Lemovicensis führt über keine großen Höhen, der höchste Punkt liegt in einem Vorgebirge des Zentralmassivs im Limousin bei 670 m ü. NN.

Im Südwesten Frankreichs herrschen milde Temperaturen und viel Sonnenschein. Frühjahr und Baumblüte setzen zwei bis vier Wochen eher ein als im Norden des Landes.

Im Herbst ist Jagdsaison. Im Bereich Les Landes ist dann mit Behinderungen zu rechnen. Während der französischen Sommerferien kann es sehr voll werden.

Landkarten

Die im Buch abgedruckten Karten geben Ihnen einen ersten Überblick, können Wanderkarten aber nicht ersetzen.

Die Via Lemovicensis wird in keiner Wanderkarte vollständig dargestellt. Karten im Maßstab 1:100.000 werden durch das französische Institut Géographique National (IGN) herausgegeben. Die Strecke von Vézelay bis nach Saint-Jean-Pied-de-Port decken die Karten mit den Nummern 134 (nur ein kleiner Abschnitt), 135, 140, 147, 153, 154, 159, 160 und 166 ab. In ihnen sind zwar die vielen überregionalen Wanderwege (*grande randonnée, GR*) eingezeichnet, aber nicht die historische Route der Via Lemovicensis.

Zu beachten ist auch, dass die Via Lemovicensis einige Blätter nur in einem sehr kleinen Teilstück berührt.

☺ Die Kartenempfehlungen wurden von der Geobuchhandlung Kiel überprüft.

www.geobuchhandlung.de

Die GPS-Tracks zum beschriebenen Weg können Sie von der Internetseite des Verlags herunterladen.

💻 www.conrad-stein-verlag.de

📖 **GPS** *Grundlagen · Tourenplanung · Navigation* von Michael Hennemann, Conrad Stein Verlag, Basiswissen für draußen, ISBN 978-3-86686-495-5, € 9,90

Literatur

Von den zahlreichen Büchern über den Jakobsweg in Deutschland befassen sich die wenigsten mit der Via Lemovicensis. Die wachsende Beliebtheit des Weges in Frankreich kann man an den Neuauflagen der Buchtitel auf Französisch erkennen.

Auf Deutsch:

📖 Töpner, Walter: Wege der Jakobspilger (Band 3). Burgund – Berry – Limousin – Périgord – Landes – Pyrenäen, Trier 2007. Der dritte Band von Walter Töpner befasst sich mit der Via Lemovicensis. In bewährter Weise erfährt der Leser viel Historisches über den Weg und die Geschichte des Weges.

♦ Gertz, Kurt-Peter: Auf du und Du mit dem Pilgerapostel. Dialoge auf dem französischen Jakobsweg „Via Lemovicensis“, Solingen 2019. Kurt-Peter Gertz, Mitbegründer der St.-Jakobus-Bruderschaft Düsseldorf, führt in seinem Tagebuch fiktive Gespräche mit dem heiligen Jakobus.

Auf Französisch:

📖 Chevolleau, Josette: Voie de Vézelay. Miam-Miam-Dodo Guide. Les éditions du Vieux Crayon 2018

♦ Féderation Française de la Randonnée Pédestre (FFRP): Topoguide 6542: Sentier St.-Jacques-de-Compostelle. Vézelay – Périgueux, 2015. Die beschriebene Strecke führt über den GR 654 und somit nicht über die historische Route der Via Lemovicensis.

♦ Féderation Française de la Randonnée Pédestre (FFRP): Topoguide 6543: Sentier St.-Jacques-de-Compostelle. Périgueux – Roncevaux et Bergerac – Montréal-du-Gers, 2014. Die beschriebene Strecke führt ebenfalls über den GR 654 und somit nicht über die historische Route der Via Lemovicensis.

♦ Grégoire, Jen-Yves: Le Chemin de Vézelay vers Saint-Jacques-de-Compostelle. De la Bourgogne aux Pyrénées, Rando editions 2009. Guter Wegführer mit Karten und Beschreibungen. Das auch für Radfahrer geeignete Buch beschreibt oft eine Strecke über kleine Landstraßen und weicht von der historischen Route ab.

📖 Lepère, François et Heckmann, Celine: Chemin de Compostelle. Le Chemin de Vézelay ou Via Lemovicensis, 2019

♦ Petit Futé: Les chemins de Compostelle. La voie de Vézelay, Nouvelles Editions de l'Univerité, 2015

♦ Serex, Anthony (Autor) und Leroux, Léonard (Fotograf): Le chemin de Saint-Jacques-de-Compostelle de Vézelay jusqu'à Saint-Jean-Pied-de-Port, Paris 2008. Schöner Bildband über die Via Lemovicensis

Im Conrad Stein Verlag sind zahlreiche weitere Wegbeschreibungen über die Jakobswege in Europa erschienen. Eine Übersicht finden Sie auf der Verlagswebsite.

💻 www.conrad-stein-verlag.de.

📖 Zur allgemeinen Vorbereitung:
Pilgern auf den Jakobswegen. *Packliste · Anfängertipps · Wegauswahl* von Raimund Joos, Conrad Stein Verlag, Basiswissen für draußen, ISBN 978-3-86686-394-1, € 9,90

Medizinische Versorgung

Für Krankheitsfälle in Frankreich kommen die deutschen Krankenkassen auf. Erkundigen Sie sich vor der Reise bei Ihrer Krankenkasse über den Umfang des Versicherungsschutzes und die Vorgehensweise im Krankheitsfall. Eine Reisekrankenversicherung abzuschließen ist empfehlenswert. Sie ist vor allem für einen möglichen Rücktransport nützlich.

Krankenhäuser gibt es nur in den großen Städten, Ärzte finden sich auch in den kleineren.

In vielen Orten gibt es Apotheken (*pharmacie*). Sie sind am grünen Kreuz erkennbar. In der Wanderbeschreibung sind sie mit dem Symbol ⚕ gekennzeichnet.

Post, Telefon und Internet

Post

In den größeren Orten sind Postämter vorhanden. Für die Zustellung von Briefen nach Deutschland müssen Sie mit drei Tagen rechnen, Postkarten können auch ein paar Tage länger brauchen.

Briefe und Päckchen können Sie sich postlagernd (*poste restante*) zuschicken lassen. Die Sendung wird dann am Postamt 15 Tage aufbewahrt und danach zurückgeschickt.

☺ In vielen Postämtern steht ein öffentlicher Münzkopierer.

Briefmarken (*timbres*), Postkarten (*cartes postales*) und Briefumschläge (*enveloppes*) sind in vielen Postämtern und in „Tabac"-Läden erhältlich.

Telefon

Von Frankreich nach Deutschland, Österreich und in die Schweiz wählt man die internationale Ländervorwahl (00 49 für Deutschland, 00 43 für Österreich und 00 41 für die Schweiz) und im Anschluss daran die Ortsvorwahl ohne die 0, danach die Teilnehmernummer.

Von Deutschland, Österreich und der Schweiz nach Frankreich wählt man erst die 00 33 und dann die französische Rufnummer ohne die erste 0.

Innerhalb von Frankreich muss auch bei Ortsgesprächen die komplette zehnstellige Nummer gewählt werden. Daher wird in Frankreich bei der Angabe der Telefonnummer nicht zwischen Ortsvorwahl und Rufnummer unterschieden.

Die Mobilfunkabdeckung ist gut. Lediglich in abgelegenen Gebieten kann es vorkommen, dass Sie von keinem Mobilfunkprovider versorgt werden.

In Frankreich ist es üblich, seine Übernachtung vorher zu reservieren. Oft bekommt man ohne vorherige telefonische Anmeldung überhaupt kein Bett. Daher kann die Mitnahme eines Handys nützlich sein.

Internet

Fast alle Hotels, Pensionen und viele Herbergen haben WLAN.

Sprache

In Frankreich ist es unerlässlich, über Sprachkenntnisse in Französisch zu verfügen. Es reichen geringe Kenntnisse, aber diese sind unbedingt notwendig. Der Jakobsweg führt häufig über Land und selbst in den größeren Städten reicht es oft nicht aus, Englisch und Deutsch zu sprechen.

Im Süden der Region Aquitaine wird sehr vereinzelt noch Okzitanisch gesprochen. In der Nähe der Pyrenäen ist Baskisch sehr verbreitet, aber die Basken sprechen auch Französisch. Im Departement Pyrénées-Atlantiques sind daher die meisten Schilder zweisprachig.

Einige Redewendungen, die Sie beherrschen sollten, sind:

bonjour	guten Morgen/guten Tag
bonsoir	guten Abend
bonne nuit	gute Nacht
au revoir	auf Wiedersehen
à bientôt/à demain	bis bald/bis morgen
s'il vous plaît	bitte (wenn Sie jemanden siezen)
s'il te plaît	bitte (wenn Sie jemanden duzen)
merci	danke
de rien	bitte sehr
pardon	entschuldige(n Sie)
oui/non	ja/nein
Madame (abgekürzt: *Mme*)	Frau (als Anrede)
Monsieur (abgekürzt: *M*)	Herr (als Anrede)
Où est …? Où se trouve …?	Wo ist …? Wo befindet sich …?
On peut venir vous chercher.	Sie können auch abgeholt werden.
Je cherche …	Ich suche …
Où est une possibilité à dormir?	Wo kann ich übernachten?
Je parle un peu français.	Ich spreche ein wenig Französisch.
Je n'ai pas compris.	Ich habe nicht verstanden.
Parlez plus lentement, s'il vous plaît!	Bitte sprechen Sie etwas langsamer!
Combien ça coûte?	Was kostet das?
Je suis Allemand/Allemande.	Ich bin Deutscher/Deutsche.

Eine Liste mit nützlichen Worten:

aujourd'hui	heute	*la lessive*	Waschpulver
la banque	Bank (geschäftlich)	*la mairie*	Rathaus
la boulangerie	Bäckerei	*le marché*	Markt
la boucherie	Fleischerei	*le musée*	Museum
le car	Überlandbus	*le médicin*	Arzt

la carte postale	Postkarte	*le menu du jour*	Tagesmenü
le centre ville	Stadtzentrum	*le mont*	Berg
la charcuterie	Metzgerei	*l'ordinateur*	Computer
le château	Schloss, Burg	*l'oreiller*	Kissen
les chaussettes	Socken	*ouvert*	geöffnet
les chaussures	Schuhe	*le pâté*	Pastete
le chemin	Weg	*le pain*	Brot
le cloître	Kreuzgang	*le pèlerin*	Pilger
le coin cuisine	Kochecke, Küche	*la pèlerine*	Pilgerin
la corde à linge	Wäscheleine	*la pharmacie*	Apotheke
le cordonnier	Schuster	*la place*	Platz
la couverture	Decke	*le plat du jour*	Tagesgericht
demain	morgen	*le poisson*	Fisch
le distributeur automatique	Geldautomat	*la pomme*	Apfel
		le pont	Brücke
l'eau potable	Trinkwasser	*la randonnée*	Wanderweg
l'église	Kirche	*le refugio*	Pilgerherberge
l'épicerie	Lebensmittelgeschäft	*le repas*	(Abend-)Essen
		le rond point	Kreisverkehr
fermé	geschlossen	*la rue*	Straße
la fontaine	Brunnen	*le sac à dos*	Rucksack
le fromage	Käse	*le sac de couchage*	Schlafsack
la gare	Bahnhof	*le sèche-linge*	Wäschetrockner
le gîte d'étape	Wanderherberge	*le supermarché*	Supermarkt
l'hôpital	Krankenhaus	*le tampon*	Stempel
le lave-linge	Waschmaschine	*le timbre*	Briefmarke
la lettre de créance du pèlerin	Pilgerbrief	*la tour*	Turm

Oftmals wünschen die Franzosen dem Wanderer mit „bonne route!" oder „bonne courage!" einen guten Weg.

Unterkunft

Es gibt eine Vielzahl an unterschiedlichen preiswerten Unterkunftsmöglichkeiten für Pilger und Wanderer:

Gîte d'étape

Die *gîte d'étape* ist eine Wanderherberge mit Schlafsaal. In der Regel sind die Betten mit Kissen und Decken ausgestattet. Ein Schlafsack (*sac de couchage*) ist mitzubringen. Die Gîte verfügt meistens über eine kleine Küche, in der Geschirr in der Regel vorhanden ist. Es gibt private (*gîtes d'étape privé*) und von der Gemeinde (*gîtes d'étape communal*) betriebene Wanderherbergen.

☹ Die Spannweite in der Ausstattung und der Qualität ist sehr groß. Um Flöhe nicht mitzunehmen, empfiehlt es sich, die Decken gut auszuschütteln, den Schlafsack zu schließen und am nächsten Morgen auch diesen gut auszuschütteln.

Ein Pilgerausweis ist für die Benutzung der Gîtes nicht erforderlich. Hier finden auch Wandergruppen Aufnahme, Pilger werden nicht bevorzugt behandelt. Daher ist eine vorherige telefonische Reservierung unbedingt notwendig.

✋ Verwechseln Sie die *gîtes d'étape* nicht mit den *gîtes de France*! Bei den *gîtes de France* handelt es sich um Ferienwohnungen, die nur wochenweise vermietet werden. Dort sind Wanderer und Pilger, die nur eine Nacht verbringen wollen, nicht erwünscht.

Refuge pèlerin

Bei den *refuges pèlerins* handelt es sich um spezielle Herbergen für Pilger. Ein Pilgerausweis ist für eine Übernachtung unbedingt erforderlich. Es gibt *refuges pèlerins municipals* (von der Stadt oder Gemeinde betrieben) und *refuges pèlerins privés* (privat betrieben). Bei den privaten gibt es oft auf Wunsch Abendessen und Frühstück.

Eine kleine Küche ist vorhanden, wobei sie so klein sein kann, dass nur eine Mikrowelle und Geschirr vorhanden sind.

☺ Die Küchen in den Herbergen sind oft ohne Herd, aber mit einer Mikrowelle ausgestattet. Duschen mit Warmwasser gehören zur Grundausstattung.

Auberge de jeunesse (in Frankreich auch FUAJ)

Die *auberges de jeunesse* sind Jugendherbergen. Für die Benutzung der Jugendherbergen ist ein internationaler Jugendherbergsausweis erforderlich. Informationen über die Mitgliedschaft gibt es beim jeweiligen Landesverband:

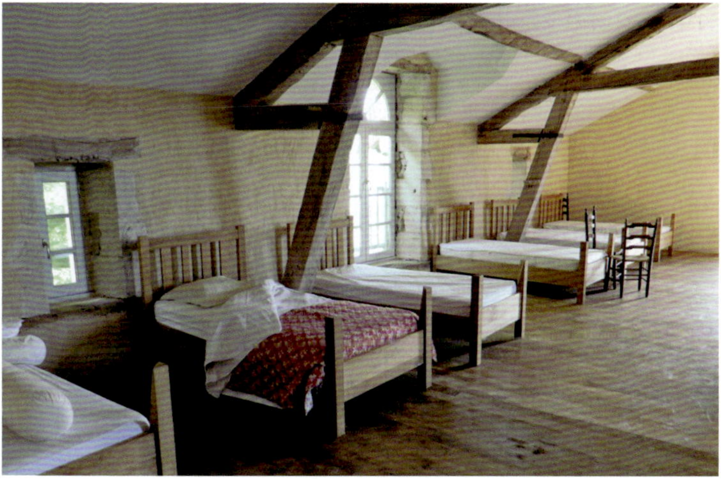

Pilgerzimmer im Chateau Puy-Ferrat -St Astier

D Deutsches Jugendherbergswerk (DJH), Leonardo-da-Vinci-Weg 1, 32760 Detmold, ☎ 052 31/74 01-0, ✉ djh-service@jugendberberge.de, 💻 www.jugendherberge.de

A Österreichischer Jugendherbergsverband (ÖJHV), Zelinkgasse 12, 1010 Wien, ☎ +43/(0)1/533 53 53, ✉ office@oejhv.at, 💻 www.oejhv. at

CH Schweizer Jugendherbergen, Schaffhauserstraße 14, 8042 Zürich, ☎ +41/(0)91/360 14 14, ✉ contact@youthhostel.ch, 💻 www.youthhostel.ch

NL Stayokay, ☎ +31/(0)20/551 31 33, ✉ info@stayokay.com, 💻 www.stayokay.com

B Vlammse Jeugdherbergen, Beatrijslaan 72, 2050 Antwerpen, ☎ +32/(0)3/232 72 18, ✉ info@vjh.be, 💻 www.vjh.be

Foyer du Jeune Travailleur bzw. Foyer des Jeunes Travailleurs

Bei den *Foyers du Jeune Travailleur* handelt es sich um Wohnheime für junge ArbeitnehmerInnen. In der Regel besitzen sie eine Caféteria, in der (Mo-Fr) Frühstück und Abendessen angeboten wird. Ein Pilgerausweis ist erforderlich, um den Status als Pilger nachzuweisen. Die *Foyers du Jeune Travailleur* an der Via Lemovicensis nehmen allerdings nur noch in wenigen Städten Pilger für eine Nacht auf.

Klöster und ehemalige Klöster

Einige Klöster, ehemalige Klöster und Klosterschulen am Weg sind gerne bereit, Pilger für eine Nacht aufzunehmen. Ein Pilgerausweis ist erforderlich.

Die Gîtes d'étape, Refuges pèlerins, Auberges de jeunesse, Foyers du Jeune Travailleur und Klöster sind im Buch mit dem Symbol gekennzeichnet.

☺ An der Via Lemovicensis gibt es auch einige **Privatpersonen**, die Pilger gerne für eine Nacht aufnehmen. In der Regel handelt es sich um aktive Mitglieder von Jakobusgesellschaften oder Kirchengemeinden, die auch sehr an Gesprächen mit den Pilgern interessiert sind.

☺ Die Tourismusinformationen, Rathäuser und Kirchengemeinden an der Via Lemovicensis helfen den Pilgern gerne weiter. Mit guten Französischkenntnissen und geringen Ansprüchen in Bezug auf die Unterkunft sind so manche kostengünstige Übernachtungsmöglichkeiten zu bekommen.

☺ In den Pilgerherbergen *refuge pèlerin „voie de Vézelay"* gibt es auch Hinweise zu Übernachtungsmöglichkeiten auf dem weiteren Weg.

Neben den speziellen Übernachtungsmöglichkeiten für Pilger gibt es auch noch Alternativen:

Hôtel

In Frankreich wird in der Regel das Frühstück im Hotel extra berechnet. Einzelzimmer und dementsprechende Einzelzimmerpreise sind in Frankreich vielfach unbekannt. Handelt es sich um ein Hotel-Restaurant, wird auch Mittagessen und Abendessen serviert. In manchen Hotels wird *soirée étape* angeboten. Dies beinhaltet den Preis für Abendessen, Übernachtung und Frühstück (und ist meist günstiger als die Einzelpreise).

Chambre d'hôtes

Bei den *chambres d'hôtes* handelt es sich um Gästezimmer bei Privatpersonen. Viele Chambres d'hôtes in Frankreich sind in historischen Gebäuden (Schlösser, alte Bauernhöfe) untergebracht und dementsprechend teuer. Frühstück ist in der Regel im Übernachtungspreis enthalten. Bei einem *table d'hôtes* werden auch Mittag- und Abendessen, oft mit Familienanschluss, angeboten. Auch in Chambres d'hôtes werden oft Zimmer vermietet, die bis zu drei Schlafplätze (ein Doppelbett und ein Einzelbett) bieten.

Hotels und Chambres d'hôtes sind im Buch mit dem Symbol 🛏 gekennzeichnet. Es ist allerdings nur eine Auswahl der vorhandenen Übernachtungsbetriebe aufgeführt, da das vorliegende Buch vor allem für Pilger geschrieben wurde und der Schwerpunkt dementsprechend auf pilgergerechten Unterkünften liegt. Die örtlichen Tourismusinformationen helfen gerne weiter.

Viele Hotels und Chambres d'hôtes sind inzwischen auch auf den einschlägigen Hotel- und Unterkunftsportalen im Internet zu finden. Dadurch ist es möglich, zu mancher Jahreszeit bei rechtzeitiger Buchung günstigere Übernachtungspreise zu erzielen.

Camping

Campingplätze sind mit dem Symbol ⛺ gekennzeichnet. Da die meisten Pilger aufgrund des Gewichtes ohne ein eigenes Zelt wandern, wird auf die Campingplätze nur explizit verwiesen, wenn sie ein Zelt oder einen Bungalow als „offizielle Pilgerherberge" zur Übernachtung anbieten. Wildes Zelten ist in Frankreich verboten.

☹ In Frankreich ist es üblich, sich einen Schlafplatz mindestens einen Tag vorher durch eine telefonische Reservierung zu sichern. Viele Herbergen und Chambres d'hôtes nehmen auch Pilger nicht ohne eine Reservierung auf.

Bitte beachten Sie, dass viele Herbergen von den Kommunen betrieben werden und die angegebenen Telefonnummern oft die des Rathauses (Mairie) sind, dementsprechend sind sie nur von Montag bis Freitag erreichbar.

☹ Zu den im Buch angegebenen Preisen für die Übernachtung (Stand 2019) kommt noch – je nach Region – eine Art „Kurtaxe" hinzu, die zwischen € 0,25 und € 0,75 pro Person und Nacht beträgt.

Updates

Der Conrad Stein Verlag veröffentlicht Updates zu diesem Pilgerführer, die direkt vom Autor oder von Lesern des Buches stammen. Sie finden sie auf der Internetseite des Verlags (💻 www.conrad-stein-verlag.de), wenn Sie dort diesen Buchtitel aufrufen. Der rechts abgebildete QR-Code führt Sie direkt zur richtigen Seite.

Wasser

Beim Wandern ist das Trinken sehr wichtig. Eine 1-l-Flasche reicht bei normalen Temperaturen als Grundlage aus. 0,5-l- oder 1,5-l-Wasserflaschen aus Plastik gibt es überall in Frankreich (ohne Pfand!) zu kaufen. Mit ihnen ist es problemlos möglich, den Wasservorrat zu erhöhen.

Brunnen mit Trinkwasser sind entlang der Via Lemovicensis nur vereinzelt vorhanden. Jeder Friedhof und die meisten Tankstellen verfügen aber über einen Wasserhahn mit Trinkwasser. Trinkwasserstellen sind in der Beschreibung mit dem Symbol 💧 angegeben.

Sie können auch an den Höfen und Häusern nach Wasser fragen, die meisten Bewohner sind freundlich und gerne bereit, eine leere Flasche mit Wasser zu füllen.

✋ Nicht jeder Wasserhahn ist so angebracht, dass eine 1,5- oder 1-Liter-Flasche darunterpasst. Ich hatte daher außen am Rucksack einen Becher angebracht, der mir des Öfteren half, meine Flasche zu füllen.

Wegmarkierungen

Es gibt mehrere Wege, die als Via Lemovicensis markiert sind. Der GR 654 wurde von der Féderation Française de la Randonnée Pédestre (FFRP) mit Wegzeichen versehen. Beschildert ist er von Vézelay über La-Chatre-sur-Loire nach Nevers. Der Wanderweg hat aber in seinem heutigen Verlauf mit der Via Lemovicensis nur den Namen gemeinsam. Er verläuft auf keiner historischen Route und berührt auch nicht alle historischen Orte. Er ist zudem auch wesentlich länger als die historische Route. Dieser Wanderweg führt oft an größeren Siedlungen vorbei, sodass es nicht einfach ist, direkt am Weg liegende Unterkünfte zu finden.

Wegweiser mit GR-Markierung und Muschel

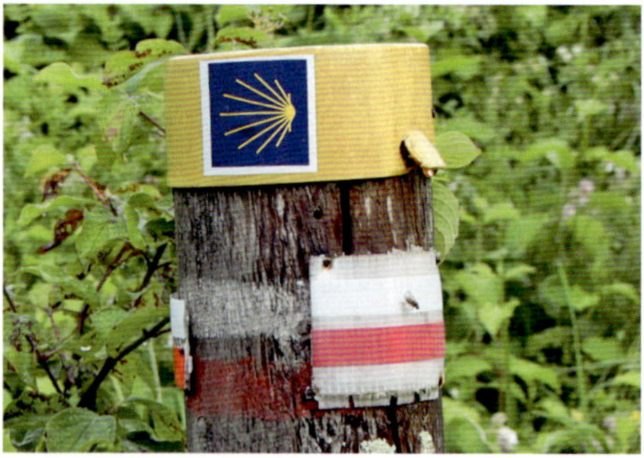

Auf die Initiative der Association des Amis de Saint-Jacques de la Voie de Vézelay hin wurde in den letzten Jahren die „voie historique de Vézelay" beschrieben und beschildert. Sie versucht, sich an die historische Route der Via Lemovicensis zu halten.

Das gelb-blaue Schild mit der stilisierten Jakobusmuschel und einem Pfeil mit der Beschriftung „Compostelle" findet sich nach wie vor in den meisten Departements. Oft ist auch nur die Pfeilspitze angebracht. Zeigt der Pfeil nach oben, ist an der nächsten Kreuzung geradeaus zu laufen.

In den letzten Jahren wurde die Wegmarkierung den allgemeinen Wanderwegen der FFRP (französische Wandervereinigung) angepasst, sodass der Weg jetzt einheitlich ausgeschildert wird. Während die überregionalen Wanderwege (GR) eine rot-weiße und die regionalen Wanderwege (GRP) eine rot-gelbe Markierung aufweisen, wurde auf der Via Lemovicensis eine gelb-blau Markierung verwendet.

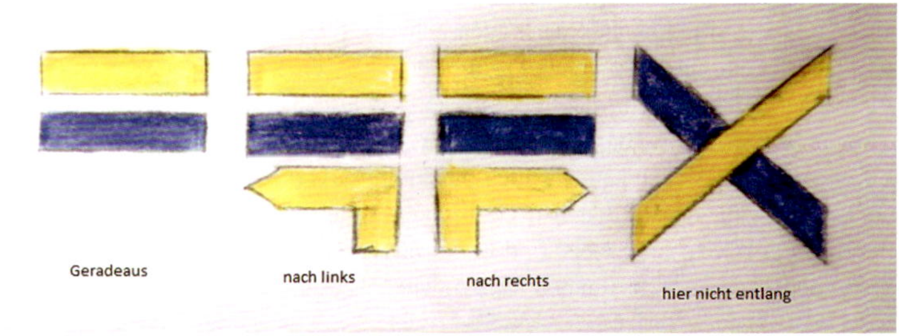

Bis allerdings der ganze Weg in dieser neuen Markierung ausgeschildert ist, wird noch einige Zeit vergehen. Da die einzelnen Jakobusgesellschaften die Beschilderung pflegen, ist sie auf den einzelnen Streckenabschnitten also noch sehr unterschiedlich.

Im Bereich zwischen Crozant und Saint-Foy-la-Grande sind auch einzelne Pfosten mit der gelben Muschel auf blauem Grund und einer in gelber Farbe markierten Richtungsangabe zu finden.

Im Bereich zwischen Saint-Foy-la-Grande und Captieux findet sich eine besondere Markierung mit Pfosten. Auf diesen ist die gelbe Muschel auf blauem Grund angebracht, teilweise mit anderen Wegmarkierungen zusammen. Richtungshinweise gibt es auf den Pfosten nicht, die Richtung ergibt sich durch die Art und Weise, wie die Pfosten aufgestellt sind.

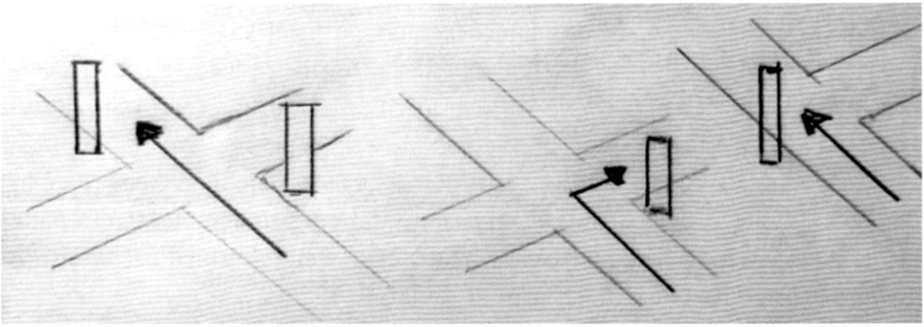

Auf dem Abschnitt zwischen Sault-de-Navailles und Saint-Jean-Pied-de-Port verläuft die Via Lemovicensis zusammen mit dem GR 654, auf anderen Wegabschnitten gibt es mitunter erhebliche Streckenabweichungen (meist ist der GR 654 länger und umgeht Ortschaften).

Manche Wegabschnitte sind zusätzlich mit dem europäischen Symbol der stilisierten gelben Muschel auf blauem Grund beschildert.

(☞ Diese Muschel findet sich auch teilweise am GR 654.)

Die Markierung ist durchweg gut. Bei manchen Wegabschnitten sind nur Abzweige markiert (d. h., dass man mitunter eine halbe Stunde auf dem Hauptweg bleibt, bis man wieder ein Schild sieht).

An manchen Stellen kann es auch passieren, dass die Beschilderung zunächst unklar erscheint, dies sich aber nach wenigen Metern auflöst, weil der eine Feldweg nur ein Wirtschaftsweg ist und in der nächsten Wiese endet oder weil beide Wegmöglichkeiten nach wenigen Metern wieder zusammengeführt werden.

☞ Lokale Wanderwege sind oft mit gelber Farbe markiert. So kann es durchaus an manchen Stellen zu einer Verwechslung kommen.

☞ In den Innenstädten wurde der Weg häufig durch eine Muschel im Straßenpflaster markiert. Allerdings sieht man diese oft erst, wenn man genau darüber steht. Daher kann die Markierung in den Innenstädten nicht als gut bezeichnet werden. Dort ist es empfehlenswert, sich zusätzlich an Stadtplänen (im Buch oder z. B. an Bushaltestellen vorhanden) oder an den im Buch angegebenen Straßennamen zu orientieren. Die Wege in die Städte und auch wieder hinaus sind aber (vielfach auf der Rückseite von Verkehrsschildern) gut markiert.

☞ Die Markierungen sind in der Regel so angebracht, dass der Weg nur in der Richtung von Vézelay nach Saint-Jean-Pied-de-Port zu finden ist.

Die Via Lemovicensis führt meist über wenig befahrene Straßen und Feldwege. Die ruhigen Landstraßen werden mit „D" bezeichnet und tragen eine Nummer, die Sie auch auf den Kilometersteinen an der Straße finden. Auf den Nationalstraßen ist in der Regel starker Verkehr. Der Weg führt an wenigen Stellen an ihnen entlang, ist aber dann mit dem ☟-Symbol gesondert beschrieben.

Natürlich ist der Verkehr auf den Straßen auch von der Tageszeit und den Wochentagen abhängig. An einem frühen Sonntagmorgen kann man selbst an manchen Nationalstraßen ohne viel Verkehr entlanglaufen.

Wegmarkierung gibt es in vielen Varianten

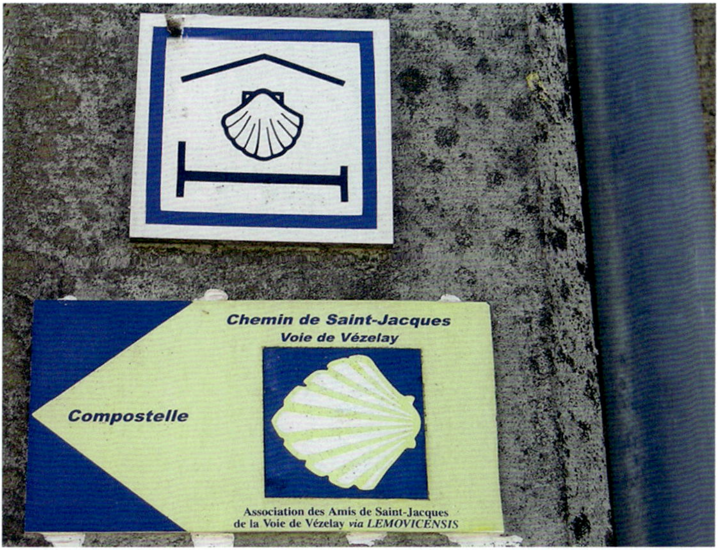

☟ In den letzten Jahren kam es immer wieder, veranlasst durch die lokalen Jakobusgesellschaften, zu Verlegungen einzelner Wegabschnitte, um diese auf schöneren Wegen oder abseits vom motorisierten Verkehr zu führen. Diese neuen Wegabschnitte sind aber gut markiert und auf die Veränderungen wird auch in den Pilgerherbergen hingewiesen. Zusätzlich kam es an einigen Stellen durch den Neubau von Straßen (vierspuriger Ausbau, Umgehungsstraßen) zu Veränderungen in der Wegführung.

Die Via Lemovicensis von Vézelay nach Saint-Jean-Pied-de-Port

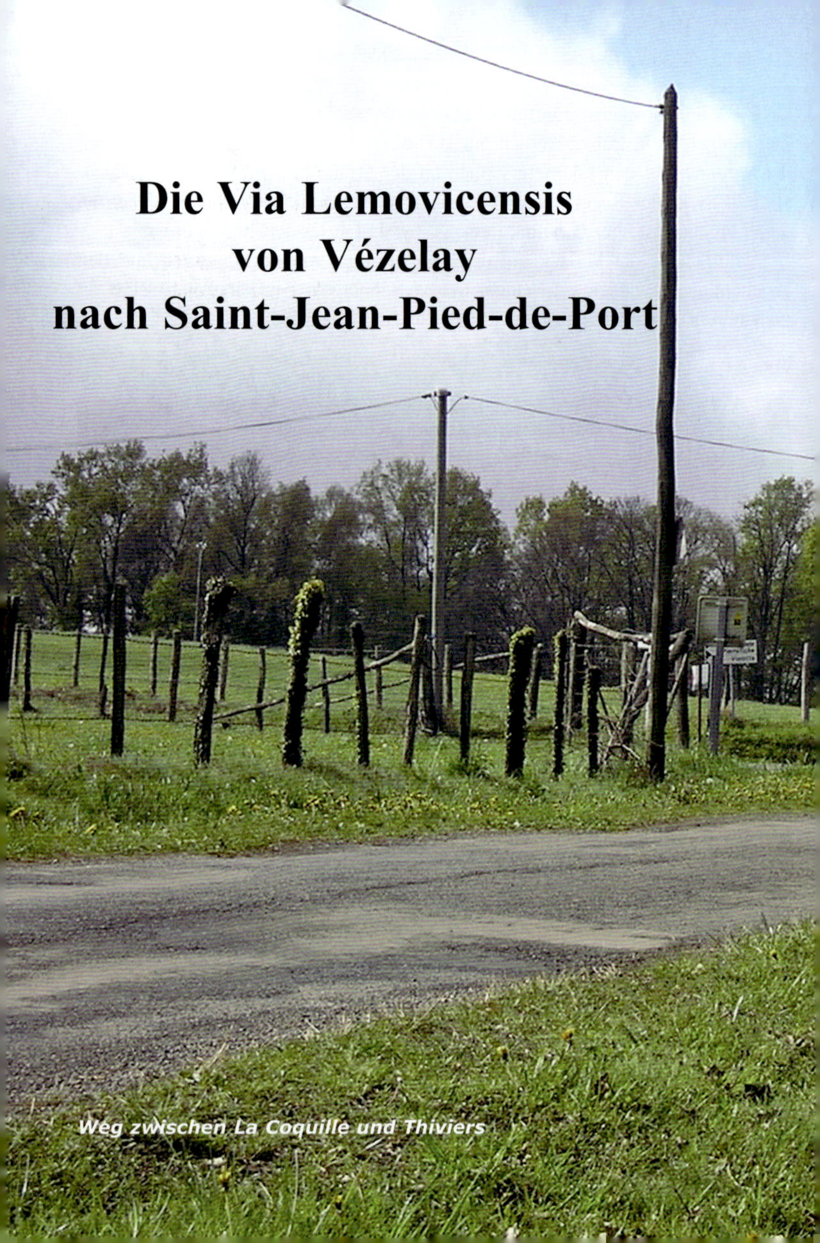

Weg zwischen La Coquille und Thiviers

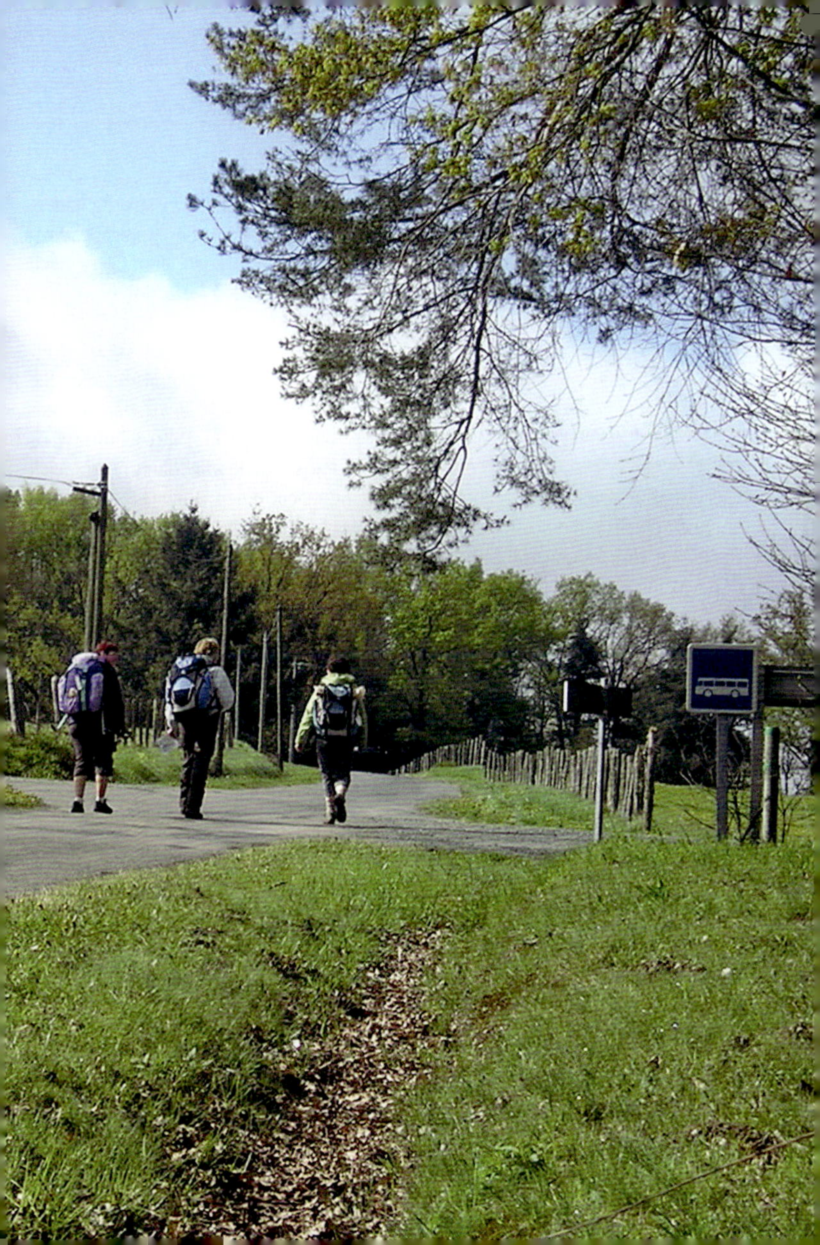

Zu Fuß und mit dem Rad nach Vézelay 9,5 km

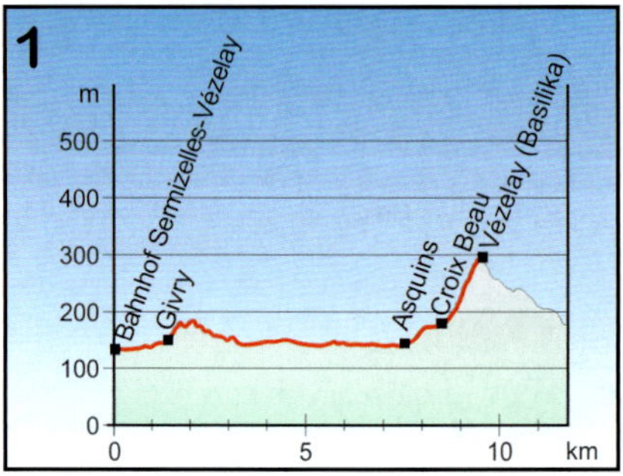

Sie können die D951 benutzen oder dem ausgeschilderten Pilgerweg über wenig befahrene Nebenstraßen und **Givry** nach **Asquins** folgen.

Vom Bahnhof (Zugverbindung Anreise) laufen Sie zunächst nach links parallel zur Bahnstrecke in Fahrtrichtung (aus Paris). Gehen Sie dann rechts nach Givry und im Ort wieder rechts. Diese Straße macht einen Bogen. Sie kommen an einem Brunnen vorbei. Bei der nächsten Möglichkeit wenden Sie sich nach rechts auf eine Nebenstraße. Diese führt durch den Wald und an Wiesen vorbei nach Asquins. Vor dem Ort gehen Sie nach rechts über die Brücke (⇧ 146 m) und erreichen Asquins (km 7,5).

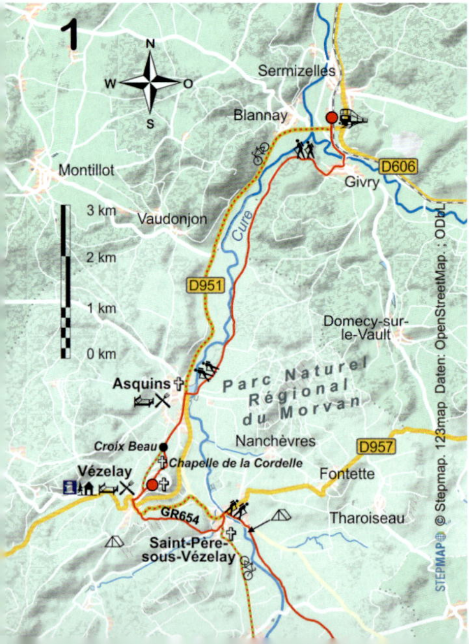

Église Saint-Jacques. Zur Kirche gehen Sie nach rechts. Oft begannen Pilger ihren Weg bereits in **Asquins** an der berühmten Reliquienbüste des heiligen Jakobus in der Kirche.

Sie verlassen in Asquins die D951 und fahren in die Grande Rue. Sie bleiben am Croix Beau auf der geteerten Straße, die ebenfalls hinauf nach **Vézelay** führt.

Sie überqueren die Hauptstraße und gehen dann im Ort nach links in die Grande Rue. Nach dem Ort treffen Sie am Croix Beau auf den GR 654. Sie biegen nach links ab und gehen mit dem GR 654 an der Chapelle de la Cordelle vorbei hoch nach **Vézelay**. Die Stadt erreichen Sie durch die Porte Sainte Croix.

Vézelay 🛈 300 m, 89450, 493 Ew.

🛈 Office de Tourisme Vézelay Avallon Morvan Serein, 12 Rue Saint-Etienne, ☏ 03 86 33 23 69, www.vezelaytourisme.com

♦ Amis et Pèlerins de Saint-Jacques de la voie de Vézelay, Mairie, Rue Saint-Pierre, ☏ 03 86 32 38 11, März bis Okt an Wochenenden 10:00 bis 19:00

Frères franciscains, La Cordelle, ☏ 03 86 33 35 36, Übernachtung gegen Spende

♦ Fraternités monastique de Jérusalem, Anmeldung bis 17:00 im Gebäude neben der Basilika, Übernachtung im Maison Béthanie (an der Kreuzung der D951 mit der D957), ☏ 03 86 32 36 12, 2 Zimmer für Pilger, Küche, empfohlene Spende für die Nacht € 10-15

♦ Auberge de jeunesse, Route de L'Etang, ☏ 09 65 38 09 59 oder 03 86 33 24 18, auberge.jeunesse.vezelay@orange.fr, 38 Betten, Übernachtung ab € 16, 1. April bis 31. Okt, ab 17:30

♦ Centre Sainte-Madeleine, Rue Saint-Pierre, ☏ 03 86 33 22 14 90, Betten, Übernachtung € 15

Hôtel Le Compostelle, Place du Champ de Foire, ☏ 03 86 33 28 63, www.lecompostellevezelay.com, 18 Zimmer, Übernachtung ab € 59, Frühstück € 9,50, 15. Feb bis 30. Nov

✞ **Basilique Sainte-Marie-Madeleine** (UNESCO-Weltkulturerbe). In der Kirche wurden früher die Gebeine von Maria-Magdalena verehrt. Heute sind sie von der katholischen Kirche nicht mehr als echt anerkannt. Die Kirche stammt aus dem 12. bis 14. Jh. Nachdem das Kloster 1537 aufgelöst wurde, verfiel die Kirche und wurde erst im 19. Jh. restauriert. Seit 1945 wird sie wieder als Klosterkirche betrieben. Inzwischen sind Franziskaner für die Messen zuständig. Eine Seitenkapelle ist Jakobus gewidmet. Im Anschluss an die Messe ist eine Pilgersegnung durch die Fraternités monastique de Jérusalem möglich.

☏ 03 86 33 35 97

⌘ **Musée de l'œuvre Viollet-le-Duc**. Museum in den alten Klostergebäuden mit mittelalterlichen Skulpturen

♦ Place de la Basilique, ☏ 03 86 33 24 62, Pfingsten bis 1. Nov an den Wochenenden, Juli und Aug tägl. 10:00 bis 12:00 und 14:00 bis 19:00

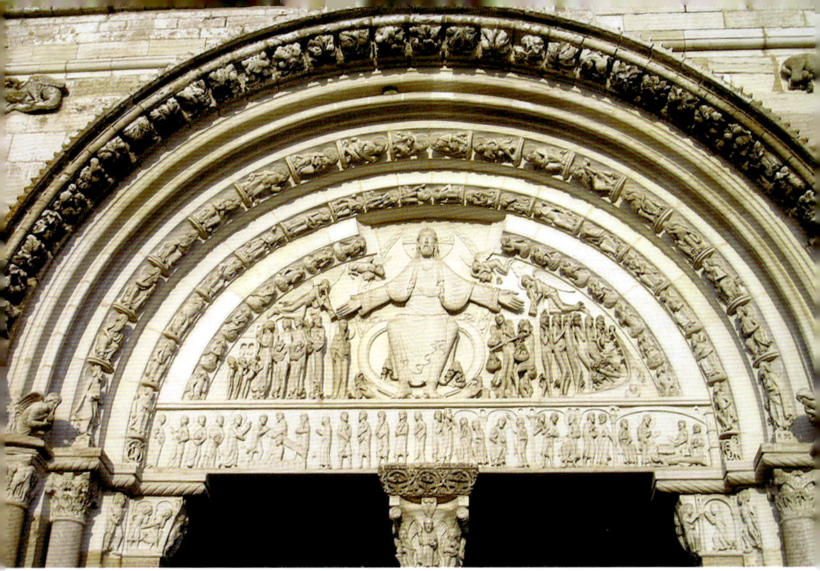

Basilique Sainte-Marie-Madeleine, Vézelay

Vom Platz hinter der Kirche haben Sie Ausblick auf eine herrliche Umgebung.

Traurige Berühmtheit erhielt **Vézelay**, als 1146 Bernhard von Clairvaux den Zweiten Kreuzzug in Vézelay ausrief und 1160 Philippe Auguste und Richard Löwenherz ihre Truppen zum Dritten Kreuzzug in der Stadt zusammenführten.

Seit dem 9. Jh. ist Weinbau um Vézelay nachgewiesen. Heute zählen die Weinberge von Vézelay zum Weinanbaugebiet Burgund.

Vézelay – Le Chemin 24,6 km

Über die D957 fahren Sie hinunter nach **Saint-Père-sous-Vézelay**. Ab Saint-Père-sous Vézelay benutzen Sie die D958 über **Pierre-Perthuis** und **Bazoches** nach **Corbigny**.

Von der Basilique Sainte-Marie-Madelaine gehen Sie die Rue St. Pierre und die Rue St. Ètienne hinunter zur Porte du Barle, dort links Richtung Avallon (nicht nach Etang), am Parkplatz vorbei und nach 100 m rechts in den Feldweg. Mit dem GR 654 wandern Sie hinunter nach Saint-Père-sous-Vézelay (km 3).

✟ **Église Notre-Dame**

♦ Mo bis Sa 10:00 bis 18:00

⌘ **La musée régional archéologique** und **Les site des Fontaines salées**. Zu besichtigen sind ein archäologisches Museum und die Ausgrabungen römischer Bäder. Das Museum befindet sich an der Kirche, die Ausgrabungsstätte an der Rue de Pierre Perthuis.

♦ ☏ 03 86 33 26 62, Anfang April bis Ende Okt tägl. 10:00 bis 12:30 und 13:30 bis 18:30 (im Juli und Aug ohne Mittagspause), Eintritt € 6

Gehen Sie an der Kirche vorbei zur Hauptstraße, dort rechts über den Fluss Cure und gleich wieder rechts auf der D36 Richtung Usy. Am Campingplatz vorbei führt der Weg zunächst eben und dann ansteigend auf einem Feldweg weiter (Blick auf Vézelay beim Zurückschauen). Über Felder erreichen Sie **Précy-le-Moult** (km 7), dort biegen Sie rechts auf die wenig befahrene Straße ab und wandern hinunter nach **Pierre-Perthuis** (km 8). Auf einer hohen Brücke wird vor dem Ort der Fluss Cure überquert. Sie laufen durch den Ort und gehen rund 100 m, bevor Sie die Hauptstraße D958 erreichen, nach links hinunter Richtung Les Ponts (Rue de Deux-Ponts). Nach etwa 150 m kommt eine Weggabelung. Sie gehen links weiter nach unten und nach ca. 100 m schräg rechts und überqueren den Bach Sœuvres auf einer Brücke.

⌘ **Pierre-Perthuis** besitzt drei Brücken: die Brücke über den Bach Sœuvres, die alte Brücke über die Cure von 1770 und die hohe Brücke aus dem Jahr 1874.

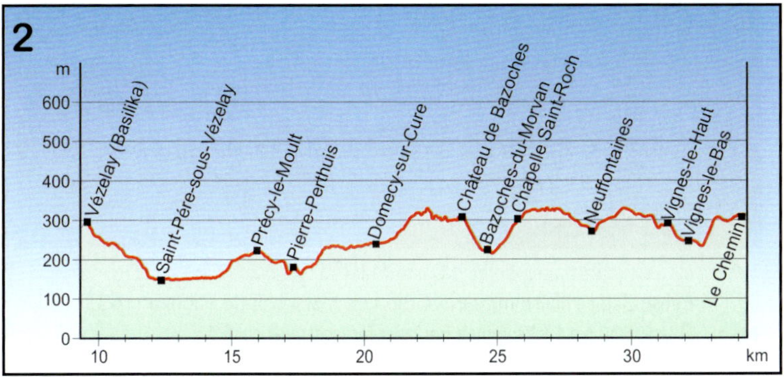

Der Weg führt Sie auf einer alten Römerstraße weiter. Diese verläuft zunächst am Waldrand entlang und dann nach etwa 800 m in den Wald und auf ziemlich gerader Strecke durch den Bois de l'Épenay.

Sie kommen am Schloss von **Domecy-sur-Cure** (km 11) vorbei und laufen weiter in Richtung Culetre (Rue de Culetre). Hinter dem Friedhof ♦ biegen Sie rechts auf einen Feldweg, der durch den Wald führt.

Am Schloss von Bazoches gehen Sie rechts hinunter nach **Bazoches-du-Morvan** (km 15).

Chambre d'hôtes Ferme d'Ecosse (Mme Chantal Pierrier), Übernachtung ab € 35, ☏ 03 86 22 14 57. Zur Ferme d'Ecosse geht es vor dem Ort rechts nach Bourg-Bassot. (Manche Pilger berichten, dass sie bei dem Chambre d'hôtes nicht willkommen waren.)

Waldweg mit Wegmarkierung

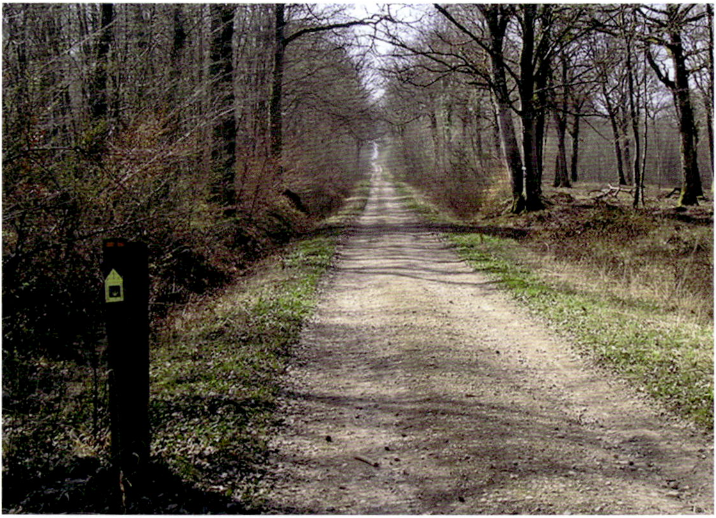

✝ **Église Saint Hilaire** mit dem Grab von Marschall de Vauban (1633-1707)
♦ tägl. 8:30 bis 18:30, Eintritt frei, aber für Licht zweimal € 1

⌘ **Château de Bazoches**. Das Schloss aus dem 12. Jh. ist seit 1675 im Besitz der Familie Marschall de Vaubans. Marschall de Vauban gilt als bedeutender Festungsbaumeister des 17. Jh. Sein Einfluss bei der Planung von Festungsanlagen ist noch heute bei vielen Städten, auch über Frankreich hinaus, zu erkennen.

♦ ☏ 03 86 22 10 22, Mitte Feb bis Mitte Nov tägl. 9:30 bis 12:00 und 14:15 bis 18:00, Eintritt € 8

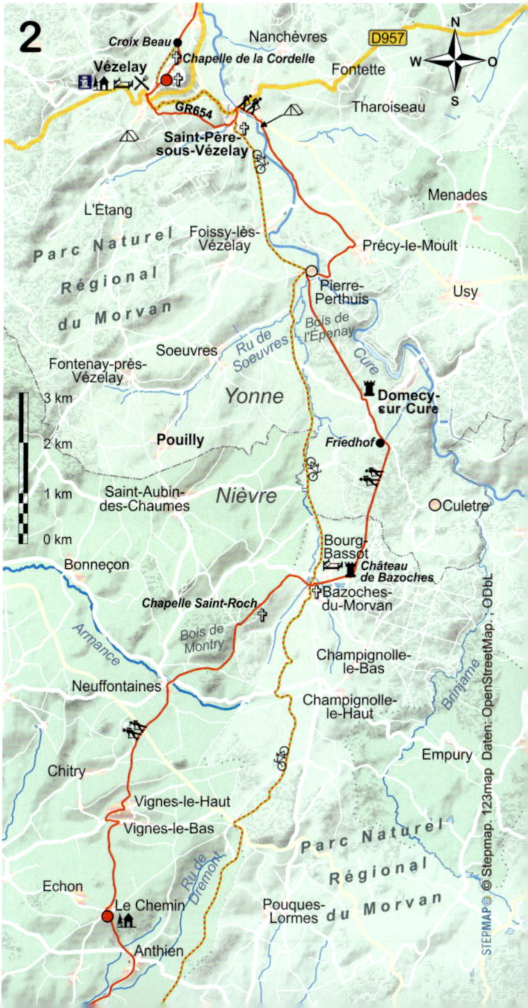

Überqueren Sie die D958. Der Weg steigt auf der anderen Seite der Straße an und führt an der historischen **Pilgerkapelle Saint-Roch** (km 16,8) vorbei. Durch den Wald Bois de Montry gehen Sie hinab nach **Ncuffontaines** (km 19,5), dann wieder hinauf (zunächst Richtung Chitry).

Vor Chitry biegen Sie nach links ab, laufen durch eine Senke und wieder hinauf nach **Vignes-le-Haut** (km 21,5). Im Ort gehen Sie nach rechts und hinunter nach **Vignes-le-Bas**. Den Ort betreten Sie kaum, denn kurz nach dem Ortsschild biegen Sie rechts und gleich wieder rechts ab. Auf einem schönen Feldweg erreichen Sie das auf der Höhe liegende **Le Chemin** (km 24,6).

Le Chemin 🛏 ⇧ 310 m, ✉ 58800, 180 Ew. (Gemeinde Anthien)

🏠 L'Esprit-du-Chemin, M Arno Cuppen und Mme Huberta Wiertsema, ☎ 03 86 22 02 85, 💻 www.espritduchemin.org, 5 Betten, Übernachtung mit Frühstück und Abendessen € 27, 🚪 Ende März bis 1. Okt

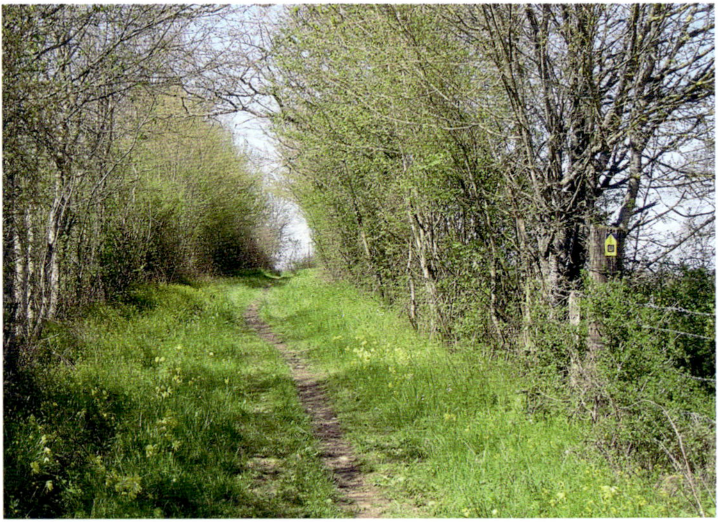

Weg bei Anthien

Le Chemin – Corbigny 10,8 km

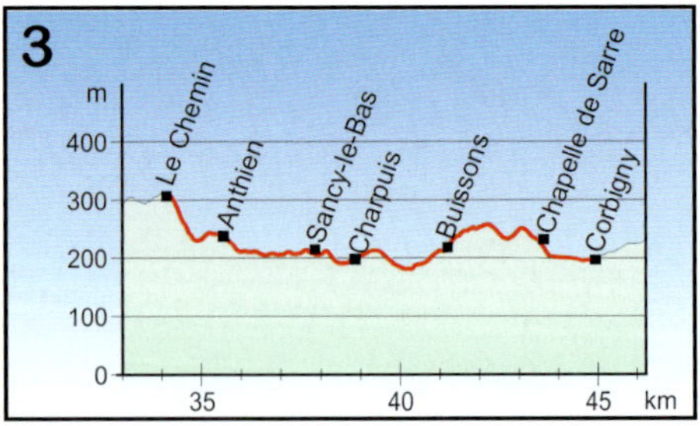

Am Kreuz von **Le Chemin** verlassen Sie den Ort und gehen auf einem Pfad hinab. Folgen Sie dem Weg hinunter nach **Anthien** (km 1) und biegen Sie an der Kirche nach rechts ab. Auf gleicher Höhe bleibend folgen Sie der wenig befahrenen Straße D284. Nach

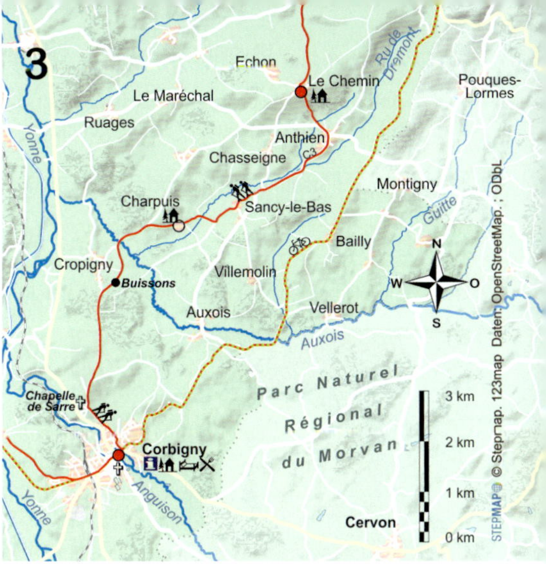

ca. 2 km verlassen Sie die D284 nach schräg rechts und laufen auf der C3 Richtung Sancy-le-Bas und Charpuis weiter. Sie durchqueren Sancy-le-Bas und nach 500 m gehen Sie rechts und kommen nach **Charpuis** (km 5).

🏠 L'Herminière, Mmc Raisonnier, ☏ 03 86 22 07 02 oder 06 63 13 41 14, Übernachtung mit Halbpension € 40

Sie durchqueren Charpuis auf geradem Weg und laufen bei den letzten Häusern schräg rechts. An der nächsten T-Kreuzung geht es (schräg) links und ca. 50 m nach der Brücke links weiter. An der Kreuzung laufen Sie geradeaus weiter. Ab Buissons ist der Weg asphaltiert.

Auf der Höhe des Ortsschildes von Cropigny erreichen Sie die Straße. Dort gehen Sie nach links und folgen ihr. An der Chapelle de Sarre biegen Sie links ab und laufen die Treppe hinunter. Am Friedhof vorbei erreichen Sie **Corbigny**.

Corbigny ℹ 🏠 🛏 ⛺ ✕ 🛒 ⚕ ⇧ 200 m, ✉ 58800, 1.911 Ew.

ℹ Office du tourisme, 8 Place de l'Hôtel de Ville, ☏ 09 82 56 94 98, ✉ corbignytourisme@gmail.com, 💻 www.corbignytourisme.com

🏠 Refuge pèlerin municipal, 1 Rue du Petit Fort, ☏ 03 86 20 11 98 (Mairie). Den Schlüssel gibt es im Rathaus (Mairie) oder samstags und sonntags bei La Boutique de saveurs (in der Nähe des Rathauses). 5 Betten, Übernachtung € 10, 🚪 15. März bis 15. Okt

🛏 Hôtel La Buissonniere, 36 Avenue Saint Jean, ☏ 03 86 20 02 13, ✉ labuissonniere.hotel@hotmail.fr, 💻 www.hotel-buissonniere.com, Übernachtung € 57 (für 2 Personen € 70), Frühstück € 8,50

✝ Église Saint-Seine. Gotische Kirche aus dem 15. Jh.

⌘ **Abbaye Saint-Léonard**. Die Gebäude der alten Abtei stammen aus dem Jahr 1754 und werden heute als Schule genutzt.

⌘ Von der **Stadtmauer** sind noch Reste und fünf Türme erhalten geblieben.

Corbigny – Saint-Révérien 18 km

Sie bleiben zwischen Corbigny und Saint-Révérien auf der D977.

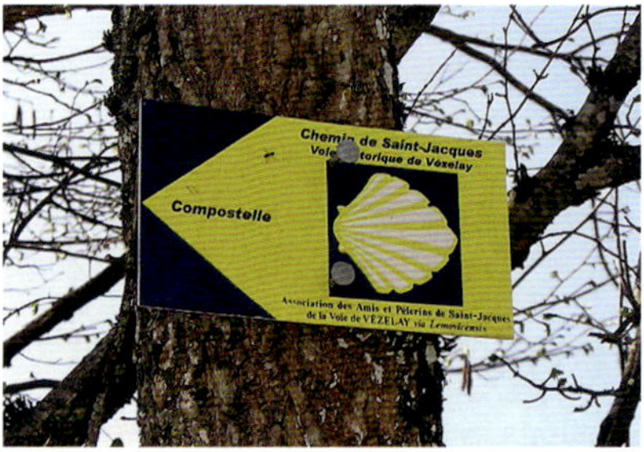

Wegmarkierung

Auf der Grande Rue durchqueren Sie die Innenstadt und gehen dann immer geradeaus. Nach dem Bahnübergang bleiben Sie zunächst auf der Hauptstraße. Nach 200 m biegen Sie schräg rechts auf eine Nebenstraße ab. Diese wird zu einem Feldweg und führt über die Höhe und dann hinunter nach **Chitry-les-Mines** (km 3). In Chitry werden Sie über eine alte Bahnbrücke über den Fluss Yonne und mit der Hauptstraße über den Kanal Nivernais geleitet. Danach verlassen Sie die Hauptstraße nach links und biegen rechts auf eine Nebenstraße ab. Diese führt als Feldweg durch das landwirtschaftliche Anwesen Le Bouquin und durch Wald und Wiesen nach Pazy. Bevor Sie Pazy erreichen, geht es nach links und gleich wieder nach rechts. Über **Prélichy** (km 10) erreichen Sie auf der D146 **Guipy** (km 13).

Durchqueren Sie den Ort. Am Ortsausgang gehen Sie zuerst schräg nach links auf einen Feldweg. Dieser erreicht vor **Brêches** wieder eine Teerstraße. Die Straße führt nach **Saint-Révérien**, das auf dem Berg liegt. Kurz nach Überquerung eines Baches biegen Sie von der Straße nach links auf einen Feldweg ab. Dieser führt durch eine Senke und windet sich hinauf nach **Saint-Révérien**.

Saint-Révérien ⇧ 300 m, 230 Ew.

Refuge pèlerin municipal „Voie de Vézelay“, Mairie, ☎ 03 86 29 65 76. Die Herberge befindet sich in der ehemaligen Poststelle links vom Rathaus. Den Schlüssel gibt es bei M. Thionet, Place du Champ de foire/Rue de la Malette (☎ 03 86 29 65 76 oder 06 75 37 40 08, gerad.thionnet@gmail.com). 14 Betten, kleine Küche, Übernachtung € 10, März bis Okt

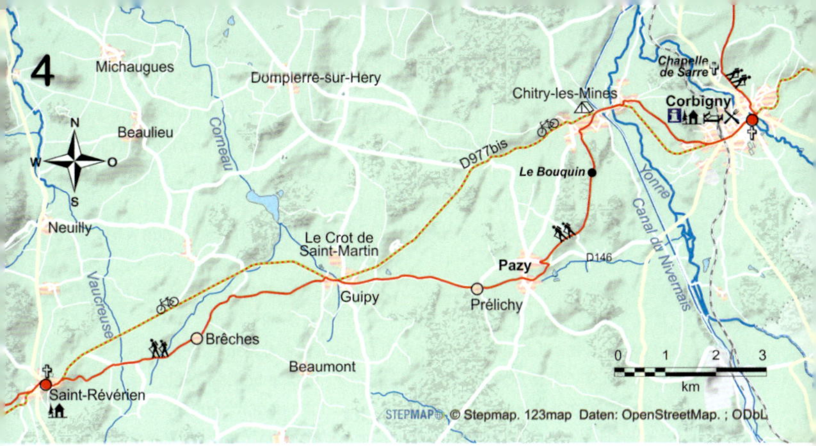

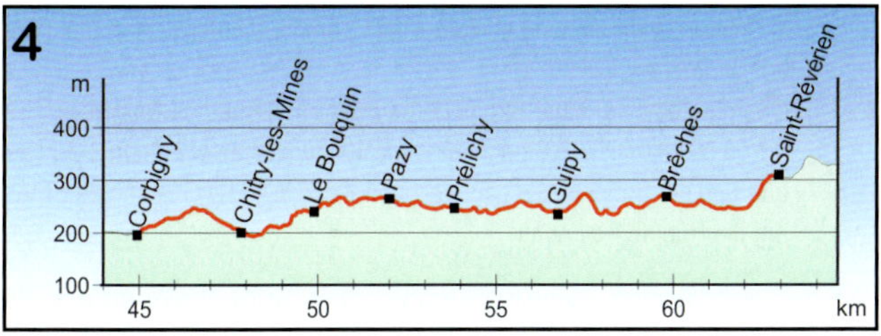

✝ **Église St-Révérin**. Die Ursprünge der Kirche gehen auf eine Klosterkirche aus dem 12. Jh. zurück. Als Tochterkloster von Cluny wurde sie als Pilgerstation auf dem Weg nach Santiago de Compostela viel besucht.

Saint-Révérin – Prémery 16,5 km

🚲 Sie können dem historischen Pilgerweg folgen, der über ruhige Nebenstraßen führt, oder bis Prémery auf der D977 bleiben.

🚶 Im Ort gehen Sie von der Hauptstraße nach links Richtung **Prémery** und am Ortsausgang nach rechts durch den Wald hoch. Danach erreichen Sie links wieder die Straße (D977), der Sie weiter folgen.

Vor dem Anstieg nach **Moussy** biegen Sie nach rechts auf die alte Straße ab. Durchqueren Sie **Moussy** ✕ (km 4), danach führt der Weg wieder entlang der D977 bis **Boulon** (km 10).

In **Boulon** biegen Sie am Kreuz nach links auf die D107 (Richtung Lurcy-le-Bourg) ab und gehen nach **Vilaine** (km 11). Nach dem Ort überqueren Sie die Nièvre auf der Brücke und biegen dann rechts ab. Sie durchqueren die paar Häuser von Breuil (Infos ☞ Prémery).

3 km vor **Prémery** erreichen Sie die D38, auf ihr geht es in den Ort.

Prémery

⇧ 230 m, 58700, 2.200 Ew.

- Office de tourisme, Tour du Château, ☏ 03 86 37 99 07
- Un pas à la fois, Chantal Jourdan und Denis Dubé, 6 Route de Vilaine, ☏ 06 78 91 39 23 oder 06 78 91 39 23, talchan5@hotmail.fr, www.unpasalafois.eu, 6 Betten, Übernachtung gegen Spende. Die Herberge liegt in Breuil, ca. 3 km vor Prémery (☞ Wegbeschreibung).
- Chambre d'hôtes Les Quatre Saisons, 37 Rue de Lurcy, ☏ 03 86 68 10 91, 4 Zimmer, Übernachtung ab € 40. Das Chambre d'hôtes liegt an der Eingangsstraße auf der rechten Seite.
- ♦ Chambre d'hôtes, Mme Streiff, Le Fourneau, 17 Rue des Rosiers, ☏ 03 86 68 07 70, Übernachtung ab € 40. Zum Chambre d'hôtes geht es nach Überquerung der Bahnstrecke nach rechts auf den Weg La Chaume de L'Étang und dann auf die Rue du Fourneau.

Auf der historischen Römerstraße zwischen Saint-Révérien und Prémery

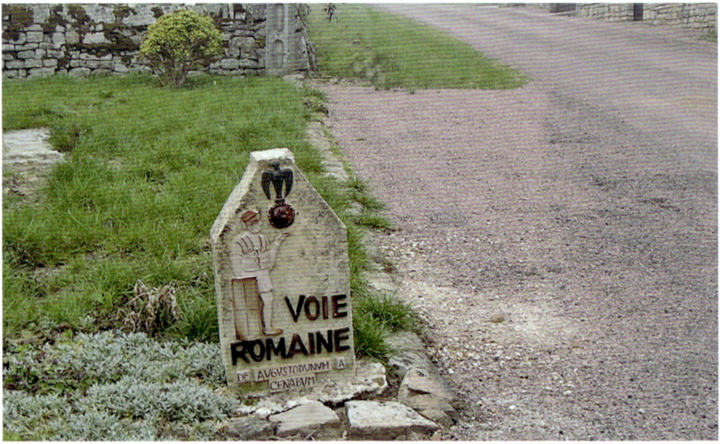

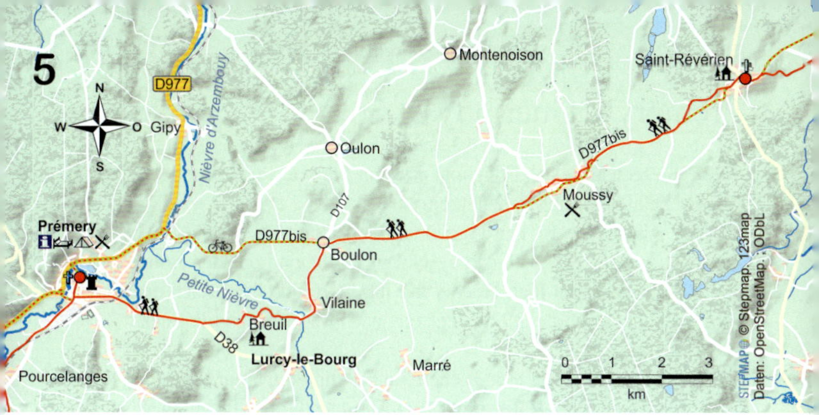

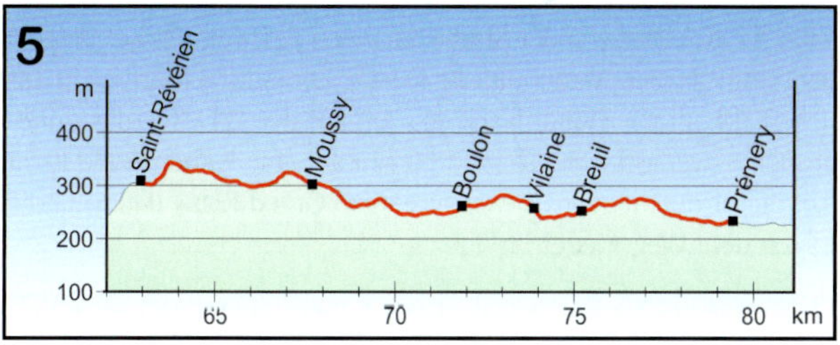

🛏 Chambre d'hôtes La Chatelière, Cervenon, ☏ 03 86 38 96 74, Übernachtung ab € 53 (für 2 Personen € 62). Cervenon liegt etwa 3 km von der Innenstadt von Prémery entfernt. Wenn Sie hier übernachten wollen, müssen Sie vor Prémery links abbiegen. Wenn man nach Breuil auf die D38 trifft, zweigt kurz nach dem Kilometerschild 33 links ein Feldweg ab (der Abzweig ist nicht beschildert).
Der Weg führt rund 2 km durch den Bois Cummunal d'Ambrée hoch und runter nach Cervenon.

✞ **Église Saint-Marcel**

⌘ **Château**. Sommerschloss der Bischöfe von Nevers (14. bis 17. Jh.)

⌘ **Musée du Grès ancien** (Steingut und Töpferwaren)

♦ 3 Grande Rue, ☏ 03 86 68 10 32, 🚪 Mai bis Nov Sa und So 14:30 bis 18:30, Eintritt € 5

Prémery – Guérigny 18 km

Sie ersparen sich Steigungen, wenn Sie von Prémery nach Guérigny die (stärker befahrene) D977 benutzen.

Eine Alternative ist der Weg über die Höhe. Dazu geht es von Prémery zunächst auf der D148 (Richtung Nolay) weiter und auf der Höhe nach rechts über **Grand** und **Petit Rigny** wieder ins Tal. Dort fahren Sie nach dem Bahnübergang geradeaus auf die D977 oder erst nach **Mauvron** und **Poiseux**.

Über die Rue de Lurcy gehen Sie bis zur Hauptstraße (Grande Rue), dort links und dann geradeaus (Rue Auguste Lambiotte, Richtung Pourcelanges, Nolay) auf der D148 an einem ehemaligen Fabrikgelände vorbei. Nach 1,5 km leitet Sie der Weg von der Straße auf einen Feldweg. Dieser umgeht Pourcelanges und stößt danach wieder auf die D148. Die Straße führt leicht ansteigend durch den Wald auf die Höhe. Nach 1,5 km auf der D148 – die Höhe ist inzwischen erreicht – verlassen Sie sie und biegen auf eine Nebenstraße Richtung **Rigny** ab. Auf dieser durchqueren Sie leicht bergab **Grand Rigny** (km 5) und **Petit Rigny** und folgen dem Weg wieder ins Tal.

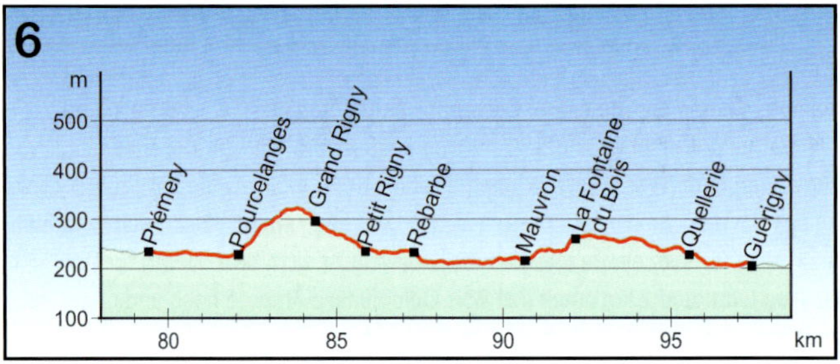

Vor Rebarbe gehen Sie (an einer Trafostation) nach links der Vorfahrtsstraße nach. 200 m nach dem Bahnübergang biegen Sie nach links ab. Nach 1,7 km überqueren Sie die stillgelegte Bahnstrecke nochmals und gehen dann rechts nach **Mauvron** (11 km). Durchqueren Sie den Ort und folgen dann der ansteigenden Straße in den Wald. In der Nähe von La Fontaine du Bois biegen Sie nach rechts ab und nach 600 m nach links auf eine lange, gerade Waldstraße. Nach 1,4 km erreichen Sie einen Rastplatz.

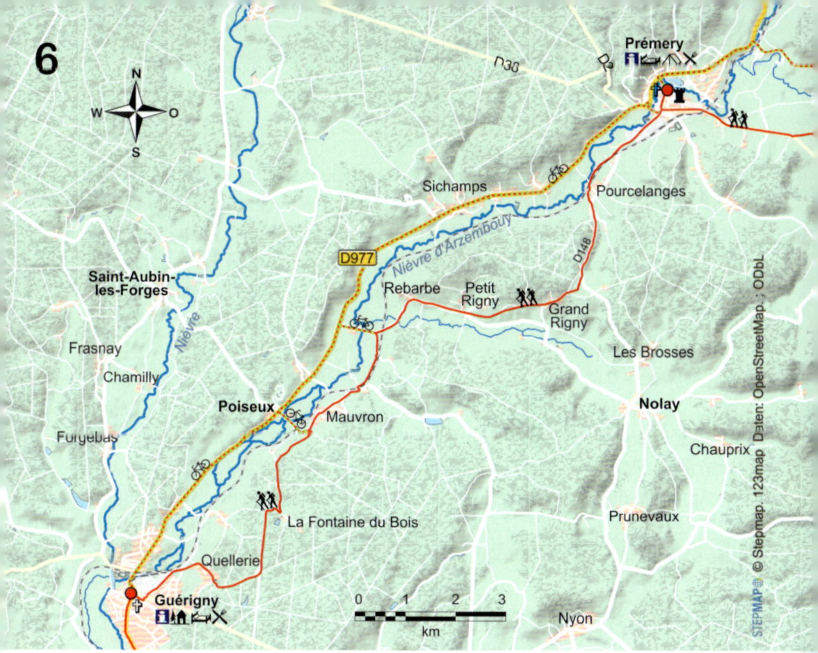

Hier gehen Sie nach rechts. Folgen Sie dem geteerten Weg und durchqueren Sie **Quellerie**. Die nächste Kreuzung überqueren Sie geradeaus. An stillgelegten Fabriken vorbei führt der Weg nach **Guérigny**. Sie durchqueren einen Park und kommen auf die Hauptstraße (D977). Dort biegen Sie nach links ab.

Guérigny ⇧ 200 m, 58130, 2.500 Ew.

Syndicat d'initiative S.I. (Mairie), ☎ 03 86 90 78 50, www.ville-guerigny.fr

Refuge pèlerin municipal, 24 Avenue du Géneral Cheutin, Anmeldung beim Rathaus, kleine Küche, Übernachtung € 12, 15. März bis 15. Okt

Hôtel-Restaurant Le Commerce, 2 Grand Rue, ☎ 03 86 37 32 77, www.hotelrestaurantlecommerce-guerigny.com. Das Hotel liegt gegenüber vom Rathaus. Es hat Freitag, Samstag und Sonntag geschlossen. Eine Übernachtung für Pilger ist aber auch an diesen Tagen nach Voranmeldung möglich. Übernachtung ab € 39 (mit Abendessen und Frühstück ab € 65)

⌘ **Le Musée du Vieux Guérigny**. Historisches Industriemuseum

♦ Avenue Arnault de Lange, Juli bis Sep tägl. außer Di 15:00 bis 19:00

Guérigny – Nevers 13,7 km

Sie benutzen entweder die stärker befahrene D977 direkt nach Nevers oder fahren über mehrere Steigungen auf der Nebenstraße D207. Dazu biegen Sie 1 km nach dem Ortsschild (nach einer Bushaltestelle) nach rechts auf die D207 ab (zunächst mit dem ausgeschilderten Pilgerweg). Wenn der Pilgerweg 500 m nach dem Friedhof von Urzy nach links abzweigt, bleiben Sie auf der D207. Über **Feuilles** erreichen Sie **Nevers**. Sie kommen auf der Rue Mademoiselle Bourgois in die Stadt.

Zunächst gehen Sie auf der Hauptstraße Richtung Nevers. Guérigny hört auf und **Demeurs** beginnt. 1 km nach dem Ortsschild wenden Sie sich nach einer Bushaltestelle rechts Richtung „Salle de Fêtes" auf die D207.

Am Salle de Fêtes vorbei wird der Fluss Nièvre überquert, dann steigt der Weg an. Er bleibt aber nicht lange auf der Höhe, sondern führt wieder ins Tal. Nach dem Friedhof von Urzy (km 5) gehen Sie an der Kreuzung geradeaus weiter.

500 m nach der Kreuzung wenden Sie sich nach links Richtung **Pont St-Ours**. Nach Luanges (nicht bezeichnet) biegen Sie rechts (mit Wanderweg, leicht ansteigend) ab.

Brücke über die Loire, Nevers

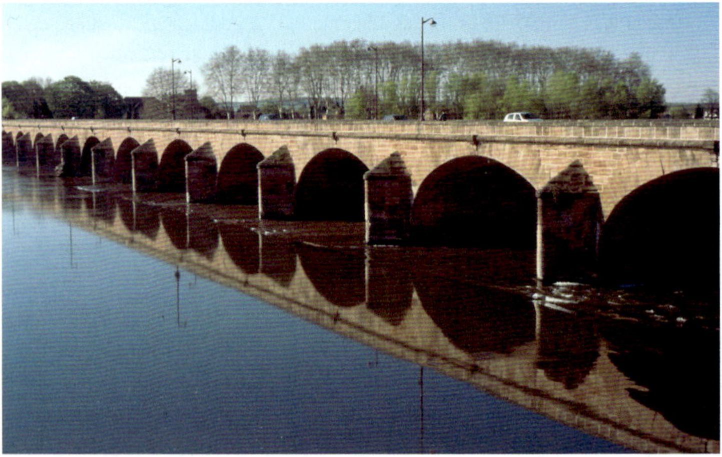

Nachdem Sie die Autobahn überquert haben, folgt der Weg einer schönen Allee. Bei den ersten Häusern gehen Sie geradeaus (gegen die Einbahnstraße, nicht Richtung „Centre“) und dann den steilen Feldweg rechts hinunter. Gehen Sie auf dem Chemin de la Tuilerie, der Rue des Filles und der Rue des Chaumottes (Stadtgrenze von Nevers) weiter. Auf der Rue Mademoiselle Bourgois unterqueren Sie die Eisenbahn und auf der Rue Jan Jaurès geht es weiter Richtung „Centre ville“.

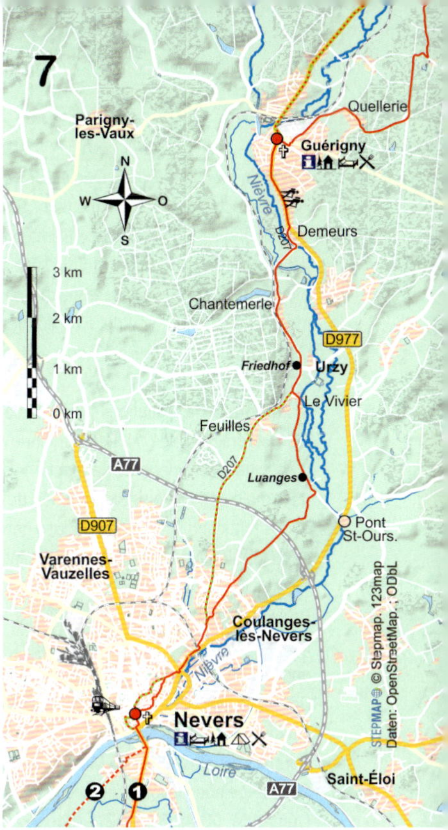

✋ Achten Sie hier auf die Straßenbezeichnungen, denn die Ausschilderung ist schlecht. Folgen Sie der Rue de la Barre und der Rue St-Etienne. Überqueren Sie den Place Guy Coquille (Fußgängerzone) und folgen Sie der Rue François Mitterand (Fußgängerzone). Am Place Mancini gehen Sie geradeaus in die Rue des Récollets. Am Palais Ducal vorbei kommen Sie zur Kathedrale.

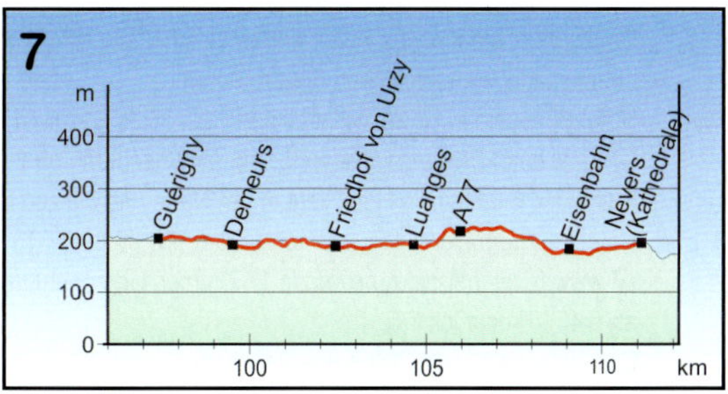

Nevers

180 m, 58000, 40.930 Ew.

Office du tourisme, Palais Ducal, 03 86 68 46 00, contact@nevers-tourisme.com, www.nevers-tourisme.com

Maison Saint-Gildard (Espace Bernadette Soubirous), 34 Rue Saint-Gildard, 03 86 71 99 50 oder 03 86 71 99 50. Pilger können hier für € 25 übernachten. Allerdings gibt es Berichte, wonach Pilger Schwierigkeiten hatten, ein günstiges Zimmer zu bekommen. Von der Kathedrale aus erreicht man das Kloster über den Place Carnot und durch den Park Roger Salengro. Die Rue de Lourdes führt zur Rue Saint-Gildard.

♦ Monastère de la Visitation, 49 Route de Saulaies, 03 86 57 37 40, nevers@orange.fr, visitationnevers.blogspot.fr, Übernachtung mit Frühstück € 20, bitte eine Woche vorher buchen, im Jan geschlossen. Das Kloster liegt etwas außerhalb von Nevers. Sie kommen dorthin, wenn Sie vor der Brücke über die Loire nach rechts und hinunter zum Fluss gehen. Anschließend laufen Sie immer am Fluss entlang. Sie kommen auf die Allée d'Avilla und dann auf die Route de Saulaies. Das Kloster liegt etwas abseits der Straße auf der rechten Seite (rund 2 km von der Brücke entfernt).

♦ Maison du diocèse, 21 Rue Gustave Mathieu, 03 86 71 86 00, nur an Wochenenden und während der französischen Schulferien. Das Gebäude liegt oberhalb des Bahnhofs (ca. 1 km entfernt). Sie überqueren die Gleise auf der Rue Pierre Emile Gaspard, gehen dann nach rechts auf die Rue Saint-Benin und biegen dann nach links auf die Rue Gustave Mathieu ab.

♦ Refuge pèlerin privé, Avier und Martine Bernaud, 21 Rue du Plateau de la Bonne Dame, 03 86 37 58 27, schöne Herberge mit 4 Betten, Küche, Übernachtung € 15. Die Herberge liegt in der Nähe des ausgeschilderten Pilgerweges, nach der Brücke über die Loire rechts am Ende der Straße.
Da die Innenstadt etwas weiter entfernt ist, hält die Herberge einen kleinen Vorrat an Lebensmittel zum käuflichen Erwerb bereit.

Hôtel Beauséjour, 5 Rue Saint Gildard, 03 86 61 20 84, www.hotel-beausejour-nevers.com, Übernachtung ab € 37 (pro Zimmer), Frühstück € 8,50. Das Hotel liegt in der Nähe des Maison Saint-Gildard.

♦ Hôtel Le Thermidor, 14 Rue Claude Tillier, 03 86 57 15 47, www.hotel-thermidor-nevers.fr, 17 Zimmer, Übernachtung ab € 40 (für 2 Personen ab € 45), Frühstück € 5.
Das Hotel liegt in der Nähe des Bahnhofs.

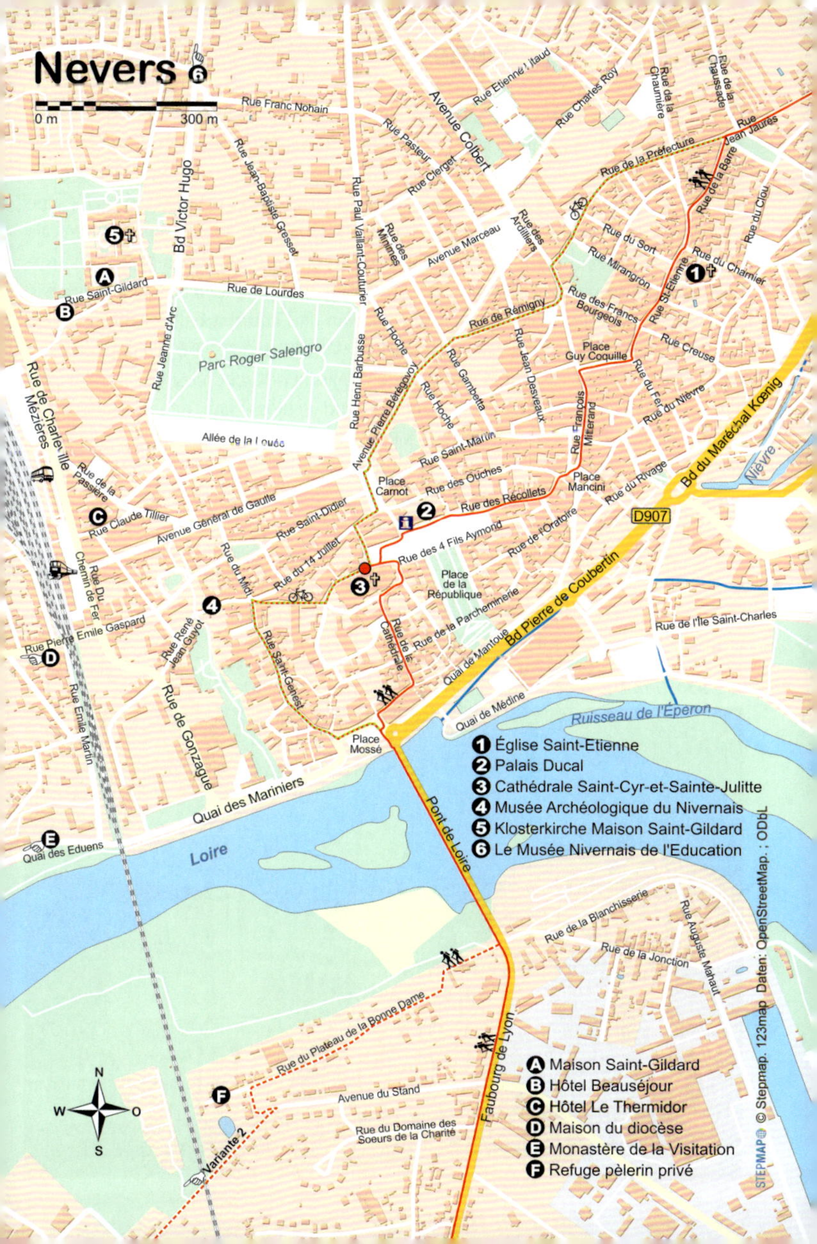
Nevers 6
0 m
300 m
Rue Franc Nohain
Rue Etienne Litaud
Rue Charles Roy
Rue de la Chaumière
Rue de la Chaussade
Rue Jean Jaurès
Rue de la Préfecture
Rue de la Barre
Rue du Clou
Avenue Colbert
Rue Pasteur
Rue Clerget
Rue Jean-Baptiste Gresset
Bd Victor Hugo
Rue Paul Vaillant-Couturier
Rue des Minimes
Avenue Marceau
Rue des Ardilliers
Rue du Sort
Rue Mirangron
Rue du Chamier
Rue St-Etienne
Rue des Francs Bourgeois
Rue Creuse
Place Guy Coquille
Rue de Lourdes
Rue Saint-Gildard
Rue Jeanne d'Arc
Parc Roger Salengro
Rue Henri Barbusse
Avenue Pierre Bérégovoy
Rue Hoche
Rue de Rémigny
Rue Gambetta
Rue Jean Desveaux
Rue François Mitterand
Rue du Fer
Rue du Nièvre
Bd du Maréchal Kœnig
Nièvre
Rue de Charleville Mézières
Allée de la Louée
Rue Saint-Martin
Rue des Ouches
Place Carnot
Place Mancini
Rue du Rivage
Rue des Récollets
Rue de la Passière
Rue Claude Tillier
Avenue Général de Gaulle
Rue Saint-Didier
Rue des 4 Fils Aymond
Rue de l'Oratoire
D907
Rue du Chemin de Fer
Rue du Midi
Rue du 14 Juillet
Place de la République
Bd Pierre de Coubertin
Rue de l'Ile Saint-Charles
Rue Pierre Emile Gaspard
Rue René Jean Guyot
Rue Saint-Genest
Rue de la Cathédrale
Rue de la Parcheminerie
Quai de Mantoue
Quai de Médine
Ruisseau de l'Éperon
Rue Emile Martin
Rue de Gonzague
Place Mossé
Quai des Mariniers
Pont de Loire
Loire
Quai des Eduens
1 Église Saint-Etienne
2 Palais Ducal
3 Cathédrale Saint-Cyr-et-Sainte-Julitte
4 Musée Archéologique du Nivernais
5 Klosterkirche Maison Saint-Gildard
6 Le Musée Nivernais de l'Education
Rue de la Blanchisserie
Rue de la Jonction
Rue Auguste Mahaut
Rue du Plateau de la Bonne Dame
Avenue du Stand
Rue du Domaine des Soeurs de la Charité
Faubourg de Lyon
Variante 2
N
W
O
S
A Maison Saint-Gildard
B Hôtel Beauséjour
C Hôtel Le Thermidor
D Maison du diocèse
E Monastère de la Visitation
F Refuge pèlerin privé
STEPMAP © Stepmap. 123map Daten: OpenStreetMap ; ODbL

✝ **Klosterkirche Maison Saint-Gildard** (Espace Bernadette Soubirous). In der Klosterkirche ist der unverweste Leib von Bernadette Soubirous aufgebahrt. Bernadette Soubirous (1844-1879) wurde in Lourdes geboren. Ein paar Tage vor ihrem 14. Geburtstag hatte sie zum ersten Mal in der Grotte Massabielle eine Vision von einer weiblichen Gestalt, die sich noch 17 Mal wiederholen sollte. Die Frau verlangte von Bernadette den Bau einer Kirche. Als sie Bernadette zum Trinken aufforderte, kratzte diese etwas Erde weg und eine Quelle entsprang. Die Heilkraft des Wassers sprach sich schnell herum und Lourdes entwickelte sich bald zu einem der bedeutendsten katholischen Wallfahrtsorte. 66 Heilungen sind inzwischen offiziell als Wunder von der katholischen Kirche bestätigt. 1866 verließ Bernadette den Trubel ihrer Heimat und schloss sich den Barmherzigen Schwestern in Nevers an. 1879 starb sie an Knochentuberkulose. 1925 wurde sie selig- und 1934 heiliggesprochen. Heute ist der Besuch der Kirche ein Pflichtaufenthalt für viele Pilgerreisende auf dem Weg von oder nach Lourdes.

💻 www.sainte-bernadette-nevers.com

✝ **Cathédrale Saint-Cyr-et-Sainte-Julitte**. Kathedrale im gotischen Stil aus dem 11. bis 16. Jh. Die Kirche besitzt einen West- und einen Ostchor, was in Frankreich sehr selten ist.

Maison Saint-Gildard (Espace Bernadette Soubirous), Nevers

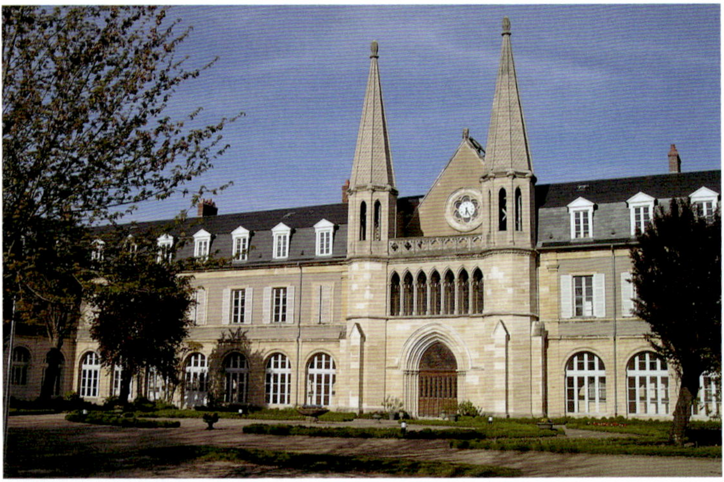

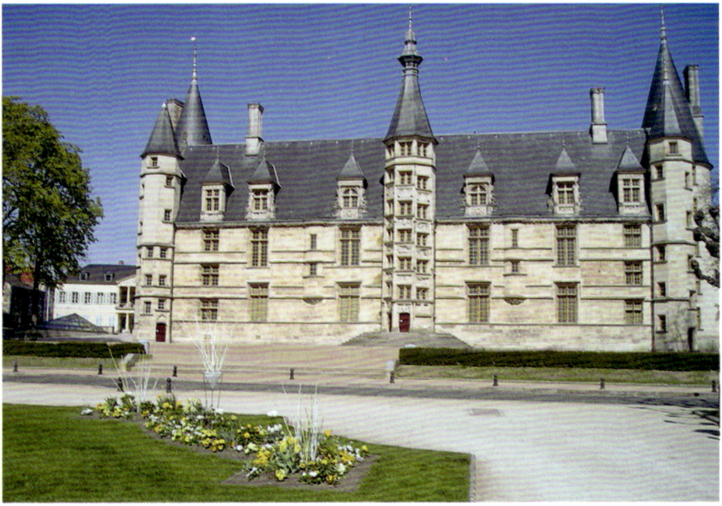

Palais Ducal, Nevers

✞ **Église Saint-Etienne.** Im Stil der Romanik erbaut. Spenden von Pilgern trugen zur Realisierung des großen Baus bei, der lange als Kathedrale diente.

⌘ **Palais Ducal**. Palast der Herzöge von Nevers aus dem 15. und 16. Jh. mit prächtiger Renaissancefassade

⌘ **Le Musée Nivernais de l'Education**. Schulmuseum von Nevers

♦ 54 Boulevard Victor Hugo, 💻 museduc.nevers.pagesperso-orange.fr,
🚪 Di bis Fr 14:00 bis 17:00, Di und Mi auch 9:00 bis 12:00, Eintritt € 4

⌘ **Musée Archéologique du Nivernais**. Das archäologische Museum ist in der Porte du Croux, einem Tor der mittelalterlichen Stadtbefestigung, untergebracht.

♦ 🚪 Juni bis Okt Do bis So 14:00 bis 18:00, Eintritt € 2

Nevers ist die Hauptstadt des Departements Nièvre und liegt am Zusammenfluss von Loire, Nièvre und Allier. Sie gilt mit ihren Museen und Kunstschätzen als „Ville d'Art" (Stadt der Kunst).

Für den weiteren Weg ab Nevers gibt es zwei Varianten.

❶ Die erste Variante führt über Saint-Pierre-le-Moûtier, Le Veurdre, Valigny und Ainay-le-Château nach Charenton-du-Cher und ist 79 km lang. Sie ist als Jakobsweg ausgeschildert.

❷ Die zweite Variante führt von Nevers über Grossouvre, Sancoins und Augy-sur-Aubois nach Charenton-du-Cher. Sie ist 61 km lang und gilt als landschaftlich schöner. Sie ist als GR 654 ausgeschildert (rot-weiße Markierung). (Da diese Variante oft über Wiesenwege führt, ist sie für Radfahrer nicht zu empfehlen.)

Ausgeschilderter Jakobsweg Teil 1: Nevers – Saint-Parize-le-Chatel 19,5 km

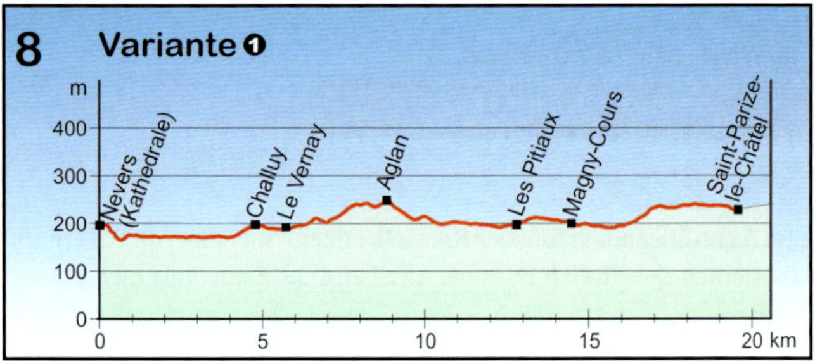

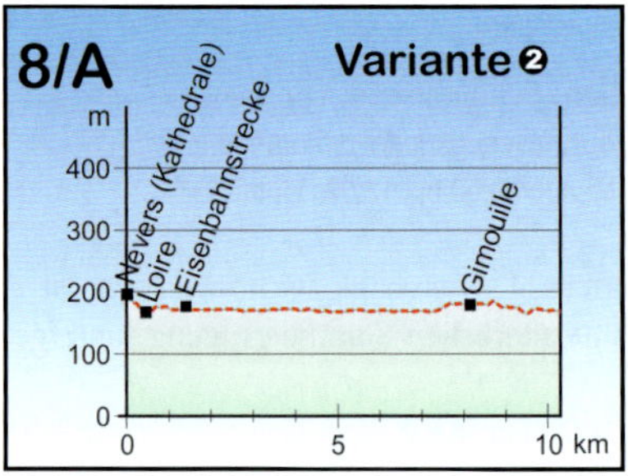

Von der Kathedrale gehen Sie über die Rue de la Cathédrale hinunter zur Loire und auf der Brücke über den Fluss.

Nach der Brücke finden sich mehrere Wegmarkierungen von verschiedenen Wegen, die als Jakobsweg markiert sind.

Sie gehen (fahren) geradeaus entlang der N7 Richtung **Magny Cours, St.-Pierre-le-Moûtier**. 2 km nach der Brücke biegen Sie nach rechts Richtung **Challuy** ab. Am Kreisverkehr gehen Sie geradeaus nach **Challuy-Bourg** (km 4,5).

Auf geradem Weg wandern Sie durch den Ort, weiter auf der D149 durch **Yopsan** und hoch nach **Aglan** (km 8) (Richtung **Magny Cours**). 1 km nach **Aglan** verlassen Sie die D149 und biegen nach links ab.

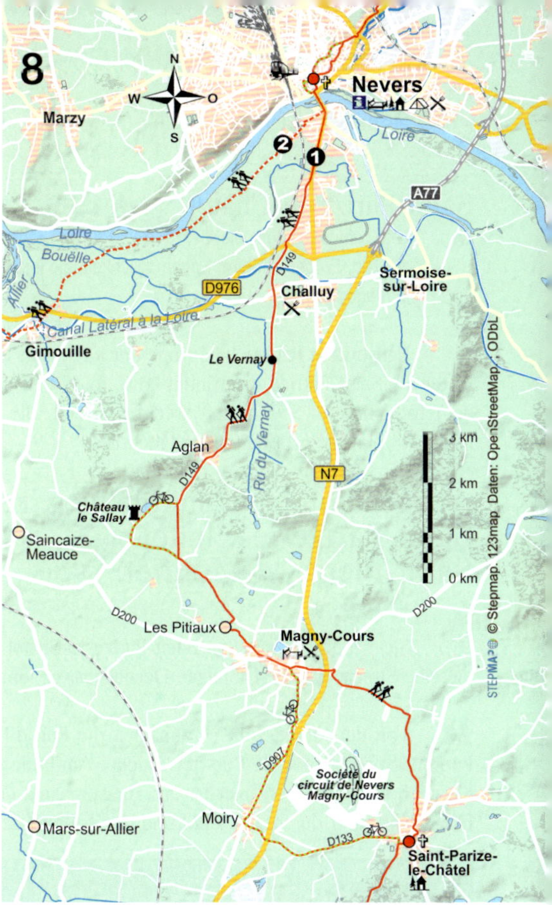

Sie bleiben hier auf der D149 und biegen erst nach dem Château le Sallay an der nächsten Kreuzung links ab.

Nach 1 km gehen Sie wieder nach links und kommen auf der Hauptstraße nach **Magny-Cours** ⇧ 200 m, 1.500 Ew. (km 14).

☺ Die berühmte Autorennstrecke (Austragungsort des Formel-1-Grand-Prix von 1991 bis 2008) liegt etwa 3 km südöstlich vom eigentlichen Ort: Société du circuit de Nevers Magny-Cours, Technopole. Ein kleines Museum informiert über die Formel 1 in Frankreich.

♦ ☏ 03 86 21 80 00, www.magnyf1.com

In **Magny-Cours** gehen Sie durch die Rue Saint-Vincent und nach Überquerung der autobahnähnlich ausgebauten Nationalstraße zunächst nach rechts und gleich wieder nach links (hier ist die Abfallsammelstelle (*déchetterie*) ausgeschildert, an der der Weg vorbeiführt). Als Feld- und Wiesenweg führt der Weg nach **Saint-Parize-le-Châtel**.

Sie fahren auf der (alten) N7 nach Moiry und dort nach links auf die D133.

Saint-Parize-le-Chatel 230 m, 58490, 1.280 Ew.

Gîte communal des pèlerins, 06 80 12 32 13, Übernachtung € 12, 15. März bis 15. Okt. Es besteht eine Kochmöglichkeit, die letzte Einkaufsmöglichkeit finden Sie in Magny-Cours.

Église Saint Patrize. Ursprung der Kirche aus dem 12. Jh. ist die ehemalige Abtei von Saint-Patrice, gegründet im 6. Jh. von dem Mönch Patricius. Nach seinem Tod wurde er 555 in der Abtei beigesetzt. Bis 1773 ruhten seine Gebeine in der Krypta, die größtenteils erhalten ist.

Ausgeschilderter Jakobsweg Teil 2: Saint-Parize-le-Chatel – Saint-Pierre-le-Moûtier 10,6 km

Sie benutzen zwischen **Saint-Parize-le-Chatel** und **Saint-Pierre-le-Moûtier** dieselbe Strecke wie die Fußpilger. Der Jakobsweg führt über geteerte Nebenwege.

Von der Kirche geht es zunächst die Rue d'Église entlang und an deren Ende nach rechts auf die Rue del 'Ouche. Am Ende der Rue del 'Ouche müssen Sie nach links abbiegen (hier ist das Hinweisschild erst am Ortsende zu finden). Die Straße führt durch den Wald und durch **Rond de Bord** (km 3). Am Ende der

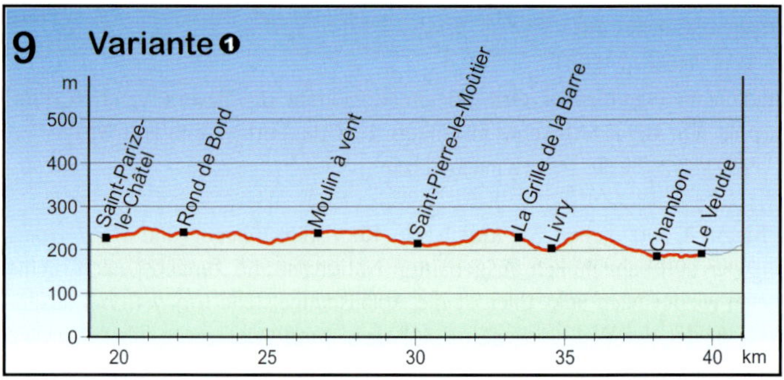

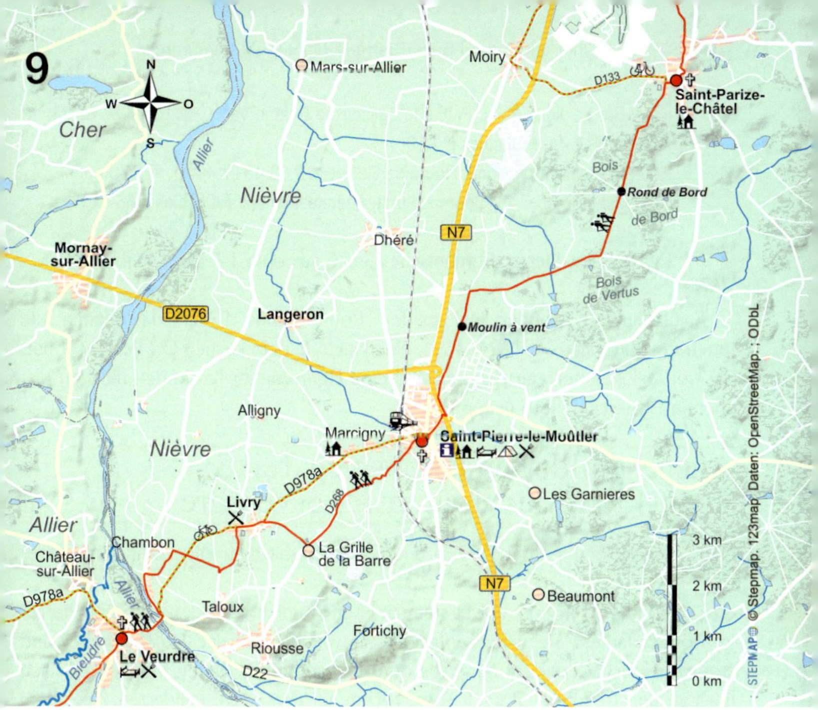

Straße, an der T-Kreuzung, geht es nach rechts und in Sicht- und Hörweite der Autobahn nach links. An der restaurierten Mühle (Moulin à vent) vorbei führt der Weg parallel zur Autobahn nach **Saint-Pierre-le-Moûtier**. Am Ortsanfang gehen Sie rechts unter der N7 hindurch und danach links auf die Avenue du 8 Mai. Am Palace de la Republique biegen Sie nach links zur Kirche ab.

Saint-Pierre-le-Moûtier

⇧ 225 m, 58240, 13.000 Ew.

Office de tourisme, 11 Place de l'Église, ☏ 03 86 37 21 25

Refuge pèlerin privé, Mme Arbez-Seguin, 74 Route de Livry-Marcigny, ☏ 03 86 37 28 19, 3 Betten, Übernachtung, Abendessen und Frühstück € 29. Marcigny liegt an der D978a etwa 2 km hinter Saint-Pierre-le-Moûtier. Verlassen Sie dazu im Ort den ausgeschilderten Weg und folgen Sie der D978a (Richtung Livry, Marcigny, Le Veurdre). Die Herberge liegt hinter der „Hauptkreuzung" in Marcigny und ist durch die Muscheln erkennbar.

Hôtel-Bar Le vieux Puits, Place de'Église/Rue Roland Vailin, ☏ 03 86 57 69 23, Zimmer ab € 44, Frühstück € 7,50

♦ Hôtel-Restaurant La vigne, Route de Decize, ☏ 03 45 52 40 11, 12 Zimmer, Übernachtung ab € 49, Übernachtung, Abendessen und Frühstück € 66

✞ **Église Saint-Pierre**. Romanische Kirche aus dem 12. bis 15. Jh.

Saint-Pierre-le-Moûtier liegt an der „Route Jeanne d'Arc", da Johanna, die Jungfrau von Orleans (1412-1431), eine Nacht in dem kleinen Ort verbracht hat. Sie wurde 1921 heiliggesprochen und eine Figur von ihr hat in den meisten Kirchen in Frankreich ihren festen Platz.

Ausgeschilderter Jakobsweg Teil 3: Saint-Pierre-le-Moûtier – Le Veurdre 9,5 km

Sie bleiben auf der D978a und erreichen mit dem Pilgerweg Le Veurdre.

☺ Von der Herberge in Marcigny müssen Sie nicht zurück nach Saint-Pierre-le Moûtier laufen. Sie gehen entweder die wenig befahrene D978a weiter und stoßen in Livry wieder auf den Weg oder biegen bei der ersten Möglichkeit nach links ab und treffen dann nach etwa 500 m auf den ausgeschilderten Weg, dem Sie nach rechts folgen.

Weg zwischen Le Veudre und Valigny

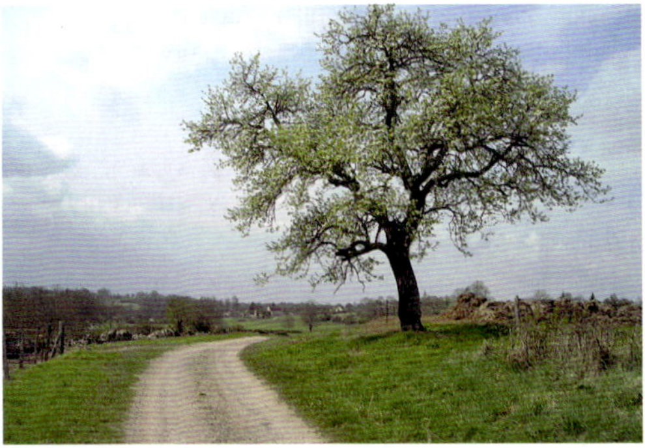

Von der Kirche in Saint-Pierre-le-Moûtier verlassen Sie den Ort über die Rue Puizat und die folgende Rue du Crot Patin. Nach 300 m geht es auf einen Feldweg, der nach 1,8 km die D268 erreicht. Auf ihr wandern Sie zunächst geradeaus Richtung **Livry**.

Nach 1,3 km verlassen Sie die D268 und biegen nach rechts ab. Sie laufen auf der Straße durch **Livry** (km 5). Noch vor dem Ortsende geht es links hinauf und im großen Bogen wird die D978a wieder erreicht und überquert. Vor Chambon geht es nach links und der Weg führt hinunter zum Fluss Allier. An einem Kreuz (mit einer Muschel) gehen Sie nach links und nach knapp 1 km erreichen Sie wieder die D978a. Mit ihr überqueren Sie auf der Brücke den Fluss Allier. Er bildet die Departementsgrenze zwischen Nièvre und Allier. Der erste Ort in Allier ist **Le Veurdre**.

Le Veurdre

190 m, 03320, 530 Ew.

Refuge pèlerin privé, Mme Foucaud, 9 Rue du Vignoble, ☏ 04 70 66 41 76

♦ Gîte communal du pèlerin de Saint Jacques, 6 Rue des Orfèvres (im „Maison du Patrimoine"), ☏ 06 01 75 06 66, 7 Betten, Übernachtung € 13, März bis Okt ab 17:00

Mit Überquerung der Allier kommen Sie in die historische Region des Berry. Geologisch gesehen besteht das Berry aus einem Kalksteinplateau, welches vor allem landwirtschaftlich genutzt wird. Einst wurde das Gebiet von den keltischen Biturigern bewohnt und geriet 52 n. Chr. unter römische Herrschaft. Vom 6. bis zum 10. Jh. unterstand es den Grafen von Bourges und um 1200 kam es in den Besitz der französischen Krone.

Ausgeschilderter Jakobsweg Teil 4: Le Veurdre – Lurcy-Levis

12,4 km

Sie benutzen auch hier die D978a über **Neure** nach **Lurcy-Levis**.

An der Kirche gehen Sie nach links (D13, Rue de Bourbon). Nach 400 m biegen Sie vor dem Friedhof nach rechts auf die Rue Champ Rousseau ab. Nachdem Sie das Anwesen Le Coudrais durchquert haben (Schloss rechts, Stallungen links), führt der Weg bergab. Bevor Sie die Talsohle erreichen, zweigt nach links ein Wiesenweg ab. Auf diesem gehen Sie zunächst wieder zurück, um die Weide zu umrunden. Am Ende der Weide führt der Weg nach rechts. Nach 2,5 km erreichen Sie **Mésangy** (km 4), dort biegen Sie am Kreuz nach rechts ab. Auf der linken Seite befindet sich ein alter Brunnen (Fontaine de Mésangy, kein Trinkwasser). Nach 400 m geht es über den Fluss Bieudre (neben der Furt gibt es eine versteckt liegende Brücke). Bei Grand Beaumont (Kapelle auf der rechten

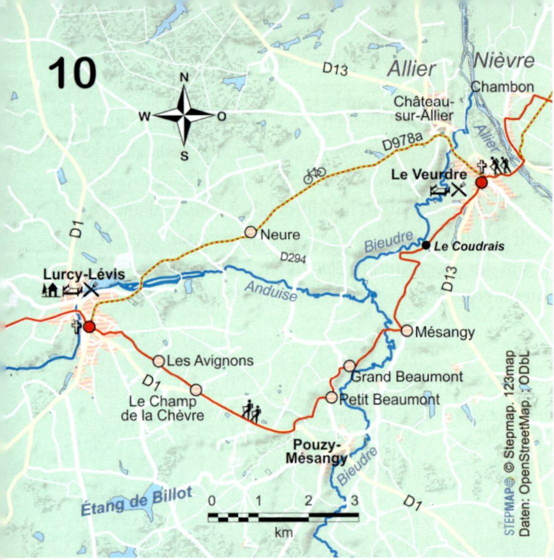

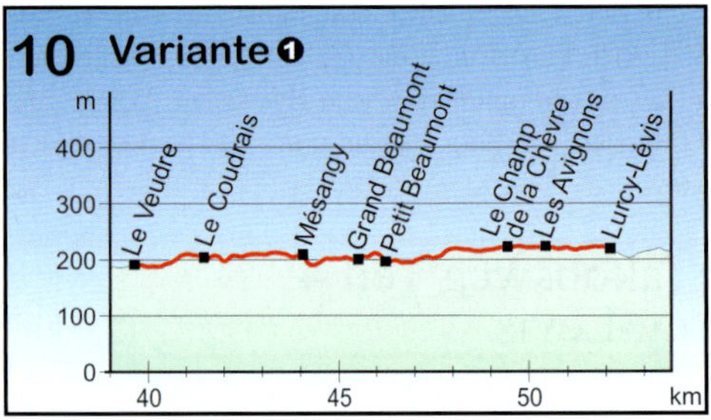

Seite) wird die D294 erreicht und Sie gehen auf ihr nach links. Nach 600 m verlassen Sie sie vor der Brücke und biegen rechts ab. Nach weiteren 900 m erreichen Sie die D1 und gehen auf ihr nach rechts. Nach etwa 2 km macht die Straße einen Knick nach schräg links. Dort geht es rechts nach Le Champ de la Chèvre, Sie gehen aber geradeaus auf einen Wiesenweg. In der nächsten Siedlung (*Les Avignons*) wird daraus für eine kurze Strecke wieder eine Teerstraße, nach der Siedlung führt der Feldweg geradeaus weiter und Sie erreichen kurz vor Lurcy-Levis eine Straße. Dieser folgen Sie nach links und erreichen so **Lurcy-Levis**.

Lurcy-Levis ⇧ 220 m, 03320, 2.100 Ew.

Die Gemeinde hält in der Rue du Capitaine Lafond ein möbliertes Zimmer bereit. Dort können auch Pilger für eine Nacht aufgenommen werden. Beim Rathaus gibt es die Schlüssel. ☏ 04 70 67 30 40

Hôtel-Restaurant Auberge Bourbonnaise, 10 Place de l'Église, ☏ 04 70 67 80 32, 10 Betten, Übernachtung ab € 65 (pro Zimmer), Frühstück € 8

♦ Chambre d'hôtes Le Bois de Nids, 32 Rue Jean Jaurès, ☏ 06 79 37 57 22, b.b3562@gmail.com, 10 Betten, Übernachtung mit Frühstück ab € 55, Jan und Feb geschlossen.

Ausgeschilderter Jakobsweg Teil 5: Lurcy-Levis – Valigny 10,6 km

🚲 Sie bleiben auf der D64.

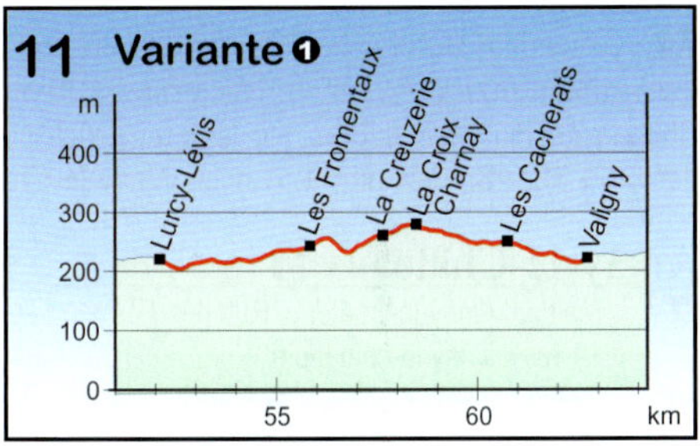

🚶 Sie gehen an der Kirche (Place de la Liberté) vorbei zum Place de la République und auf die Rue du Capitaine Lafond. Biegen Sie auf die D64 Richtung Valigny ab. Nach rund 3,5 km liegt auf der rechten Seite der Straße der Hof Les Fromentaux. Kurz danach verlassen Sie die D64 nach links auf einen Waldweg. Dieser führt durch ein kleines Waldstück und über Wiesen und stößt nach etwa 1 km auf eine geteerte Straße. Auf dieser gehen Sie nach **La Creuzerie** (km 7) und **La Croix Charnay**. Bei den Häusern von Les Cacherats biegen Sie nach rechts ab und kurz vor Valigny erreichen Sie wieder die D64. Auf dieser geht es links hoch nach **Valigny**.

Valigny

⇧ 220 m, ✉ 03360, 370 Ew.

🛏 Hôtel-Restaurant Relais de la Fôret, Place de l'Eglise, ☎ 04 70 66 60 33, Übernachtung ab € 35, Abendmenü € 12,50, Frühstück € 6. Das Hotel ist auf Pilger eingestellt.

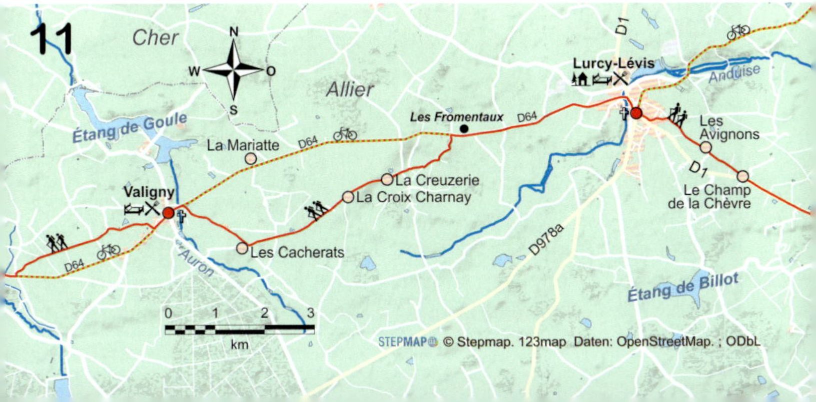

Ausgeschilderter Jakobsweg Teil 6: Valigny – Ainay-le-Château 10,4 km

Fahrradfahrer bleiben auf der gesamten Strecke nach Ainay-le-Château auf der D64.

Aus dem Hotel gehen Sie nach rechts und biegen gleich wieder rechts auf die Straße (Route d'Ainay) ab. Nach rund 400 m gehen Sie nach rechts auf den Chemin du Plaid á Villebon. Sie laufen zunächst parallel zur D64 und dann auf der D64 über **Bardais** (km 4,5) nach **Ainay-le-Château**.

Ainay-le-Château ⇧ 216 m, 03360, 1.050 Ew.

Mairie d'Ainay-le-Château, Rue des Fossés, ☏ 04 70 07 90 05, www.ainay-le-chateau.fr

Refuge pèlerin municipal associatif „Voie de la Vézelay", 20 Rue de Récollets, ☏ 04 70 29 00 30, 6 Betten, Küche, Übernachtung € 10, Abendessen € 10, 15. März bis 15. Okt ab 16:00. Die im März 2012 eröffnete Herberge liegt am Pilgerweg, kurz vor dem Stadtzentrum auf der linken Seite.

✝ **Église Saint-Etienne** aus dem 12. Jh.

Porte de l'horloge, Ainay-le-Château

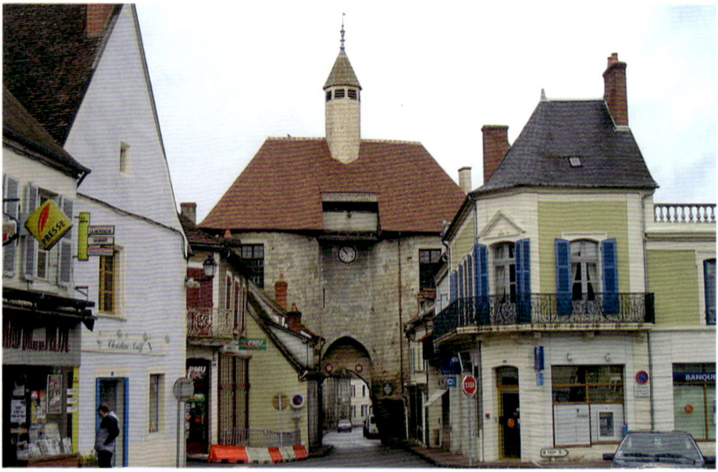

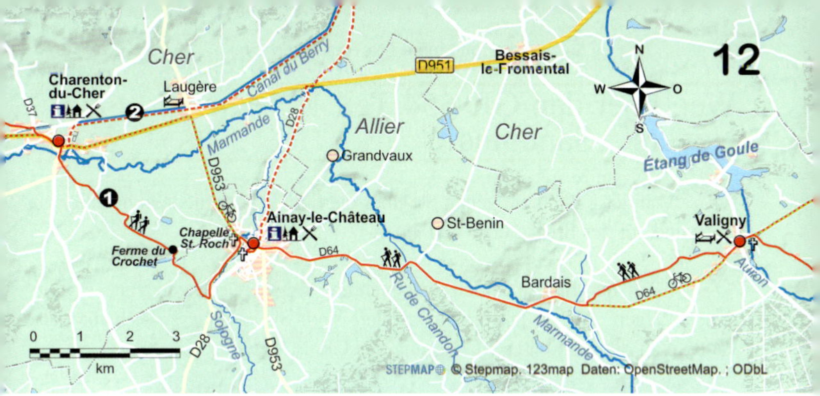

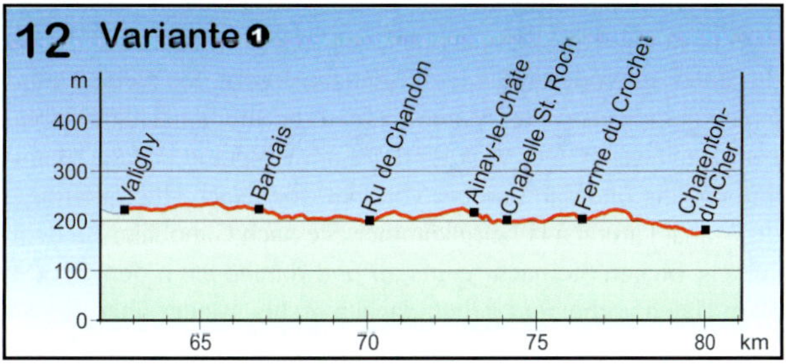

Ausgeschilderter Jakobsweg Teil 7: Ainay-le-Château – Charenton-du-Cher 7 km

Sie benutzen zunächst die D953. An der großen Kreuzung bei Laugère biegen Sie nach links auf die D951 ab. Diese führt über **Charenton-du-Cher** nach **Saint-Amand-Montrond**. Die D951 ist hier zwar stärker befahren, der ausgeschilderte Pilgerweg führt aber an einigen Stellen über Wiesenwege.

Sie gehen durch die Porte de l'horloge (Uhrentor) hinunter. Überqueren Sie den Fluss Sologne und biegen Sie dann links auf die D28 (Richtung Braize) ab. Nach 200 m steht auf der rechten Seite die Chapelle St. Roch (km 1,3). An der nächsten Kreuzung verlassen Sie die D28 und biegen nach rechts ab. Sie verlassen nun das Departement Allier und betreten das Departement Cher.

Nach 1,4 km erreichen Sie einen Hof (Ferme du Crochet) und folgen dort dem Feldweg weiter kurz bergauf. Er erreicht nach 1,4 km eine Teerstraße. Auf dieser biegen Sie nach links ab, nicht zum Hof. Immer geradeaus kommen Sie nach **Charenton-du-Cher**.

Weg über den GR 654 Teil 1: Nevers – Sancoins 32,9 km

Von der Kathedrale gehen Sie über die Rue de la Cathédrale hinunter zur Loire und auf der Brücke über den Fluss.

Nach der Brücke finden sich mehrere Wegmarkierungen von verschiedenen Wegen, die als Jakobsweg markiert sind. Sie orientieren sich für diese Variante an der rot-weißen Markierung des GR.

Sie gehen nach rechts in die Rue du Plateau-de-la-Bonne-Dame. Nach rund 400 m wenden Sie sich nach links und gleich wieder nach rechts. Mit der Rue du Stand unterqueren Sie die Eisenbahnstrecke. Sie bleiben auf der Straße und laufen geradeaus weiter. Wenn die geterte Straße nach links abbiegt, gehen Sie geradeaus weiter. Der Weg führt Sie am Waldrand entlang, dann zum Fluss, an ihm entlang und dann wieder von ihm weg. Nach Überquerung der D976 und des Canal Latéral à la Loire kommen Sie nach Gimouille. An dem kleinen Kreisverkehr biegen Sie nach rechts ab und durchqueren den Ort. Sie kommen am alten Hafen vorbei und gehen danach rechts, wieder über den Kanal, und dann nach links. Mit dem Kanal überqueren Sie den Fluss Allier. Danach überqueren Sie den Kanal und wenden sich gleich danach nach rechts in die Rue Port. Sie biegen mit der Straße nach links ab und stoßen auf die D976. Dort gehen Sie rechts, überqueren den nächsten Kanal und erreichen **Grenouille** (km 11).

Hôtel la Grenouille, 1 Route d'Apremont, ☏ 02 48 77 50 50, www.hotel-restaurant-lagrenouille.fr, 13 Zimmer, Übernachtung € 37 (pro Zimmer), Frühstück € 6

Gleich nach der Überquerung des Kanals gehen Sie nach links auf die D45 (Richtung Apremont-sur-Allier). 250 m nach der Eisenbahnbrücke können Sie die Straße verlassen und auf der anderen Seite des Kanals weiterlaufen. Biegen Sie nach links und dann gleich wieder nach rechts ab. An dem Stauwehr Lorrains endet der Kanal und Sie gehen wieder auf der D45 weiter. Mit der Straße erreichen Sie Apremont-sur-Allier (km 15). Nach der Kirche wenden Sie sich nach rechts auf die D100 und nach rund 250 m nach links auf die D76 (Richtung Grossouvre). Nach mehreren Kilometern durch den Wald passieren Sie die kleine

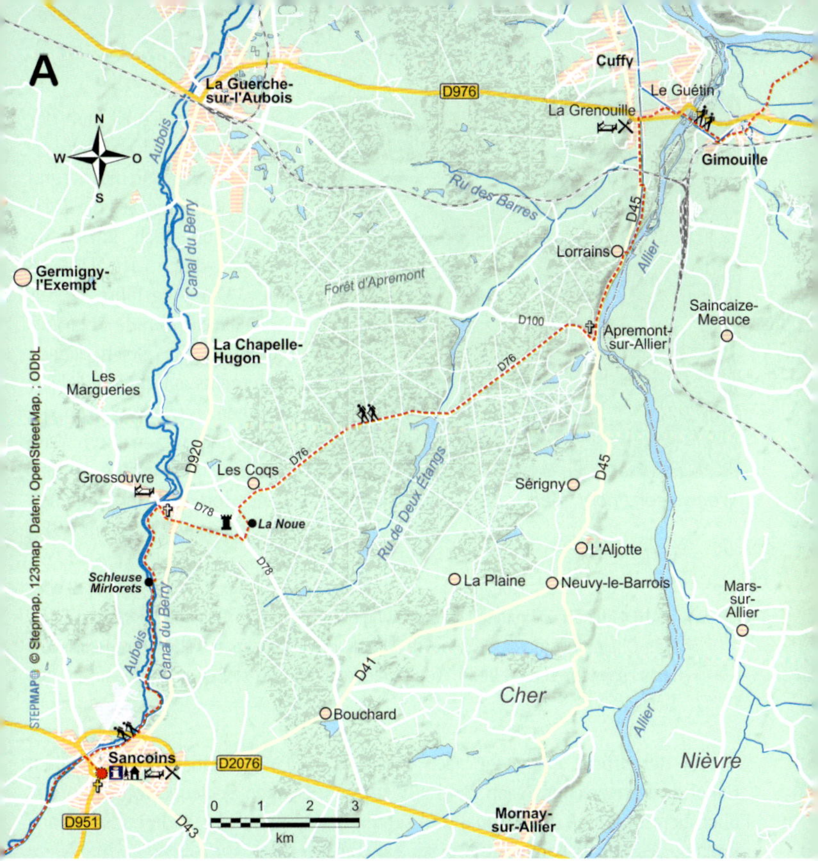
A
La Guerche-sur-l'Aubois
Cuffy
D976
Le Guétin
La Grenouille
Gimouille
N
W
O
S
Aubois
Canal du Berry
Ru des Barres
D45
Lorrains
Allier
Germigny-l'Exempt
Forêt d'Apremont
D100
Apremont-sur-Allier
Saincaize-Meauce
La Chapelle-Hugon
D76
Les Margueries
D920
Les Coqs
Grossouvre
D78
La Noue
Ru de Deux Étangs
Sérigny
L'Aljotte
Schleuse Mirlorets
La Plaine
Neuvy-le-Barrois
Mars-sur-Allier
D41
Cher
Bouchard
Sancoins
D2076
Nièvre
D951
D43
Mornay-sur-Allier
0 1 2 3
km
STEPMAP © Stepmap. 123map Daten: OpenStreetMap, ODbL

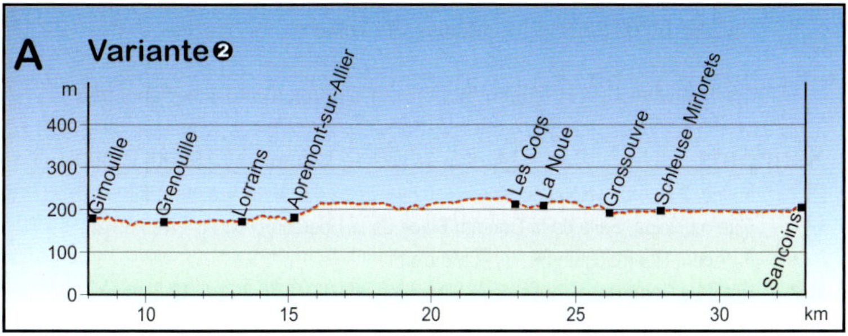
A
Variante 2
m
400
300
200
100
0
Gimouille
Grenouille
Lorrains
Apremont-sur-Allier
Les Coqs
La Noue
Grossouvre
Schleuse Mirlorets
Sancoins
10
15
20
25
30
km

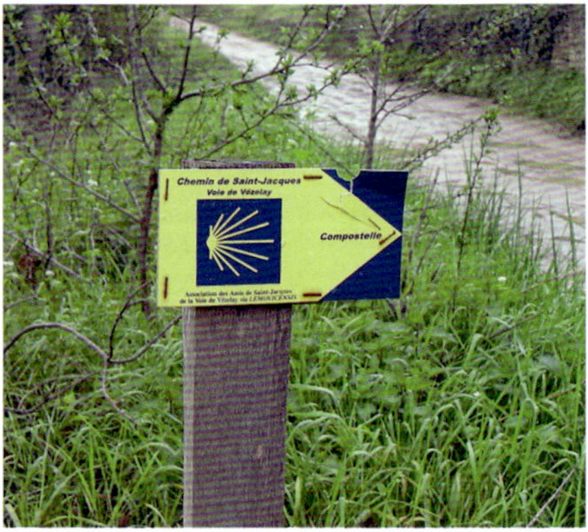

Wegweiser findet man immer wieder

Siedlung Les Coqs (auf der rechten Seite). Sie laufen weiter geradeaus und nach rund 540 m verlassen Sie die D76 und gehen nach links. Sie kommen durch den Hof La Noue. Der Weg führt Sie zur D78, die Sie gerade überqueren, bevor Sie gleich danach nach rechts auf die Rue Vilatte abbiegen. Sie überqueren die D920 und setzen Ihren Weg geradeaus auf der Rue des Bas Blancs fort. Mit ihr umgehen Sie **Grossouvre** 🛏 (km 26).

🛏 Le Château de Grossouvre, Mme Lesches und M. Chevaux, ☎ 02 48 74 09 32 oder 06 18 44 62 58, 2 Zimmer, Übernachtung mit Halbpension € 35 (für 2 Personen € 45). Das Château liegt vor Grossouvre. Um zu ihm zu kommen, verlassen Sie die D76 nicht, sondern setzen Ihren Weg geradeaus fort. Sie stoßen dann genau auf das Schloss.

Vor der Brücke gehen Sie nach links und auf einem Pfad entlang des alten Canal du Berry weiter. Nach rund 1,5 km, an der alten Schleuse von Mirlorets, überqueren Sie den alten Kanal und setzen den Weg auf der anderen Seite fort. Entlang des Kanals kommen Sie nach Sancoins.

✋ Auf der D2076 herrscht mitunter viel Verkehr.

An der nächsten Brücke gehen Sie links in die Innenstadt von **Sancoins**.

Sancoins

🏠 🛏 ✕ 🛒 ⇧ 180 m, ✉ 18600, 3.090 Ew.

ℹ Mairie, 2 Rue de l'Hôtel de Ville, ☎ 02 48 77 52 42, 💻 www.sancoins.fr

🏠 Gîte municipal Salle de la Douma, Place de la Liberation, ☎ 06 77 65 89 26, 8 Betten, Übernachtung € 17, 🚪 Mo bis Fr

🛏 Hôtel Le Commerce, Place de la Liberation, ☎ 02 48 76 20 61, 10 Zimmer. Das Hotel gibt Pilgerrabatt.

🛏 Hôtel Saint-Joseph, Place de la Liberation, ☏ 02 48 74 61, 14 Zimmer, Übernachtung ab € 55

Weg über den GR 654 Teil 2: Sancoins – Augy-sur-Aubois 8,7 km

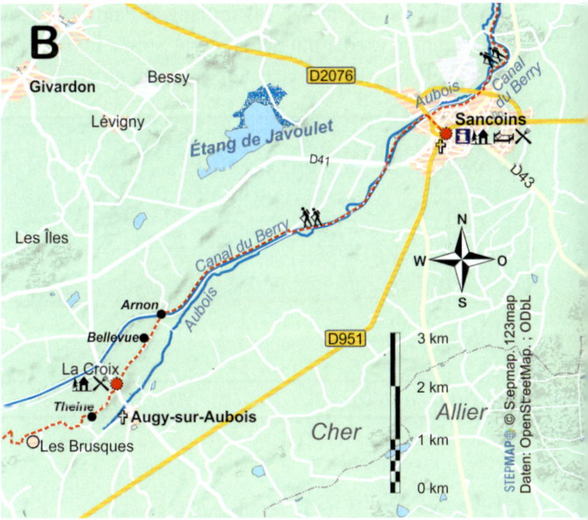

Dort, wo es an der Brücke links zur Innenstadt geht, setzen Sie den Weg fort, indem Sie nach rechts abbiegen, über die Brücke laufen und dann wieder nach links abbiegen.

Sie gehen weiter am Kanal entlang. Bei dem kleinen Anwesen von Arnon gehen Sie nach links und verlassen den Kanal. Sie kommen am Anwesen von Bellevue vorbei und erreichen La Croix (Gemeinde **Augy-sur-Aubois**).

Augy-sur-Aubois 180 m, 18600, 290 Ew.

Private Pilgerherberge Nos Repos, M und Mme Heinrichs, ☏ 02 48 74 68 30, www.pelgrims.nl, 15 Betten, Übernachtung € 11, Abendessen € 10, Frühstück € 3, Mitte März bis Mitte Okt. Die freundlichen Niederländer sprechen auch Englisch und Deutsch. Die Herberge liegt direkt am Pilgerweg, etwa 500 m vom Zentrum des kleinen Dörfchens entfernt.

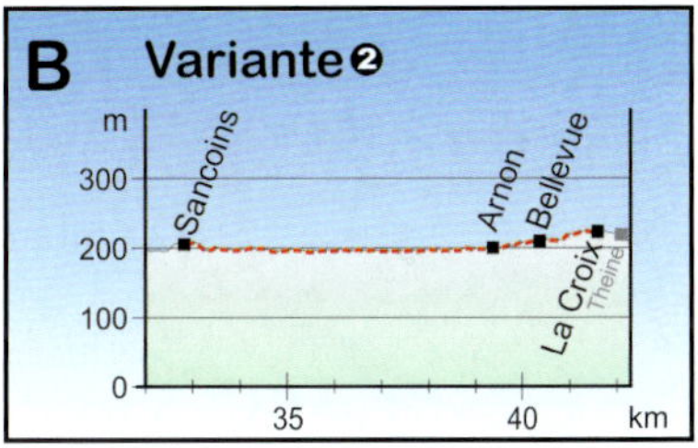

Weg über den GR 654 Teil 3: Augy-Sur-Aubois – Charenton-du-Cher 20,1 km

Sie gehen am Friedhof vorbei durch die kleine Ansiedlung La Croix. Bei den Häusern von Theine wenden Sie sich nach rechts, dann nach links und dann wieder nach rechts. Die Straße führt nach Les Brusques. Sie umgehen Les Brusques auf einem ca. 240 m langen Pfad und lassen die Siedlung links liegen. Sie kommen wieder auf die geteerte Straße und mit einigen Kurven (zweimal nach rechts, dann einmal nach links) erreichen Sie die D91. Dort gehen Sie nach

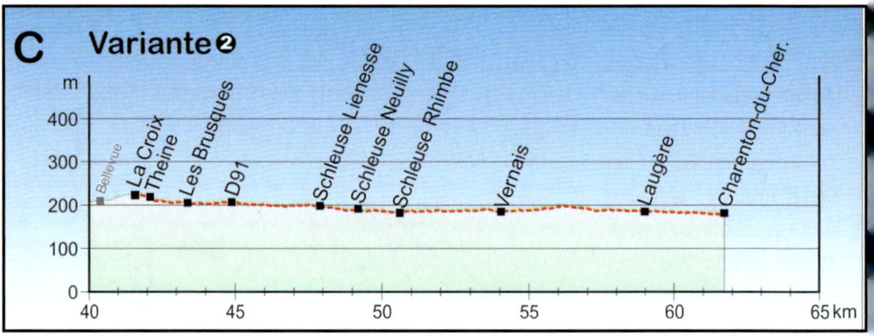

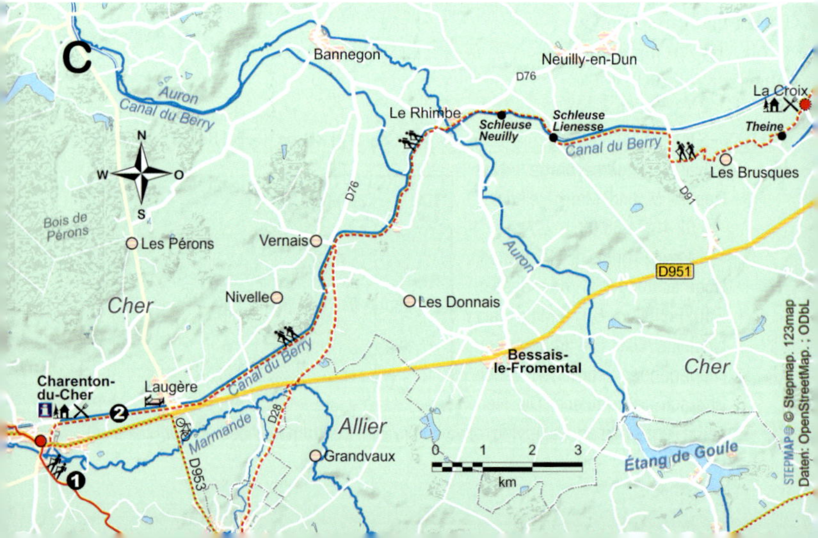

rechts und kommen wieder zum alten Canal du Berry. Bevor Sie den Kanal überqueren, wenden Sie sich nach links und gehen an ihm entlang. Nach etwas über 2 km erreichen Sie die alte Schleuse Lienesse (km 5). Dort überqueren Sie den Kanal und wandern auf der anderen Seite (des hier nur noch teilweise Wasser führenden) Kanals entlang. Sie kommen an den Schleusen von Neuilly und Rhimbe (km 8) vorbei.

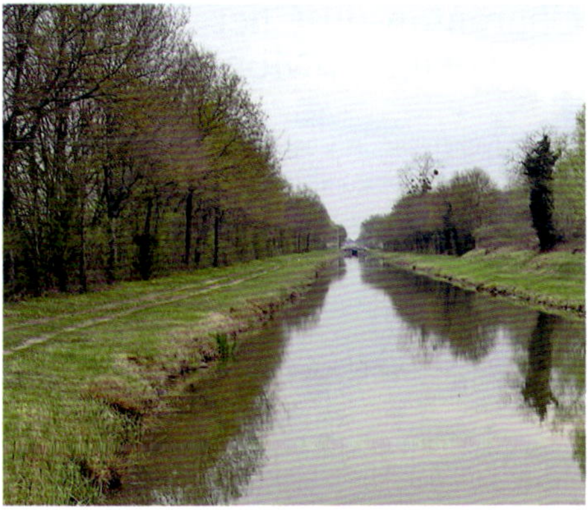

Canal du Berry zwischen Charenton-du-Cher und Saint-Amand-Montrond

↳ An der Brücke von Vernais (km 12) könnten Sie den Kanal verlassen und über die ruhigen Nebenstraßen D76 und D28 nach Ainay-le-Château (km 18) wandern (☞ Variante ❶). (An der stärker befahreren D951 gehen Sie nach rechts und dann wieder nach links.)

Sie gehen am Kanal weiter und kommen an Laugère (km 17) vorbei.

Chambre d'hotes La Serre, M Moreau, 350 Route de Dun sur Auron, ☏ 02 48 60 75 82 oder 06 14 90 23 56, 3 Zimmer, Übernachtung mit Frühstück ab € 70 (für 2 Personen)

Sie folgen weiter dem Kanal und erreichen **Charenton-du-Cher**. Zur Innenstadt gehen Sie links vom Kanal weg.

Charenton-du-Cher ⇧ 180 m, 18210, 1.100 Ew.

Mairie, 89 Rue Nationale, ☏ 02 48 62 00 30, www.charentonducher.fr

Private Pilgerherberge Mme Mativon, 9 Rue du Château de la Grave, ☏ 02 48 60 82 24 oder 06 50 93 89 61, Übernachtung mit Frühstück € 30, April bis Okt

Charenton-du-Cher – Saint-Amand-Montrond 12,4 km

Gehen Sie in Charenton-du-Cher zunächst entlang der D951 Richtung Saint-Amand-Montrond und nach 400 m auf die Rue d'Arfeuilles (D37) nach rechts. Nach 300 m wird der Canal du Berry überquert und danach biegen Sie links ab. Sie kommen durch **Saint-Pierre-les-Etieux** (km 2). Der Friedhof liegt außerhalb des Ortes. Nach 2,3 km erreichen Sie eine Kreuzung mit einem Transformatorenhäuschen.

Hier gehen Sie geradeaus auf einen Feldweg. Nach 700 m wird eine kleine Straße erreicht, die in einer Kurve nach 500 m auf die D951 führt. Überqueren Sie diese Straße geradeaus, nach 600 m erreichen Sie den Canal du Berry. Sie überqueren den Kanal und gehen danach rechts an ihm entlang. Nach 1,2 km sind Sie in **Gâteau** angelangt. Dort wenden Sie sich nach links und gleich wieder nach rechts. An der Moulin de Gâteau (km 8) wird der Weg zu einem Wiesenweg und führt wieder an den Kanal. Es geht weiter an ihm entlang. Nach Überquerung der D101 ist die Promenade am Kanal auf beiden Seiten ausgebaut. Bei der grünen Brücke wechseln Sie die Seite, denn kurz danach führt der Weg nach rechts vom Kanal weg auf die Rue de la Ravoie. Über diese Straße erreichen Sie die Innenstadt von **Saint-Amand-Montrond**.

Schon am Kanal und in der Innenstadt von Saint-Amand-Montrond sind die Schilder auf Bordsteinhöhe angebracht und schwer zu sehen. Die Pilgerroute führt zur Kirche.

Saint-Amand-Montrond ⇧ 150 m, 18200, 9.830 Ew.

Office du tourisme, Place de la République, ☎ 02 48 96 16 86, www.ville-saint-amand-montrond.fr

Foyer de Jeunes Travailleurs, 36 Rue de la Brasserie, ☎ 02 48 62 01 30, Übernachtung € 20. Das Foyer de Jeunes Travailleurs liegt 1 km außerhalb. Vom Place de la République gehen Sie über die Rue des Victoires, dann rechts in die Rue du 14 Juillet, am Kreisverkehr in die Avenue du Général de Gaulle, am nächsten Kreisverkehr nach rechts und die erste Straße wieder links.

Camping municipal de la Roche, Chemin de la Roche, ☎ 02 48 96 09 36, 1. April bis 30. Sep. Auf dem Campingplatz steht ein Zelt als „städtische Pilgerherberge" (Übernachtung € 10,80). Der Campingplatz liegt südlich der Innenstadt, rund 1,8 km

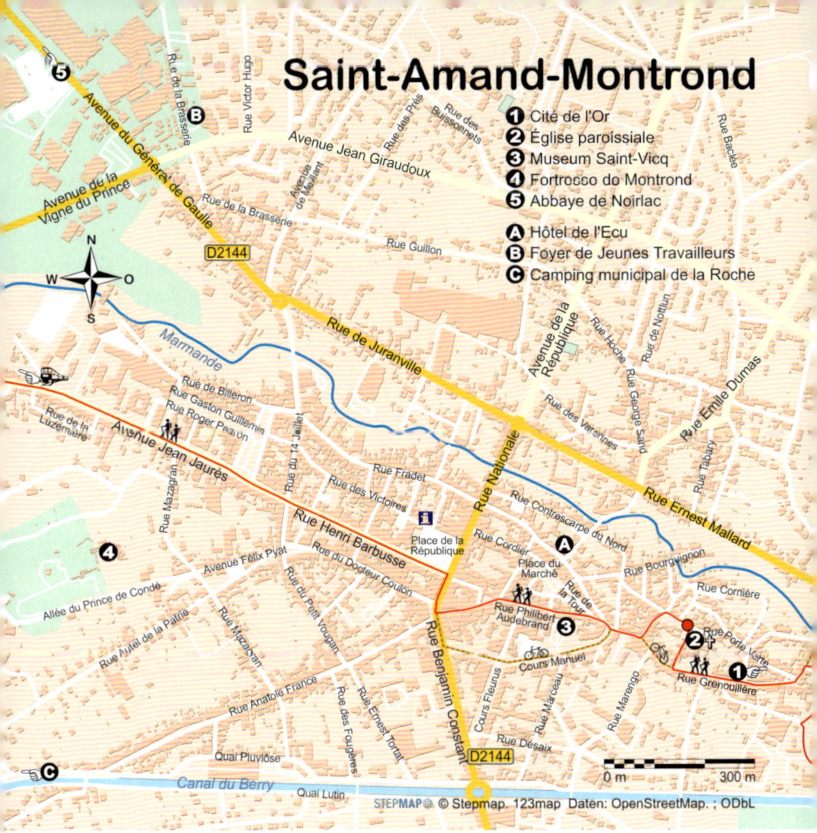

vom Place de la Republique entfernt. Sie gehen über die Rue Nationale, dann nach rechts in die Rue du Docteur Vallet. Sie kommen zum Canal du Berry und gehen geradeaus in den Chemin de la Roche (ohne den Kanal zu überqueren). Der Weg und der Kanal beschreiben einen Bogen, der Campingplatz liegt dann auf der rechten Seite.

Hôtel de l'Ecu, 9 Rue de l'Ecu, ☏ 02 48 96 32 65, 7 Zimmer. Der Pilgertarif beträgt für die Übernachtung € 25 für eine Person (€ 45 für 2 Personen), Frühstück € 4.

⌘ **Museum Saint-Vicq.** Heimatmuseum der Region

♦ Cours Manuel, ☏ 02 48 96 55 20, tägl. außer Di 10:00 bis 12:00 und 14:00 bis 18:00, Sa und So nur nachmittags, an Feiertagen geschlossen, Eintritt frei

⌘ **Fortresse de Montrond, Centre d'Historie et d'Archéologie du Saint-Amandois**

♦ 10 Allée du Prince de Condé, ☏ 02 48 96 79 64, Mo bis Fr 9:00 bis 12:00 und 14:00 bis 17:00, Eintritt € 4

⌘ **Cité de l'Or**. Es handelt sich um einen Ausstellungs-, Einkaufs-, Kongress- und Freizeitkomplex in Form einer Pyramide am östlichen Rand der Stadt, dem Thema Gold gewidmet.

♦ 145 Rue de la Cannetille, www.cite-or.com

✞ **Église paroissiale**. Die Kirche aus dem 12. Jh. steht im Stadtzentrum.

✞ **Abbaye de Noirlac**. Das ehemalige Zisterzienserkloster liegt rund 5 km nordwestlich von der Innenstadt an der Route de Bourges abseits des heutigen Verlaufs des Jakobsweges.

♦ ☏ 02 48 62 01 01, April bis Sep tägl. 10:00 bis 18:30, Okt bis März 14:00 bis 17:00, 23. Dez bis 31. Jan geschlossen, Eintritt € 9

Saint-Amand-Montrond – Bouzais 5 km

Über die Rue Henri Barbusse und die Avenue Jean Jaurès verlassen Sie die Stadt. Nach 2 km wird der Fluss Cher überquert und am Kreisverkehr danach wandern Sie entlang der D951 nach links.

Église in Bouzais

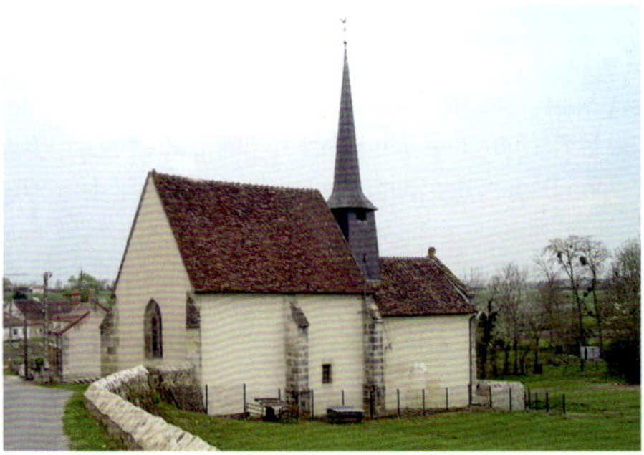

Sie gehen über den Bahnübergang und nach etwa 500 m, am zweiten Kreisverkehr, weiter geradeaus. Die Straße steigt an. Auf der Höhe biegen Sie in die zweite Straße nach rechts (Impasse du Lavoir) und gleich wieder nach links (Chemin de la Croix du Salut) ab. Dieser Weg führt Sie, zunächst auf halber Höhe, nach Bouzais.

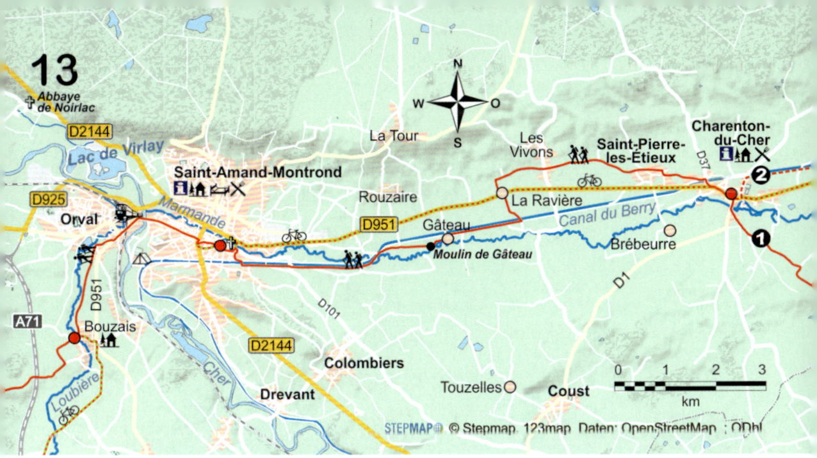

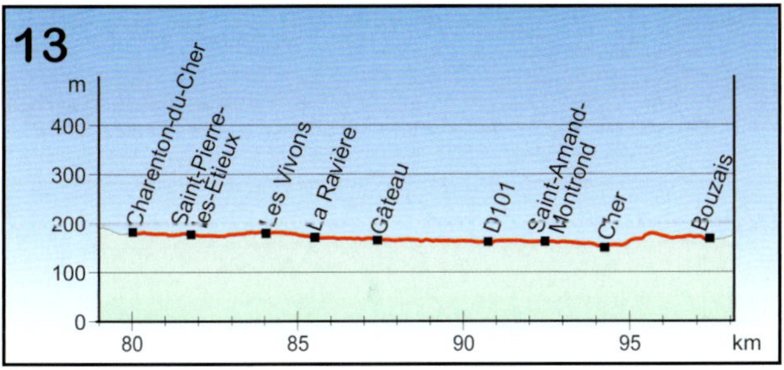

Bouzais

🛏 ⇧ 150 m, ✉ 18200, 260 Ew.

🛏 Refuge pèlerin municipal associatif „Voie de Vézelay", ☏ 02 48 96 88 79. Die schöne Pilgerherberge, die von der Fränkischen St. Jakobusgesellschaft initiiert wurde, befindet sich im Zentrum von Bouzais, wenige Meter vom Pilgerweg entfernt. 4 Betten, Küche, Übernachtung gegen Spende, Abendessen € 9,
🚪 15. März bis 15. Okt ab 16:00

Bouzais – Loye-sur-Arnon 11,1 km

🚲 Sie benutzen von Bouzais die oberhalb des Ortes verlaufende D951. Sie führt über **Fosse Nouvelle** (dort an der Kreuzung fahren Sie nach rechts) nach **Loye-sur-Arnon**.

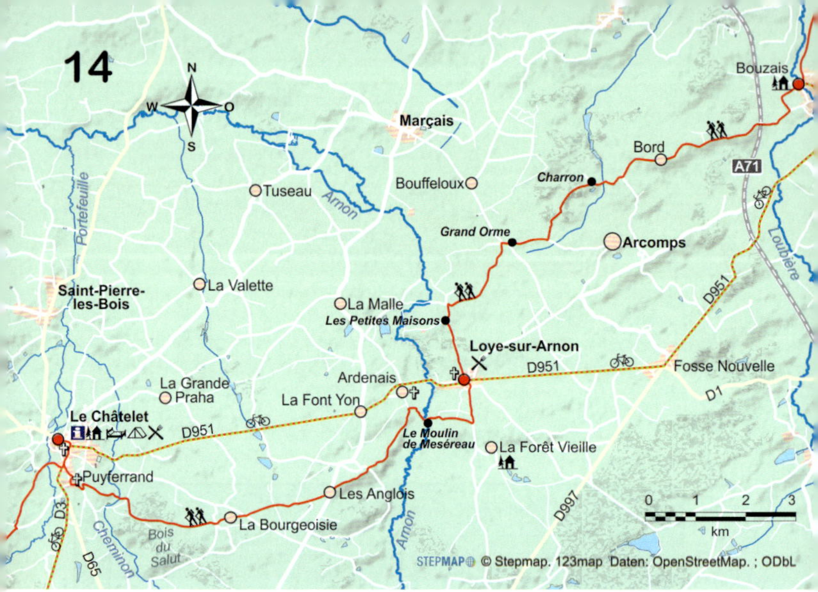

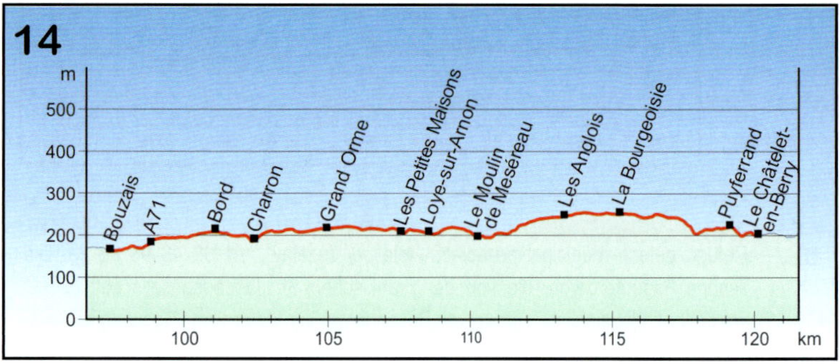

Von Bouzais wandern Sie über wenig befahrene Nebenstraßen zunächst wieder auf die Höhe. Sie überqueren dabei die Autobahn (A 71). Bei **Charron** (km 6) verlassen Sie die geteerte Straße und setzen Ihren Weg auf einem Wald- und Wiesenweg fort. Dieser trifft nach etwa 2 km wieder auf eine Straße, auf diese biegen Sie nach rechts ab. In Grand Orme gehen Sie nach links und erreichen über Les Petites Maisons **Loye-sur-Arnon**.

Loye-sur-Arnon

205 m, 18170, 300 Ew.

Refuge pèlerin privé „Voie de Vézelay", Relais de Forêt Vieille, M und Mme Cravost, ☏ 02 48 96 58 30, Übernachtung € 9. Die private Pilgerherberge liegt etwa 2 km südlich von Loye-sur-Arnon, ca. 700 m vom Pilgerweg entfernt. Der Weg ist von der Kirche aus ausgeschildert (☞ Wegbeschreibung). In der Unterkunft gibt es eine kleine Küche, einige Lebensmittel wie Nudeln und Reis sind vorhanden, sodass man nicht vorher einkaufen muss. Auf Wunsch gibt es auch Frühstück.

Loye-sur-Arnon – Le Châtelet 11,6 km

Sie bleiben auf der D951 und kommen auf direktem Wege nach **Le Châtelet**.

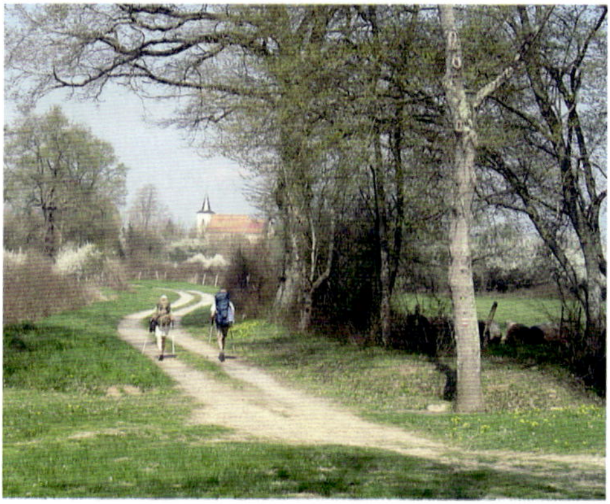

Weg mit der Kirche in Ardenais zwischen Loye-sur-Arnon und Le Châtelet-en-Berry

Sie überqueren die Hauptstraße (D951) und gehen auf einer Nebenstraße hinunter ins Tal. Nach etwa 1 km verlassen Sie die Nebenstraße und biegen nach rechts ab. Hier geht es weiter geradeaus zur Herberge. Sie überqueren den Arnon nach der Mühle (le Moulin de Meséreau). Dort gibt es einen schönen Rastplatz. Anschließend führt der Weg auf die Kirche von Ardenais zu. Bevor Sie den Ort erreichen, biegen Sie aber nach links ab und bleiben zunächst auf diesem leicht ansteigenden Feldweg. Der Weg führt Sie gerade, mal auf Teerstraßen, mal auf Feldwegen, zu einer Ansammlung von Einzelhäusern, die als **La Bourgeoisie** bezeichnet wird. Danach führt der Weg als Feldweg weiter und dann in den Wald (Bois du Salut). Am Ende des Waldes wandern Sie steil hinunter zum Fluss Cheminon und dann auf einem von Hecken eingefassten Wiesenweg wieder hoch nach Puyferrand .

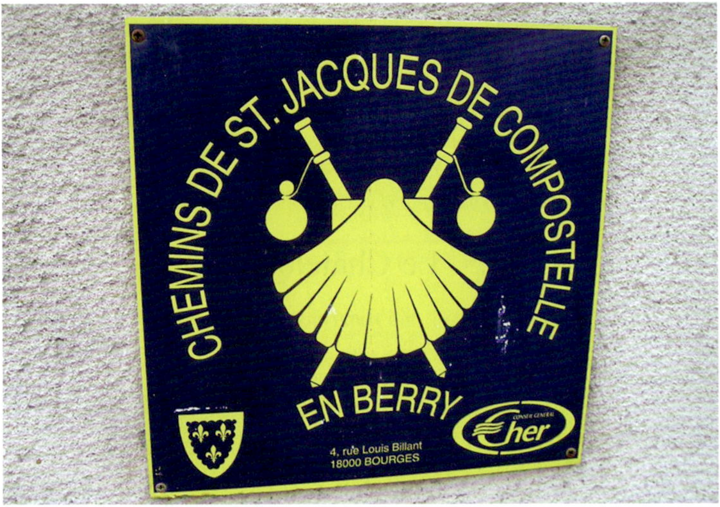

Hinweis der Jakobusfreund Berry in Le Châtelet-en-Berry

✞ **Église Notre-Dame**. Die romanische Kirche aus dem 11. Jh. ist die ehemalige Abteikirche des Klosters Puyfférand.

Von der Kirche geht es rechts hinunter nach **Le Châtelet**.

Le Châtelet 200 m, 18170, 1.100 Ew.

Information tourisme, 27 Grande Rue, ☏ 02 48 56 29 35

Gite privé Caliste, M und Mme François, 2 Rue Sainte Laurette, ☏ 02 48 56 38 71 oder 06 32 05 61 08, daniel.francois67@orange.fr.
Für Pilger ist es nach Anmeldung möglich, in dem Ferienhaus zu übernachten. Übernachtung € 25, Frühstück € 67, 15. März bis 1. Nov

Privatherberge La Petite Preugne, M und Mme Rostaing, ☏ 04 94 28 65 23 oder 06 21 89 84 35, Übernachtung € 15. La Petite Preugne liegt etwa 3,5 km südlich von Le Châtelet in der Nähe des Pilgerweges. Um zu dieser Herberge zu gelangen, laufen Sie von der Kirche Puyfférand direkt auf dem Wanderweg (GR 654) weiter und umgehen so Le Châtelet. Sie erreichen wieder den Pilgerweg. Der Wanderweg biegt dann nach rechts ab, zur Pilgerherberge gehen Sie an diesem Abzweig geradeaus und dann nach wenigen Metern nach rechts und kommen so nach La Petite Preugne

🛏 Hôtel-Restaurant Du Pont Bayard, 54 Grande Rue, ☏ 02 48 56 20 82. Das Hôtel-Restaurant gibt für Pilger Preisnachlässe. So kostet die Übernachtung mit Frühstück € 35.

♦ Chambres d'hôtes, Mme Thevenin, 54 Grande Rue, ☏ 02 48 56 20 83 oder 06 38 84 74 32, Übernachtung (pro Zimmer) ab € 37

Le Châtelet – Châteaumeillant 13 km

🚲 Sie benutzen auf direktem Weg die D3 nach **Châteaumeillant**.

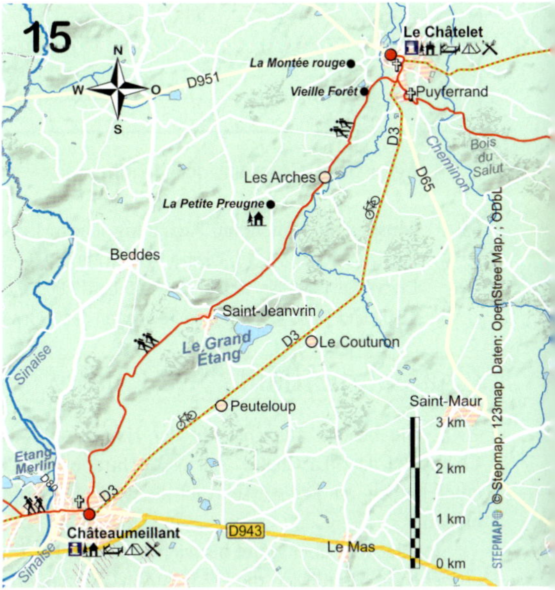

🚶 Vom Rathaus gehen Sie auf der D3 wieder hinauf (Richtung Châteaumeillant), biegen nach 500 m unterhalb der Kirche von Puyfférand rechts ab (Richtung Vieille Forêt, La Montée rouge) und laufen dann nach links. Auf der geteerten Straße gehen Sie immer geradeaus.

Sie kommen durch **Les Arches** (km 2,3), ein „Village potier" (Töpferdorf) und nach **Saint-Jeanvrin** (km 7). Dort gehen Sie rechts weiter nach **Châteaumeillant**.

Châteaumeillant

ℹ 🏠 🛏 ⛺ ✕ 🛒 ⛑ ⇧ 240 m, ✉ 18370, 2.060 Ew.

ℹ Office de tourisme, 69 Rue de la Libèration, ☏ 02 48 61 39 89

🏠 Refuge pèlerin municipal en Gîtes d'accueil, Etang Merlin, Route de Vicq-l'Exemplet, ☏ 02 48 61 31 38, Übernachtung € 11. Die Herberge besteht aus einem Zelt auf dem ⛺ Campingplatz an einem kleinen Stausee an der D80.

Christiane und Jean-Marie Nicolet, 2 Rue des Fossés, ☏ 06 12 93 62 06 oder 06 48 73 59 86, bieten gegen Spende und nach Voranmeldung eine Übernachtung in ihrem Garten an. Dort haben sie für Pilger einen Wohnwagen aufgestellt (4 Betten).

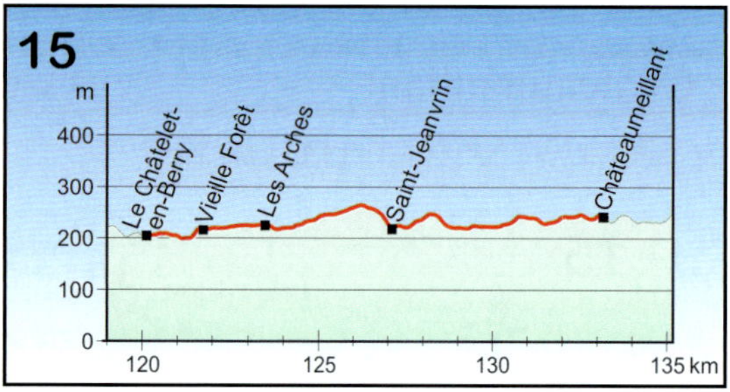

Église Saint-Gènes aus dem 12. Jh.

Musée Emile Cheneon. Archäologisches Museum
☏ 02 48 61 49 24, 1. Okt bis 31. Mai Mo 14:00 bis 17:00, Mi 10:00 bis 12:00 und Do bis Sa 10:00 bis 12:00 und 14:00 bis 17:00, 1. Juni bis 30. Sep tägl. 10:00 bis 12:00 und 14:30 bis 18:00, an Feiertagen geschlossen, Eintritt € 3,50

Châteaumeillant – La Châtre 18 km

Sie bleiben zunächst auf der Hauptstraße. Auch die D943 führt über **Champillet** nach **La Chatre**. Auf dieser Straße herrscht aber viel Verkehr. Daher empfehle ich, am Kreisverkehr auf die wenig befahrene Nebenstraße D68 abzubiegen.

Sie folgen ihr über **Néret** bis nach **Fontenay**. Dort biegen Sie nach links ab und erreichen in **Montlevicq** die D73. Auf ihr durchqueren Sie ein Tal und erreichen über **Lacs** ✕ (dort kreuzen Sie den Pilgerweg) **La Châtre**.

Sie gehen entlang der Hauptstraße (Rue de Libération, Richtung La Châtre) aus der Stadt hinaus und folgen dem Chemin d'Acre nach rechts. Der Weg führt zunächst hinunter und dann hinauf nach **Acre** (kurz vor dem Ort wenden Sie sich nach links).

Nach dem Ort gehen Sie auf einen Feldweg und kommen nach **Néret** (km 4,5). Dort biegen Sie zunächst nach rechts, an der T-Kreuzung mit der D71 wieder nach rechts und nach wenigen Metern nach links auf einen Feldweg ab. Nach 2 km erreichen Sie einen Teerweg, auf dem es nach links weitergeht.

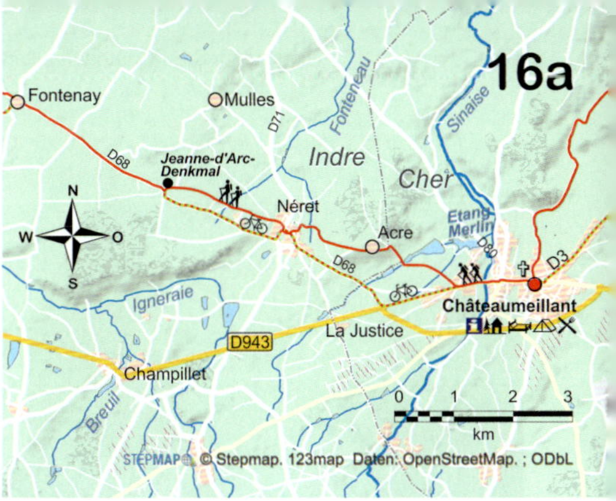

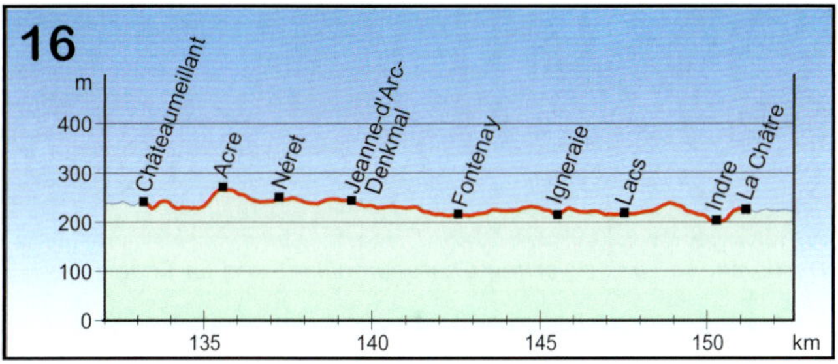

Sie wandern an einer Wasserstelle mit einem kleinen Jeanne-d'Arc-Denkmal vorbei und biegen dann rechts ab.

Auf der D68 gehen Sie 2,6 km bis nach **Fontenay** und dort rechts und gleich wieder links Richtung Thevet-St.-Julien und nach 200 m auf den Feldweg geradeaus (links ein Hof). An der nächsten Kreuzung nach 1,3 km laufen Sie schräg links. Nach 700 m überqueren Sie auf einem

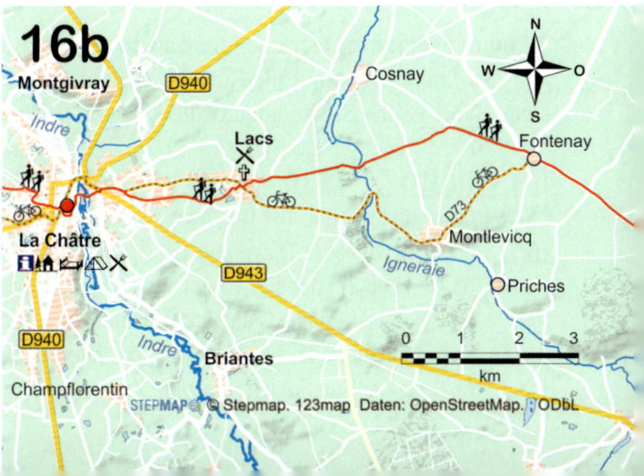

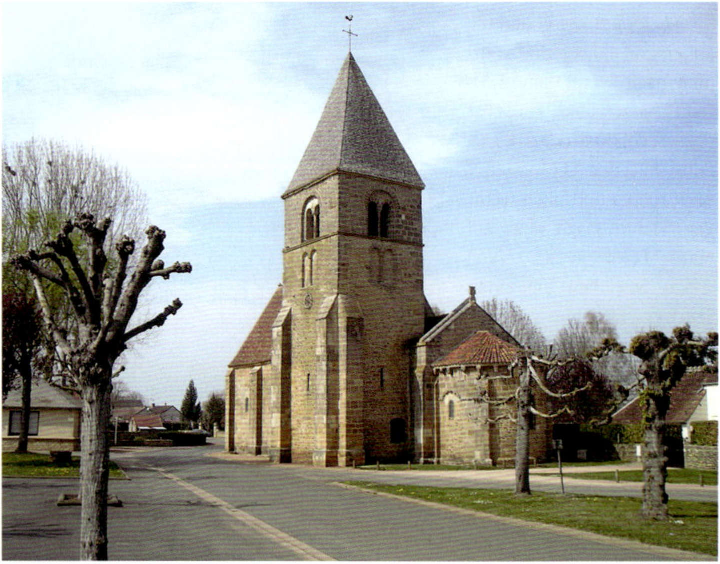

Dorfkirche in Lacs zwischen Châteaumeillant und La Châtre

Feldweg die Straße. Sie durchqueren ein Tal und wandern durch eine Allee nach **Lacs** ✕ (km 14,7). An der Kirche biegen Sie links ab. Die Straße macht einen Bogen nach rechts. An der nächsten Kreuzung biegen Sie wieder links ab und gehen am Sportplatz vorbei geradeaus. Am letzten Haus wenden Sie sich nach rechts.

Immer geradeaus erreichen Sie **La Châtre**. Über die Rue du Maquis, den Chemin des Envergeons und die Rue des Crosses kommen Sie zur Rue du Pont aux Laies. Dort gehen Sie geradeaus die Treppen hoch zur Altstadt.

La Châtre ⇧ 217 m, 36400, 4.180 Ew.

Office de tourisme, 134 Rue Nationale, ☏ 02 54 48 22 64

Foyer de Jeunesse Travailleurs (FTJ), Avenue George Sand, ☏ 02 54 06 98 92 oder 06 48 75 96 27. Das FJT nimmt nach Anmeldung Pilger auf. Übernachtung € 18, Mo bis Fr gibt es eine Caféteria, Sa und So geschlossen. Das FTJ liegt am Pilgerweg (stadtauswärts, ca. 10 Min. bis zur Innenstadt) in der Avenue George Sand am Abzweig der Rue Frédéric Chopin.

Refuge pour pelérins au presbytere parossial, 9 Rue Bellefond, ☏ 02 54 48 02 28 (nur Mo bis Fr 9:00 bis 12:00 und 14:00 bis 18:00), Übernachtung € 10

Hôtel Au Jardin d'Eté, 13 Avenue d'Auvergne, ☏ 02 54 31 34 27. Das Hotel bietet für Pilger einen Rabatt an.

♦ Hôtel Notre Dame, 4 Place Notre Dame, ☏ 02 54 48 00 25, www.hotel-notredame-lachatre.fr, Übernachtung ab € 48, Frühstück € 7

♦ Hôtel Le Lion d'Argent, 2 Avenue du Lion d'Argent, ☏ 02 54 48 11 69, www.leliondargent.com, Übernachtung ab € 62, Frühstück € 11

♦ Chambre d'hôtes Maison Fleurie, Maria Deidda, 1 Rue des Jardins de la Ville, ☏ 02 54 48 45 33 oder 06 71 40 32 80, 3 Zimmer, Übernachtung ab € 45 (für 2 Personen)

⌘ **Musée George Sand et de la Vallée Noire à La Châtre** im Château des Chauvigny. Das Museum ist im alten Donjon, dem Gefängnis von La Châtre, untergebracht. Ein Teil ist George Sand gewidmet. George Sand ist das Pseudonym der französischen Schriftstellerin Aurore Dupin (1804-1876), die sich nach der Revolution von 1848 auf ihren Landsitz nach Nohant zurückzog.

♦ ☏ 02 54 48 36 79, April bis Okt tägl. außer Di 14:00 bis 18:30, Mai bis Sep tägl. außer So zusätzlich 10:00 bis 12:00, Eintritt € 3

La Châtre – Neuvy-Saint-Sépulchre 17,7 km

Für Fahrradfahrer gibt es zwei Alternativen:

❶ Sie fahren über die viel befahrene D927 von La Châtre nach Neuvy-Saint-Sépulchre.

❷ Die schönere Strecke führt über die D41a nach Sarzy und von dort weiter über die D51 nach Neuvy-Saint-Sépulchre.

Sie wandern durch die Altstadt über die Avenue George Sand, die Rue Frédéric Chopin, die Rue Barbadault und die Rue Prés Burat am Stade Municipal vorbei aus der Stadt hinaus. Nach der Stadtgrenze gehen Sie geradeaus.

Nach Überquerung der Route des Orneaux kommen Sie auf die Route du Columbier, die Sie nach ca. 200 m auf einem Pfad geradeaus verlassen. Sie wandern durch Pouzelas. In Les Riberes (km 4) gehen Sie am Wasserturm nach links und dann gleich wieder nach rechts. An der nächsten Kreuzung stoßen Sie auf den GR 654 (markiert mit rot-weißem Farbbalken) und mit ihm kommen Sie nach **Sarzay** ⌘ (km 8).

⌘ **Château de Sarzay**. Mittelalterliche Burg aus dem 14. Jh. Das Schloss Sarzay gilt als eines der südlichsten Loireschlösser, obwohl es an einem Zufluss des Indre liegt. George Sand beschreibt das Schloss in ihrem 1845 erschienenen Roman „Le Meunier d'Angibault" („Der Müller von Angibault") unter dem Namen „Château de Blanchemont".

♦ ☏ 02 54 31 32 25, tägl. von 10:00 bis 12:00 und 14:00 bis zum Einbruch der Dunkelheit, Eintritt € 5

Chambre d'hôtes Château de Sarzay, M und Mme Hurbain, ☏ 02 54 31 32 25, 4 Zimmer, Übernachtung ab € 45

Château de Sarzay

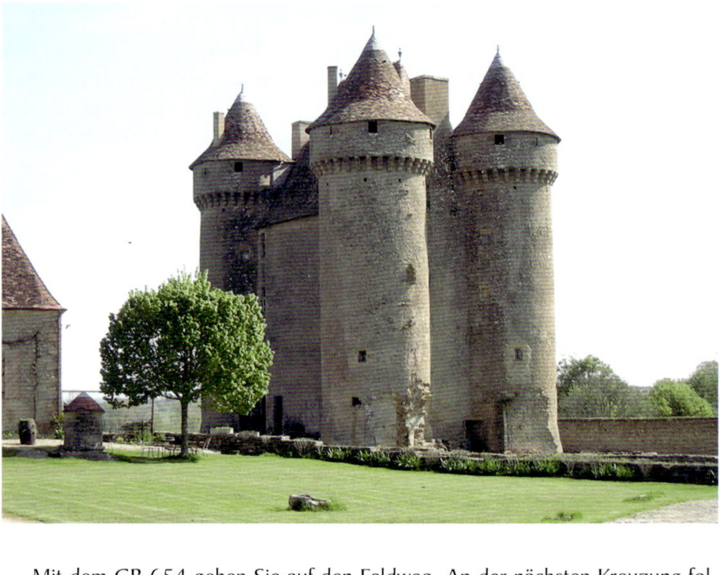

Mit dem GR 654 gehen Sie auf den Feldweg. An der nächsten Kreuzung folgen Sie zunächst der rot-weißen Markierung zum Fluss Vauvre hinunter. Der Weg führt nach **Vignonnet**.

Sie gehen den Berg hoch und an der nächsten Kreuzung biegen Sie links ab. Die Straße führt nach **Montabin** (km 12). Im Ort wenden Sie sich nach links und gleich wieder nach rechts. Von der Straße geht es links auf einen Feldweg. Dieser führt hinunter nach **Varennes** ⌘ (km 13).

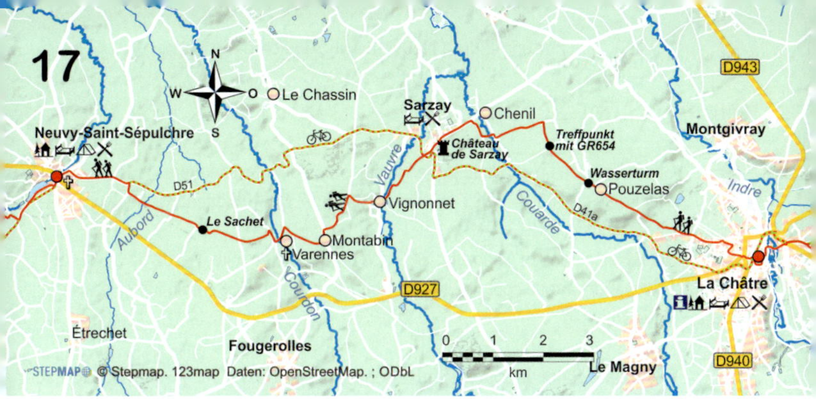

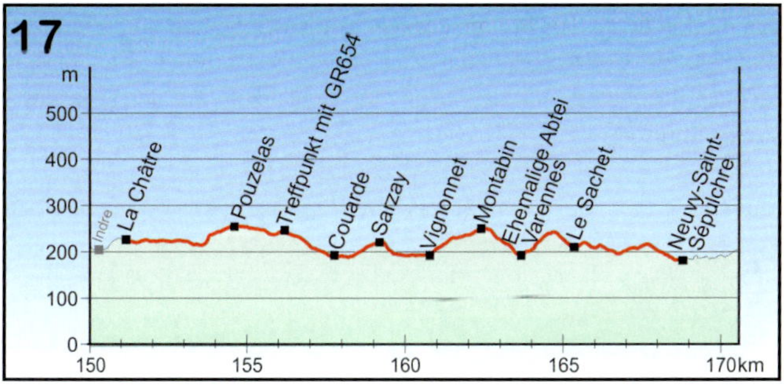

⌘ Die **ehemalige Zisterzienserabtei von Varennes** stellte im Mittelalter eine wichtige „Wegmarkierung“ auf dem Weg nach Santiago dar. Sie ist in Privatbesitz und nicht zugänglich.

An der alten Abtei überqueren Sie den Fluss und biegen dahinter gleich nach rechts ab. Nach etwa 100 m steigen Sie den Feldweg nach links hoch. Halten Sie sich danach zunächst weiter geradeaus.

An einem Hof folgt ein kurzes Teerstück mit einer Linkskurve. Am nächsten Feldweg danach gehen Sie nach rechts. An einer T-Kreuzung stößt der Wanderweg auf eine Teerstraße und biegt nach links ab.

☞ Hier gehen Sie nach rechts.

Auf der D51 biegen Sie dann links ab. Die wenig befahrene Straße führt direkt nach **Neuvy-Saint-Sépulchre**.

Neuvy-Saint-Sépulchre

185 m, 36230, 1.650 Ew.

Gîte de groupe Le relais de la vieille route, M und Mme Beaufrère, 11 Rue du Maréchal Forch, ☏ 02 54 30 93 48 oder 06 85 33 57 62, 10 Betten, Küche, Übernachtung € 12

Hôtel-Restaurant La Charrette, 21 Place du Champ de foire, ☏ 02 54 30 81 79, www.lacharrette.com, 4 Zimmer, Übernachtung ab € 38 (€ 45 für 2 Personen), Mo Ruhetag

✞ **Collégiale Saint Jacques** (Stiftskirche St. Jakobus). Die Kirche wurde nach dem Vorbild der Grabeskirche in Jerusalem im 11. Jh. als Rundkirche errichtet. Als die Kirche im 16. Jh. immer mehr von einer Station auf dem Pilgerweg nach Santiago de Compostela zum Ziel von Pilgerfahrten wurde, bekam sie Saint Jacques (Jakobus d. Ä.) als Patron. Sie steht heute auf der Liste des UNESCO-Weltkulturerbes.

Collégiale Saint Jacques (Stiftskirche St. Jakobus), Neuvy-Saint-Sépulchre

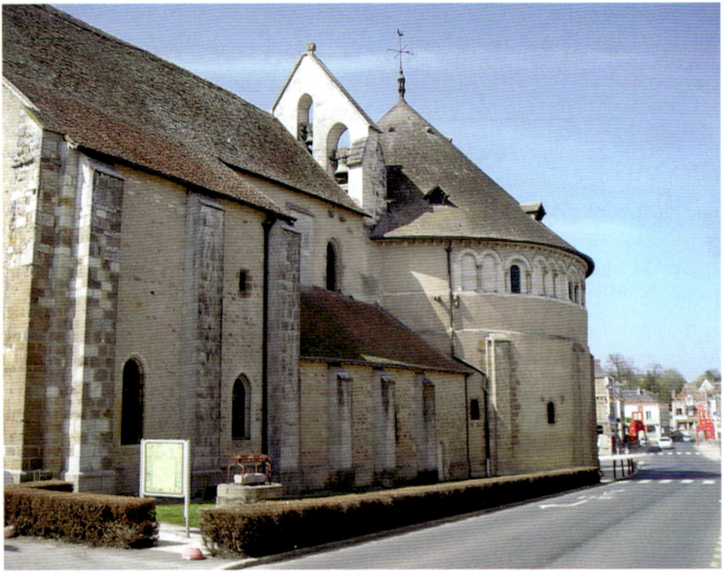

Neuvy-Saint-Sépulchre – Cluis

8,5 km

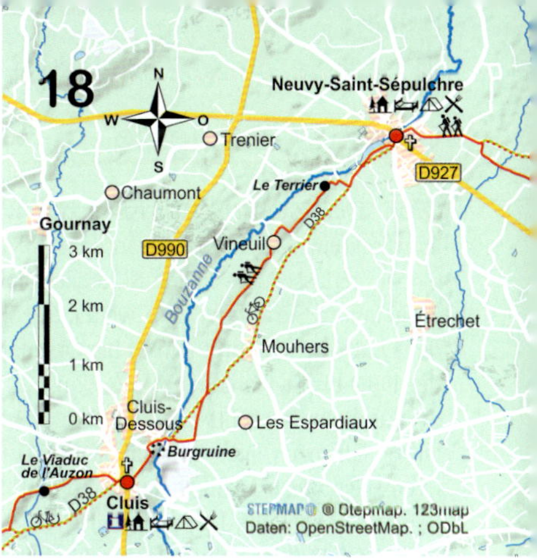

🚲 Sie fahren auf der D38 über **Mouhers** ✕ (km 4) nach **Cluis**.

🚶 Wenige Meter nach der Überquerung der D927 zweigt nach rechts ein Weg zum See ab. Laufen Sie am See entlang, der Weg führt wieder auf die D38. Nach ca. 150 m gehen Sie wiederum rechts und an der Weggabelung nach links. Über Feldwege oder kleine Teerstraßen führt Sie der Weg parallel zur D38 (die meist in Sichtweite bleibt). 2 km vor Cluis treffen Sie dann wieder auf die D38. Sie gehen weiter nach **Cluis-Dessous**, laufen an der Ruine vorbei nach links und kommen so nach **Cluis**.

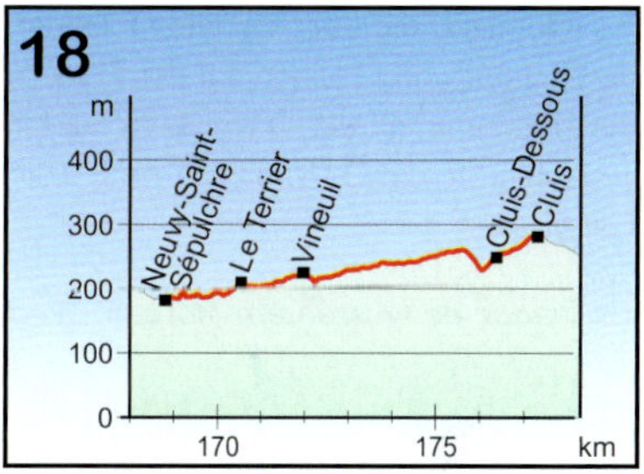

⌘ **Burgruine von Cluis-Dessous**. Ihre Ursprünge liegen im 12. Jh. Die Ruine ist frei zugänglich.

Cluis

ⓘ 🏠 🛏 ⛺ ✕ 🛒 ✚ ⇧ 260 m, ✉ 36340, 1.000 Ew.

ⓘ Syndicat d'initiative, 9 Place du Marché au Blé, ☏ 02 54 31 22 13, ✉ info@cluis.fr, 💻 www.cluis.fr

🏠 Refuge pèlerin associatif „Voie de Vézelay“, 2 Rue du Prieuré (auf der Rückseite der Kirche), ☏ 02 54 31 26 36 oder über die Tourismusinformation, 4 Betten, Küche, Übernachtung € 8

🛏 Chambre d'hôtes Chez Nous, Pascal Mira und Melvyn Ramsden, 9 Rue de l'Église, ☏ 02 54 31 20 77, Übernachtung mit Frühstück € 45 (für 2 Personen € 48), Abendessen € 20

⌘ **Le Halle**. Die aus Holz erbaute Markthalle stammt aus dem 17. Jh.

Cluis – Gargilesse 15 km

Der historische Weg ist mit dem Rad so nicht befahrbar. Radpilger können auf direktem Weg nach Crozant fahren.

Sie verlassen das kleine Städtchen auf der Route de Orsennes (D38). Nach 2 km fahren Sie auf der D75 weiter. Sie überqueren die D48 und radeln dann auf der D21 über **La Forêt** (km 8) bis **Orsennes** (km 11). Weiter fahren Sie auf der D30 bis **St-Plantaire** (km 13). Im Ort biegen Sie nach links ab und an der Kirche nach rechts auf die D91a. Sie führt bis nach **Saint-Jallet** (km 22). Dort fahren Sie nach links und auf der D30 ins Tal der Creuse hinunter. Der Fluss Creuse ist an dieser Stelle aufgestaut und bildet die Departementgrenze zwischen dem gleichnamigen Departement Creuse und dem Departement Indre. Auf der anderen Seite der Creuse fahren Sie hinauf nach **Crozant** (km 25).

Radpilger, die über Gargilesse fahren wollen, verlassen Cluis über die Route de Orsennes und bleiben auf der D38. Sie passieren **Hallé** und **Villeginais**. Nach der Kreuzung mit der D48 fahren Sie hinunter ins Tal der Creuse. In **Le Pin** verlassen Sie die D38, biegen nach links auf die D40 ab und gelangen so nach **Gargilesse**.

Le Viaduc de l'Auzon am Morgen, Weg zwischen Cluis und Gargilesse

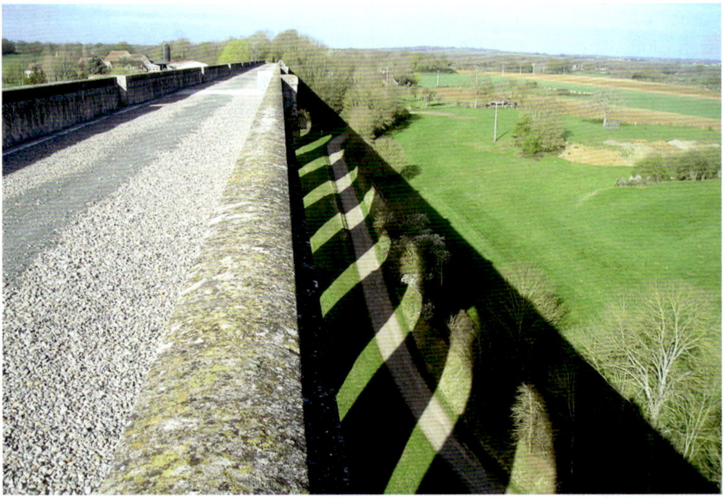

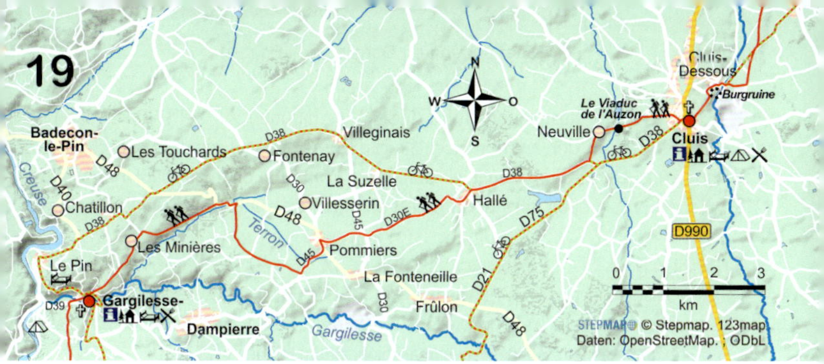

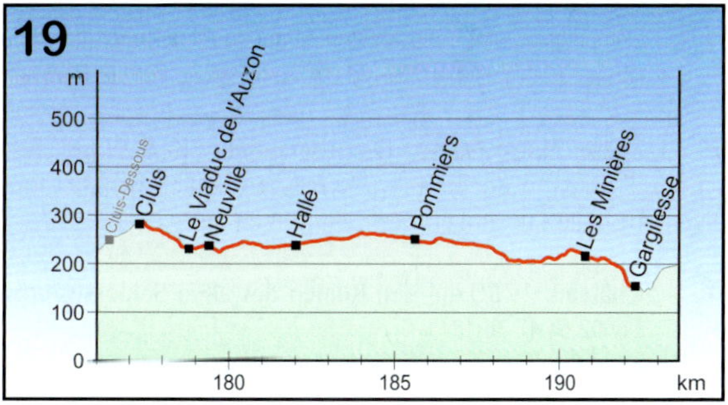

Sie verlassen das Städtchen über die Rue de la Prison, die Rue du Champ de Foire und die Rue Berthon. Auf einem Wanderweg überqueren Sie auf einer alten Bahntrasse das alte Viadukt.

⌘ **Le Viaduc de l'Auzon**. Das 499 m lange Viadukt mit seinen 20 Bögen wurde 1899 errichtet und diente bis 1952 dem Eisenbahnverkehr (auf der Strecke von Argenton-sur-Creuse nach La Châtre).

Nach dem Viadukt gehen Sie nach links auf einem schmalen Weg hinunter nach **Neuville**. An der D38 wenden Sie sich nach rechts. In **Hallé** (km 4,4) biegen Sie an der Kapelle nach links und dann gleich wieder nach rechts ab (Richtung Frûlon). Nach 300 m weichen Sie von dieser Richtung ab und gehen nach rechts.

Auf der D30 kommen Sie nach **Pommiers** (km 8). Dort biegen Sie nach links auf die D48 und nach 200 m am Wegekreuz nach rechts auf die D45 ab. Nach weiteren 700 m wenden Sie sich erneut nach rechts. Auf der Straße bleiben Sie für 2 km, an der Kreuzung gehen Sie geradeaus auf einen Feldweg.

Unterhalb der Stromleitung führt dieser Weg hinunter zur D48. Dort gehen Sie nach links und an der zweiten Rechtskurve geradeaus auf einen ausgeschilderten Wanderweg. Dieser führt zunächst durch den Wald und dann auf die Höhe. An der Straße gehen Sie nach links und durch **Les Minières** kommen Sie nach **Gargilesse**.

Gargilesse ⇧ 140 m, 36190, 320 Ew.

Office du tourisme, Le Pigeonnier, ☎ 02 54 47 85 06, www.gargilesse.fr

Gîte municipal Ferme du Château, Place de l'Eglise, ☎ 02 54 47 83 11 (Mairie), mehrere Betten, Küche, Waschmaschine, Übernachtung € 18

Gîte La Chaumerette, ☎ 02 54 47 84 22, 1,5 km außerhalb im Tal der Creuse. Der Campingplatz hat 6 Blockhütten, in denen Pilger (nach Voranmeldung) übernachten können (€ 20). Gehen Sie die D39 entlang und vor der Pont Noir nach links.

✞ **Église Notre-Dame**. Die romanische Kirche aus dem 12. Jh. besitzt schöne Fresken in der Krypta, die frei zugänglich ist. Die Tourismusinformation bietet spezielle Führungen mit Erläutungen an.

⌘ **Château**. 1750 auf den Ruinen des alten Schlosses erbaut

♦ ☎ 02 54 47 76 16

⌘ **Maison de George Sand**

♦ ☎ 02 54 47 84 14, Anfang April bis Ende Sep tägl. außer Di 10:00 bis 12:00 und 14:30 bis 18:30

Gargilesse – Eguzon 11,4 km

Sie verlassen Gargilesse auf der D40 und fahren bis **Cuzion** ⇧ 249 m. Dort benutzen Sie die D45 und erreichen über die Pont de Piles ⇧ 150 m **Eguzon**.

Gehen Sie auf der D39 aus dem Städtchen hinaus und nach 200 m am Friedhof links hoch. Die Kreuzung überqueren Sie geradeaus und 400 m danach nehmen Sie den Feldweg schräg rechts.

☺ Vom Campingplatz La Chaumerette brauchen Sie nicht zurückzugehen. Folgen Sie dem lokalen Wanderweg, der mit gelber Farbe markiert ist. Am Stauwehr steigen Sie an, auf der Höhe führt der Weg in einem Bogen zunächst zurück Richtung Gargilesse. Nach rechts geht ein Weg ab, der Sie nach **Le Cerisier** führt.

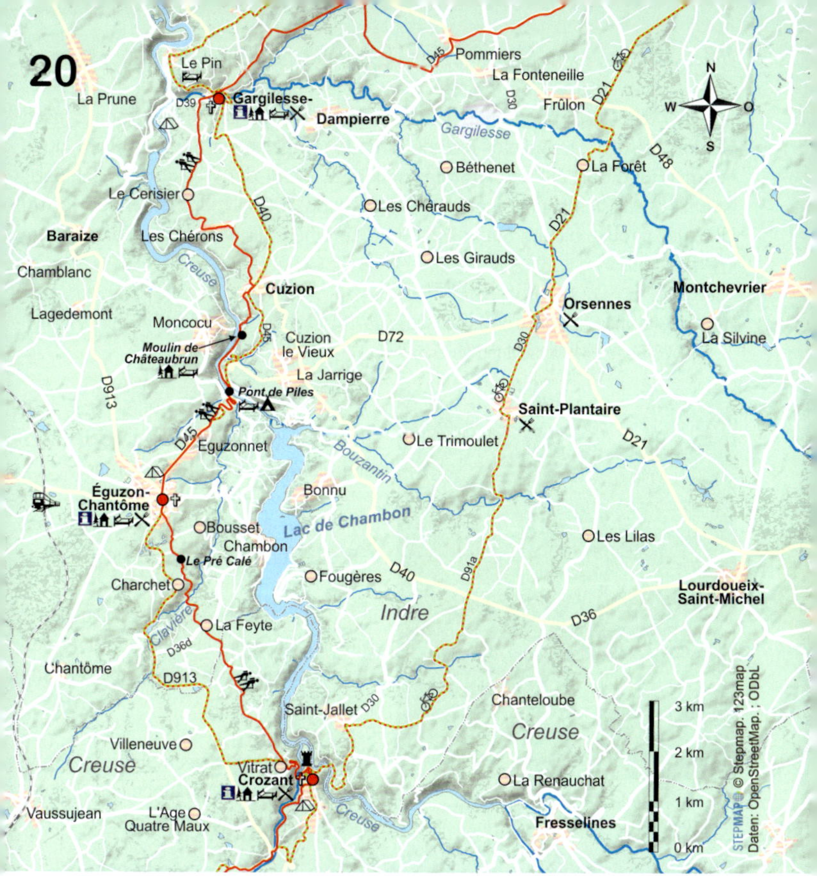
20
Le Pin
Pommiers
La Fonteneille
La Prune
D39
Gargilesse-
Dampierre
D30
Frûlon
D21
D45
Gargilesse
N
W
O
S
D48
Béthenet
La Forêt
Le Cerisier
Les Chérauds
D40
D21
Baraize
Les Chérons
Les Girauds
Chamblanc
Creuse
Cuzion
Montchevrier
Orsennes
Lagedemont
Moncocu
Cuzion
le Vieux
D72
La Silvine
Moulin de
Châteaubrun
D45
D30
La Jarrige
D913
Pont de Piles
Saint-Plantaire
Le Trimoulet
D45
Eguzonnet
D21
Bouzantin
Éguzon-
Chantôme
Bonnu
Lac de Chambon
Bousset
Les Lilas
Chambon
Le Pré Calé
D40
Fougères
D91a
Charchet
Lourdoueix-
Saint-Michel
Indre
Clavière
La Feyte
D36
D36d
Chantôme
D913
Saint-Jallet
D30
Chanteloube
3 km
Creuse
2 km
Villeneuve
Creuse
Vitrat
Crozant
La Renauchat
1 km
Vaussujean
L'Age
Quatre Maux
Creuse
Fresselines
0 km
STEPMAP © Stepmap, 123map
Daten: OpenStreetMap ; ODbL

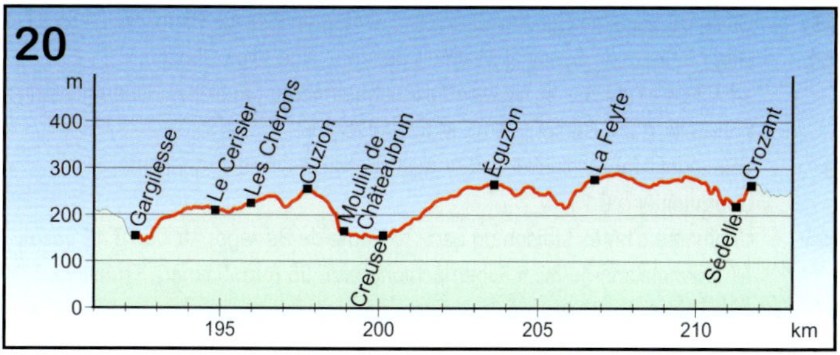
20
m
400
300
200
100
0
Gargilesse
Le Cerisier
Les Chérons
Cuzion
Moulin de Châteaubrun
Creuse
Éguzon
La Feyte
Sédelle
Crozant
195
200
205
210
km

Über **Le Cerisier** und **Les Chérons** kommen Sie durch eine Senke nach **Cuzion** (km 5). Auf der Rue de la Peureyre gelangen Sie zum Place de la Peureyre und dort auf den Fußweg nach links. Bevor der Weg steil ins Tal führt, ist ein Aussichtspunkt ausgeschildert (knapp 100 m vom Weg entfernt). Am Ufer der Creuse biegen Sie links ab und kommen zur **Moulin de Châteaubrun** (km 7).

Gîte und Chambre d'hôtes Le moulin de Châteaubrun, 02 54 47 46 40, 4 Zimmer, 28 Betten, Übernachtung ab € 16

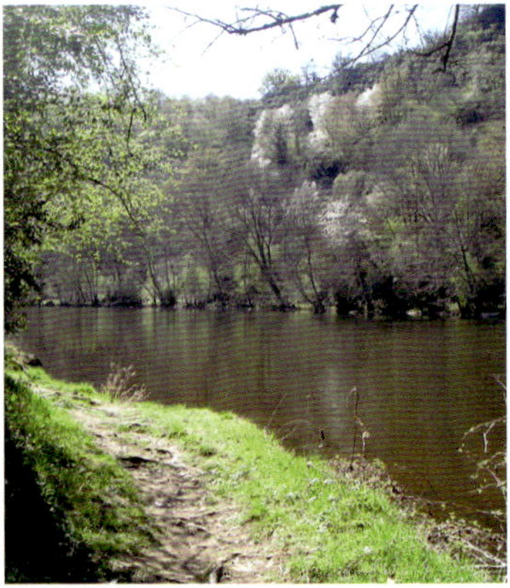

Im Tal der Creuse (zwischen Gargilesse und Eguzon)

An der Pont de Piles ⇧ 150 m (km 8) erreichen Sie die D45 und überqueren den Fluss Creuse.

Der ausgeschilderte Wanderweg GR 654 führt weiter geradeaus.

Die Pont de Piles ist die letzte Möglichkeit zur Flussüberquerung. Auf der Staumauer ist keine Überquerung möglich!

Mit der D45 steigen Sie bergauf und folgen ihr – teilweise über eine Seitenstraße – nach **Eguzon**.

Eguzon ⇧ 250 m, 36270, 1.300 Ew.

Office du tourisme Eguzon-Chantôme, 3 Rue de George Sand, 02 54 47 43 69

Gîte La Garenne Syndicat Mixte d'Eguzon, 7 Rue Yves Choplin, 02 54 47 44 85, www.campinglagarenne.eu, 30 Betten, Übernachtung € 9 (Zelt), € 20 (Chalet), 10. März bis 15. Okt

♦ Gîte municipal, Schlüssel und Anmeldung beim Office du tourisme, Übernachtung € 13,70

Chambres d'hôtes Maison du Lac, 29 Route du Barrage, 06 76 46 33 26, www.maison-du-lac.fr, Übernachtung ab € 95 (pro Zimmer), Frühstück € 10

Eguzon – Crozant 8,1 km

Sie folgen zunächst der D913 Richtung Süden, um dann nach links über **Vitrat** Richtung **Crozant** zu fahren.

Auf der Rue Camille Toussaints, der D913, gehen Sie aus dem Ort hinaus. Am Salle de fêtes biegen Sie nach links (Richtung Bousset) ab. Nach 600 m liegt auf der linken Seite ein Teich, dort gehen Sie rechts hoch. Unter der Hochspannungsleitung laufen Sie nach **Le Pré Calé** und nach 400 m vor Charchet links hinunter. Sie überqueren den Bach Clavière und steigen danach hoch nach **La Feyte** (km 3). Die D36d überqueren Sie geradeaus.

400 m nach dem Ort wird die Departementgrenze zwischen Indre und Creuse erreicht. Dort gehen Sie rechts, nach 200 m links und nach 10 m wieder rechts. Nach 300 m erreichen Sie eine Straße, ihr folgen Sie 50 m nach links und gehen dann rechts. Nach 400 m wird wieder eine Straße erreicht. Diese führt über **Vitrat** (km 6) und eine steile Steige zunächst ins Tal (Ausblick auf die Ruine von Crozant). Danach gehen Sie auf der Straße, nun wieder bergan, weiter bis zum Ruineneingang. Von dort laufen Sie entweder über die Straße oder über den steilen Fußweg weiter hinauf nach **Crozant**.

Crozant ⇧ 277 m, 23160, 510 Ew.

Syndicat d'initiative, Mairie, ☏ 05 55 89 80 12

Gîte municipal, Kontakt über Mairie. Den Schlüssel gibt es am Ruineneingang, die Herberge liegt am Rathaus gegenüber der Kirche. 6 Betten, viel Platz, Übernachtung € 10

Hôtel du Lac, ☏ 05 55 89 81 96, www.hoteldulac-crozant.com. Dieses Hotel liegt unterhalb des Ortes an der Brücke über den Fluss Creuse. Übernachtung ab € 60 (pro Zimmer)

♦ Brasserie l'éclair de Soleil, 28 Rue Armand Guillaumin, ☏ 05 55 89 98 26, Übernachtung ab € 30

⌘ **Château de Crozant**. 1356, im Hundertjährigen Krieg, wurde das Château, eine der bedeutendsten Festungen im Zentrum von Frankreich, zerstört. Es ist bis heute eine Ruine.

♦ April bis Nov tägl. 10:00 bis 17:00, Eintritt € 2

☺ Die Malschule von Crozant gilt als Wiege des Impressionismus. Claude Monet, Leon Detroy, Armand Guillaumin und Gaston Thiery prägten die Schule. Im Ort gibt es zahlreiche Hinweise auf berühmte Kunstwerke.

Mit dem Departement Creuse haben Sie das Limousin betreten. Die Region Limousin gehört zu den am dünnsten besiedelten Regionen in Frankreich. Sie umfasst mit ihren sanften Hügeln und weiten Wäldern die Ausläufer des Zentralmassivs. Geprägt wird die Mittelgebirgslandschaft von der Landwirtschaft. Die Weideflächen sind die Heimat der Limousin-Rinder. Der Tourismus gewinnt erst seit den letzten Jahren zunehmend an Bedeutung.

Crozant – Saint-Germain-Beaupre 14 km

Sie verlassen Crozant auf der D72 und fahren hinunter zur Pont Charreau. Über **Chapelle-Baloue** und **Pot Bouché** erreichen Sie auf der D72 **Saint-Germain-Beaupre**.

Sie verlassen die Hauptstraße nach rechts. Ein schöner Wanderweg führt Sie zunächst an der Felskante entlang (mehrfach schöner Ausblick) und dann ins Tal der Sédelle. Vorbei an alten Mühlen gehen Sie flussaufwärts bis zur historischen Brücke von 1603 (Pont Charreau). Dieser Abschnitt ist auch als „Malerrundweg" ausgeschildert. Verschiedene Stelen mit Bildern zeigen, wie die Impressionisten die Landschaft gesehen haben. Sie überqueren auf der Brücke den Fluss Sédelle und biegen danach nach links auf die D72 ab. Die Straße führt nach **Chapelle-Baloue** (km 6). Nach dem Ort, an einem Wegekreuz, verlassen Sie die D72 und biegen schräg rechts ab. Über wenig befahrene Nebenstraßen geht es durch die hügelige Wiesenlandschaft. Nach rund 7 km erreichen Sie unterhalb des

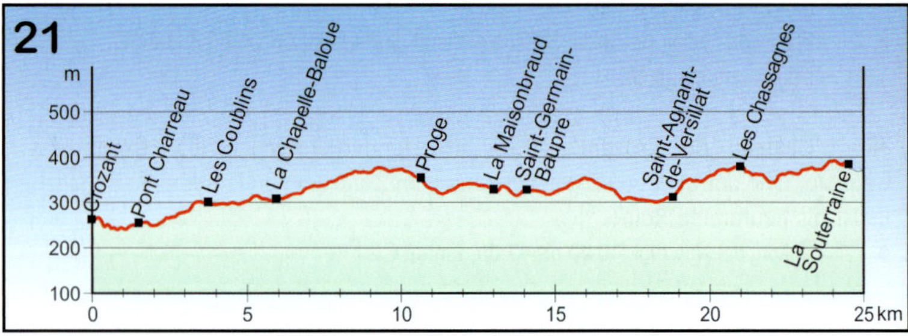

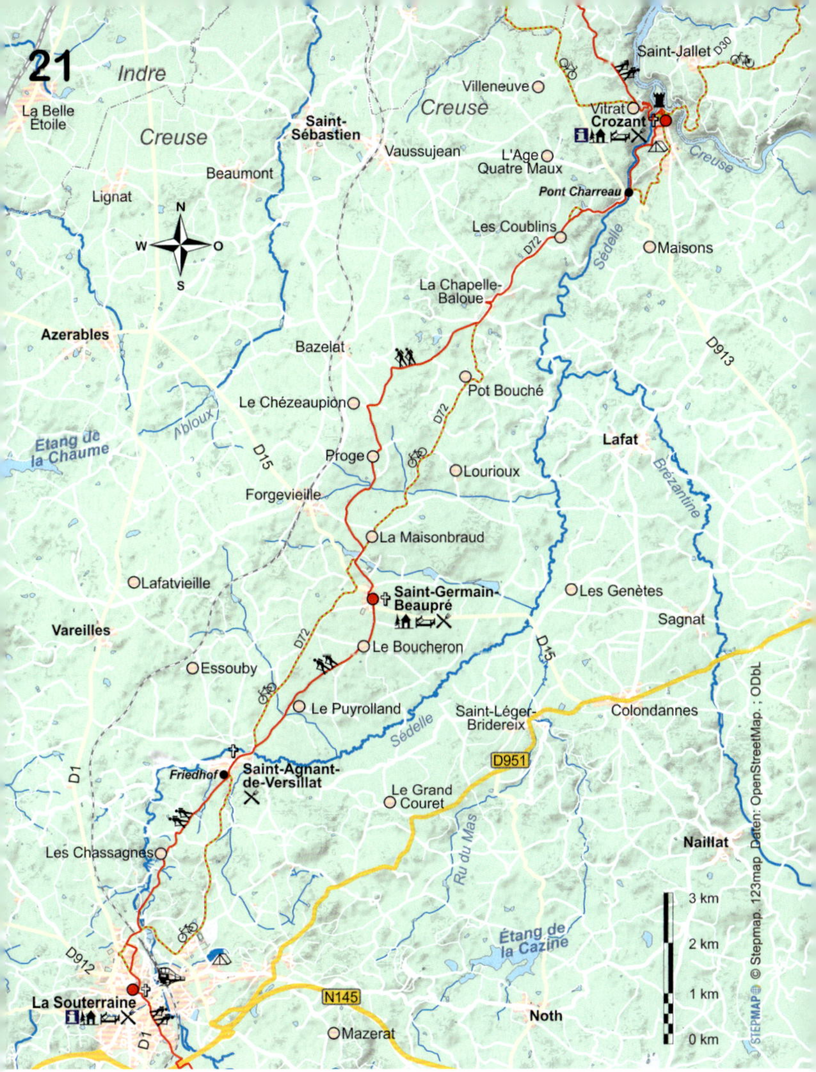

Wasserturms von Maisonbraud wieder die D72. Dort biegen Sie nach rechts ab und gehen zwischen zwei Teichen hindurch. Danach verlassen Sie die D72 wieder nach links. Über Nebenstraßen erreichen Sie **Saint-Germain-Beaupre** ✕ .

Saint-Germain-Beaupre 330 m, 23160, 420 Ew.

Privatherberge M Malberg, 3 Place de l'Église, ☏ 05 55 63 74 23 oder 06 60 80 22 54, Übernachtung mit Frühstück € 25

Chambre d'hôtes Maison Durran, M und Mme Johnson, 20 Grand Rue, ☏ 05 55 63 68 07, 4 Zimmer, Übernachtung ab € 45

Saint-Germain-Beaupre – La Souterraine 10,3 km

Sie fahren auf der D72 über **Saint-Agnant-de-Versillat** nach **La Souterraine**. Am ersten Kreisverkehr fahren Sie nach rechts auf die Umgehungsstraße und am zweiten nach links in die Rue Fernand Villard und in die Innenstadt.

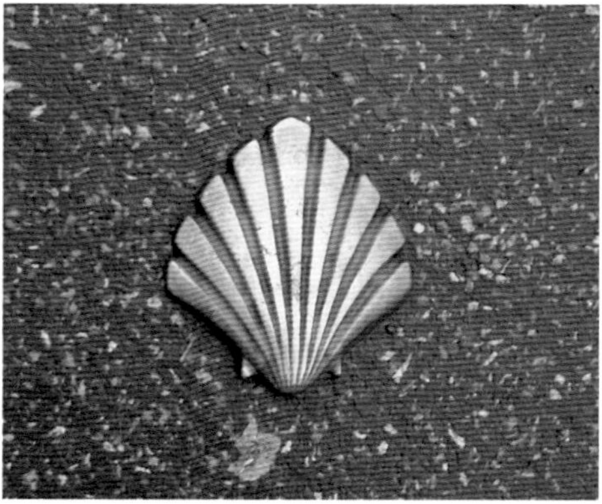

Wegemarkierung auf dem Bürgersteig in La Souterraine

Über **Le Boucheron** gehen Sie zunächst auf einer Nebenstraße weiter. Anschließend führt Sie der Weg auf einem baumbestandenen Feldweg an Le Puyrolland vorbei und dann wieder auf einer Nebenstraße nach **Saint-Agnant-de-Versillat** (km 5). Es geht durch den Ort, am Ortsende, am Friedhof, biegen Sie zunächst rechts ab, gehen aber dann links am Friedhof vorbei. Zunächst ist es ein Feldweg, der aber bald zum Pfad wird. Diesem Pfad folgen Sie immer geradeaus (auch wenn links ein Teich kommt und ein Feldweg gekreuzt wird). Am Ende stößt der Weg auf eine Teerstraße. Dort gehen Sie nach rechts und nach 50 m gleich wieder nach links. Über **Les Chassagnes** (km 8) führt der Weg hoch und runter nach La Souterraine.

An der Hauptstraße (Boulevard Belmont) gehen Sie nach rechts über die Bahngleise Richtung Innenstadt. Danach erreichen Sie über die Avenue Mermoz, die Rue Martin Nadaud und die Rue Haute Saint-Michel die Innenstadt.

La Souterraine

⇧ 380 m, 36340, 5.320 Ew.

Office du tourisme, Place de la Gare, ☎ 05 55 63 10 06, www.mairie-lasouterraine.fr

Chambre d'hôtes Maison no 9, M Rowney, 9 Rue Serpente, ☎ 05 55 63 43 35, www.maisonnumeroneuf.com. Das Chambre d'hôtes bietet in 5 Zimmern für Pilger die Übernachtung für € 15 an (Halbpension € 36).

♦ Chambre d'hôtes Mme Moncuit, 33 Avenue du Pont Neuf, ☎ 05 55 63 34 37 oder ☎ 06 85 09 28 75, ab 15:00. Das Chambre d'hôtes bietet für Pilger die Übernachtung für € 14 an (Halbpension € 32).

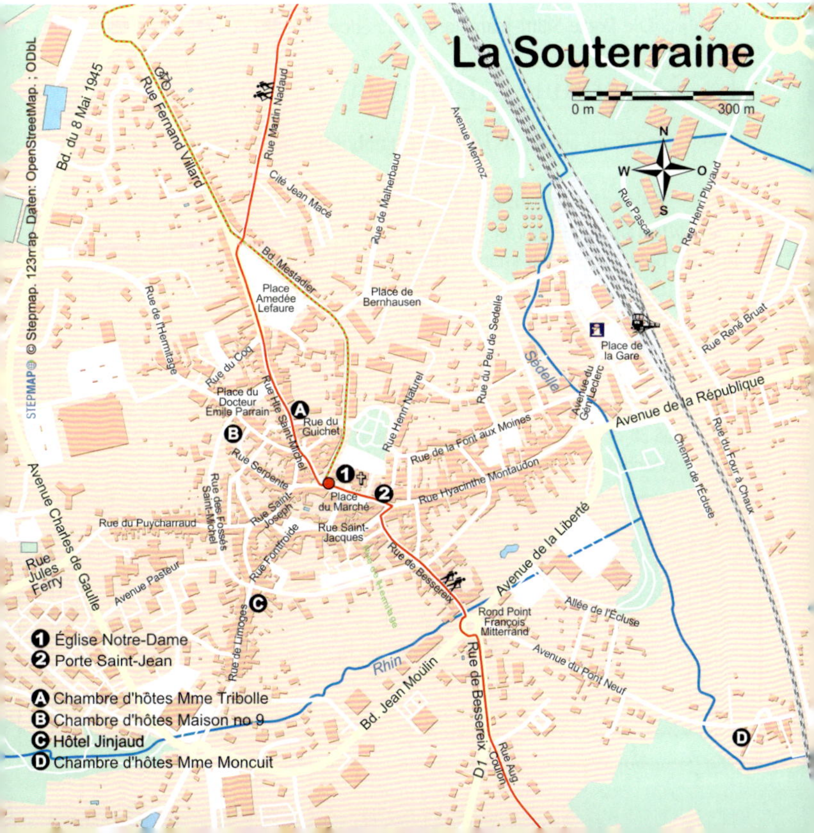

🛏 Chambre d'hôtes Mme Tribolle, 4 Rue Haute Saint-Michel, ☏ 05 55 63 14 20 oder 05 55 63 38 38 oder 06 49 62 20 03, Übernachtung mit Frühstück € 42 (für 2 Personen € 52)

♦ Hôtel Jinjaud, 4 Route de Limoges, ☏ 05 55 63 02 53, 💻 www.hotel-restaurant-jinjaud.fr, 7 Zimmer, Übernachtung ab € 40

⌘ **Krypta aus dem 11. Jh. unter der Église Notre-Dame**. La Souterraine, „die Unterirdische", ist nach der unterirdisch liegenden Krypta benannt, die gerne von den Pilgern auf dem Weg nach Santiago de Compostela aufgesucht wurde.

⌘ La Souterraine hat in vielen Bereichen sein mittelalterliches Gesicht bewahrt. Die **Porte Saint-Jean** stammt aus dem 13. Jh.

La Souterraine – Bénévent-l'Abbaye 22 km

🚲 Sie fahren auf der D10 über **Chamborand** nach **Bénévent-l'Abbaye**.

🚶 Aus der Innenstadt folgen Sie der Rue de Bessereix. Am Rond Point François Mitterrand schlagen Sie den Weg schräg rechts ein (D1) und bleiben auf der Rue de Bessereix. Nach knapp 200 m biegen Sie dann links in die Rue Auguste Coulon ab. Der Weg führt über die Bahngleise, vor der autobahnähnlich ausgebauten N145 nach rechts, unter der Straße hindurch, danach nach links und gleich wieder rechts auf die D10 nach **St-Priest-la-Feuille** 🛏 ✕ 🛒 ℹ (km 6,6).

🛏 Chambre d'hôtes Chez Marjorie, 4 Route de Chamborand, ☏ 05 55 63 67 96 oder 06 30 72 71 63, 4 Zimmer, Übernachtung mit Frühstück für Pilger € 25, Abendessen € 15

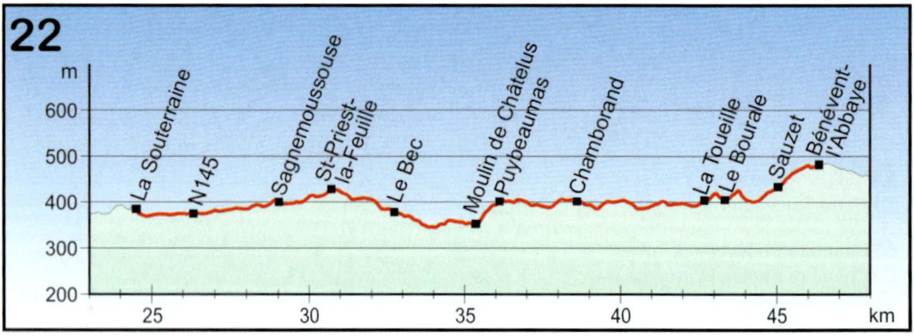

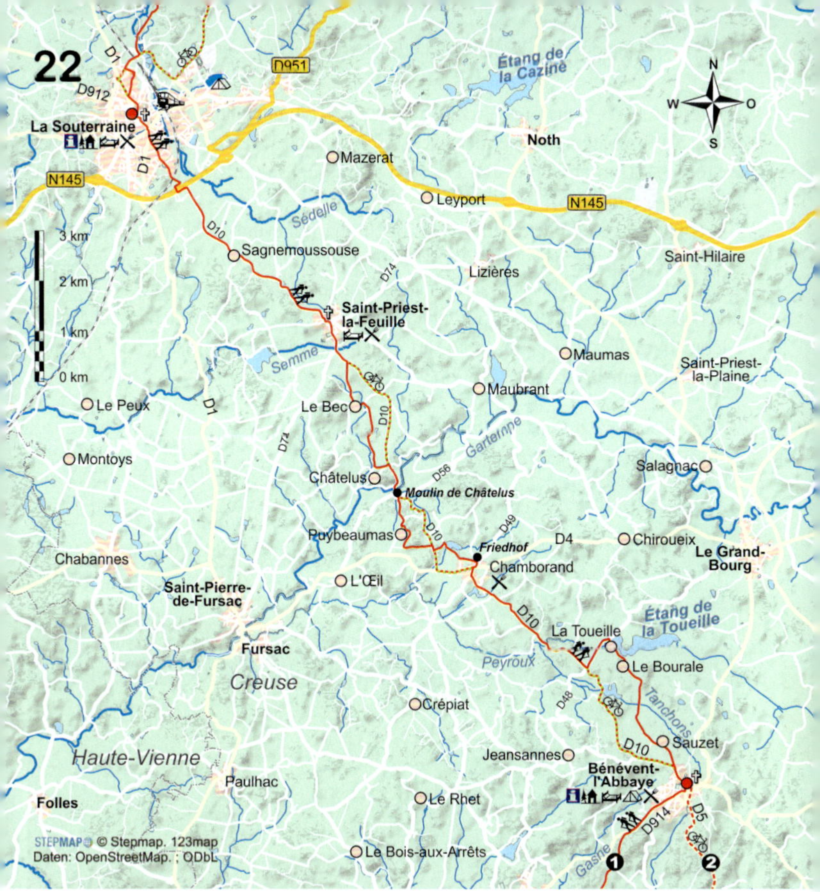

Bei der Mairie (auf der linken Seite) gehen Sie nach rechts, weiter auf der wenig befahrenen D10. Nach 600 m zweigt die D74 ab. Sie laufen links auf der D10 weiter, biegen nach 300 m rechts ab und wandern über **Le Bec** weiter. Nach Le Bec wenden Sie sich nach rechts auf einen lokalen Wanderweg (Richtung Laisse-Dire) und nach 1,3 km nach links. Sie erreichen wieder die D10 und biegen auf ihr nach rechts ab.

An der Moulin de Châtelus erreichen Sie die Kreuzung mit der D56. Dort verlassen Sie die D10 und steigen, zunächst zusammen mit einem lokalen Rundwanderweg, an. Der Weg führt Sie dann mit einem GR weiter. Sie erreichen wieder die D10, gehen nach rechts und nach 50 m nach links auf einen Feldweg. Nach 500 m biegen Sie bei der nächsten Möglichkeit rechts ab und laufen nach weiteren 400 m an den ersten Häusern schräg links zum Friedhof 💧 von **Chamborand** ✕ (km 14,5).

Zunächst gehen Sie auf der D10 (Richtung **Bénévent-l'Abbaye**) weiter. Nach 3 km erreichen Sie die D48. Dort laufen Sie nach links bis nach **La Toueille** und biegen dann rechts ab. Sie wandern an einem Teich (Étang de la Toueille) entlang. Nach **Le Bourale** gehen Sie auf einem Feldweg weiter und erreichen bei **Sauzet** wieder eine Teerstraße. An der D10 gehen Sie wieder nach links und kommen nach **Bénévent-l'Abbaye**.

Weg zwischen La Souterraine und Bénévent-l'Abbaye

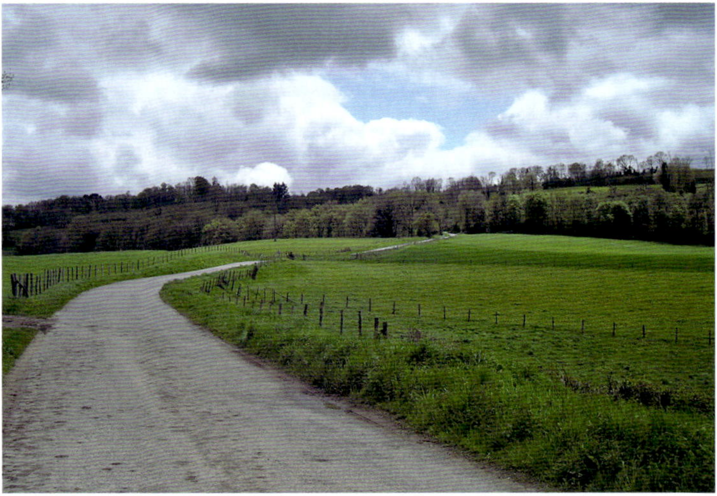

Bénévent-l'Abbaye

⇧ 480 m, ✉ 23210, 825 Ew.

- **i** Office du tourisme, 2 Rue de la Fontaine, ☏ 05 55 62 68 35
- Privatherberge A dos d'Anes, M Carré, 10 Place St-Barthélémy, ☏ 06 31 12 04 97, Übernachtung im Anbau € 14,50. Die Herberge befindet sich gegenüber der Kirche. Im Gebäude ist auch ein kleiner Laden zu finden.

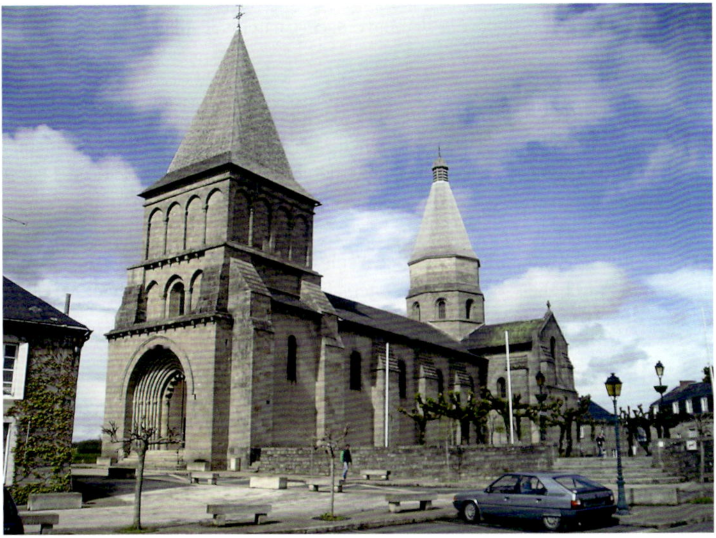

Kirche in Bénévent-l'Abbaye

Chambre d'hôtes La Chouette, Mme Godson, 17 Rue Monthery, ☏ 05 55 62 61 12 oder 06 76 79 15 88, private Herberge im Anbau mit 6 Betten, Halbpension € 45, Übernachtung für Pilger ab € 15, ab 15:00. Das Chambre d'hôtes liegt gegenüber dem Rathaus (Hôtel de ville).

Église Saint-Barthélémy. Die Abteikirche aus dem 12. Jh. beherbergte Reliquien des heiligen Bartholomäus. Im 11. Jh. wurde ein Augustinerkloster von Segonzelles (bei Sigoulet) auf die Höhe verlegt. Nachdem dieses neue Kloster die Reliquien des heiligen Bartholomäus aus Benevento (nordöstlich von Neapel) erhalten hatte, nahm es dessen Namen an.

Bénévent-l'Abbaye – Châtelus-le-Marcheix

18,7 km/16 km

Sie nehmen die Variante ❷ über die D5 und erreichen so **Châtelus-le-Marcheix**.

Für den Weg von Bénévent-l'Abbaye nach Châtelus-le-Marcheix gibt es zwei Möglichkeiten:

❶ Die historische Route führt über Wanderwege (GR 654 und GR 4) auf zum Teil steilen und schlammigen Wegen über **Marsac** ⇧ 370 m und **Saint-Goussaud** ⇧ 668 m nach **Châtelus-le-Marcheix** ⇧ 390 m. Dieser Weg ist anstrengender und länger und lohnt sich nur bei sehr schönem Wetter.

❷ Alternativ wandern Sie auf der wenig befahrenen Straße D5 nach **Châtelus-le-Marcheix**. Der Höhenunterschied ist wesentlich geringer (höchste Stelle: ⇧ 520 m) und die Strecke ist etwas kürzer.

❶ Historische Route über die Wanderwege

Zunächst gehen Sie auf der D914 Richtung **Marsac**. Nach etwa 2 km biegen Sie auf einen Waldweg schräg links ab. 1,5 km weiter stößt der Weg auf eine Kreuzung. Dort gehen Sie nach links und gleich wieder nach rechts (Richtung Lagémard). Nach 600 m wenden Sie sich erneut nach rechts und nach 100 m von der Straße weg nach rechts auf einen Feldweg. Am Friedhof erreichen Sie wieder eine Straße, biegen dort rechts und nach 100 m an der Hauptstraße D914 nach links nach **Marsac** ⇧ 370 m ab (km 4,6).

Gîte Chez Bernie, 32 Avenue du Limousin, ☏ 06 73 50 37 00, www.chezbernie.com, Übernachtung für Pilger € 17

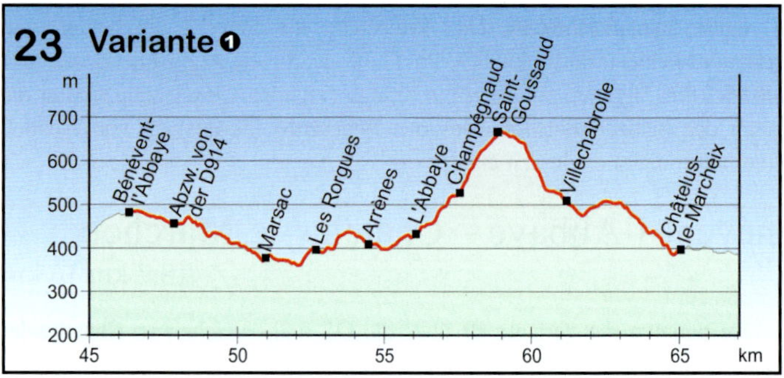

Sie durchqueren auf der D914 den Ort und überqueren die Bahngleise. Nach der Brücke über den Fluss Ardour gehen Sie nach rechts auf die Route de Limoges, verlassen die D914 nach 200 m nach links weg und biegen nach 300 m wieder links ab. Sie durchqueren **Les Rorgues** und gehen 400 m hinter der Kapelle nach rechts von der Straße weg. Nach 900 m wird die D57 erreicht, auf ihr laufen Sie nach rechts durch **Arrènes** (km 9). Im Ort biegen Sie links ab und auf der D48 gehen Sie rechts nach **La Ronze** und dort links hinunter nach **L'Abbaye** (km 10). Das alte Kloster wurde während der Revolution zerstört.

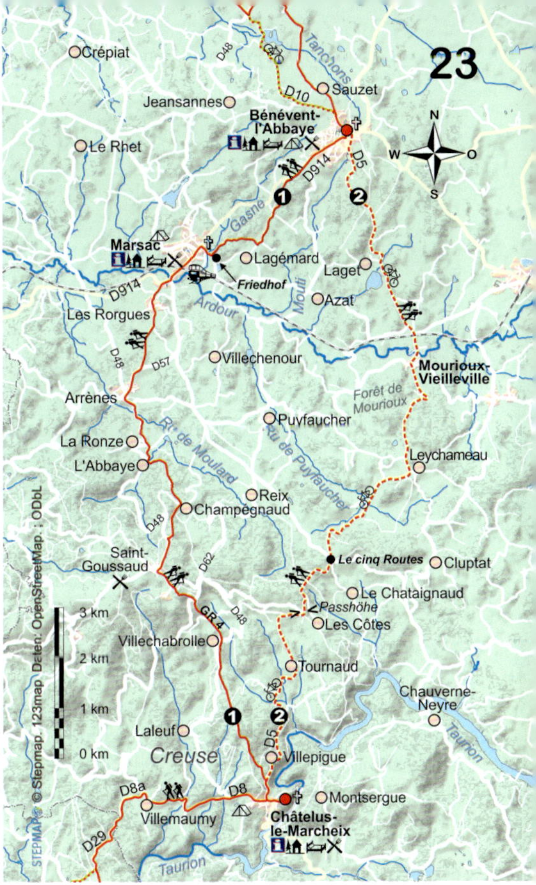

Im Ort laufen Sie links auf einen Wanderweg, nach 1,6 km, bei den ersten Häusern von **Champégnaud**, verlassen Sie den breiten Weg und wandern auf einem Pfad weiter aufwärts.

Sie stoßen auf die D48 und folgen ihr nach **Saint-Goussaud** ✕ ⌘ 🚻 ⇧ 668 m.

☞ Hier trennen sich der GR 654 und der Pilgerweg. Der Pilgerweg verläuft nun auf dem GR 4 (beide sind rot-weiß markiert). Während Sie nach links gehen, zweigt der GR 654 nach rechts ab.

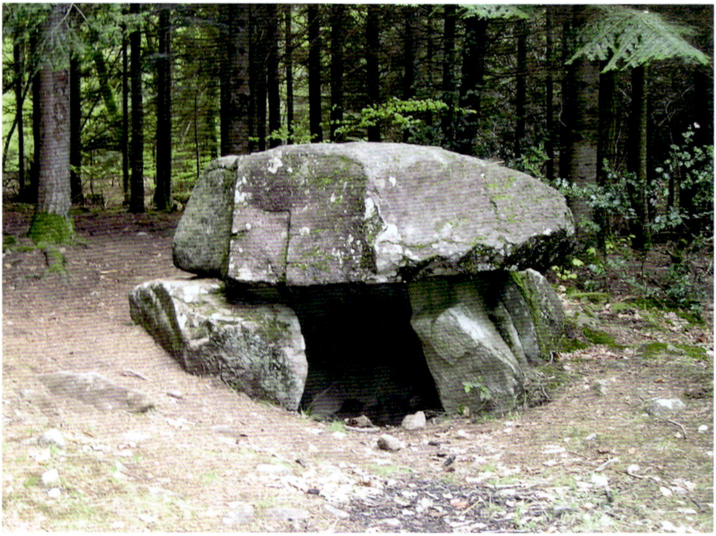

Dolmen bei Mourioux-Vieilleville

In Saint-Goussaud gehen Sie nach links auf die D48 und nach 300 m auf einen Wanderweg (GR 4). Sie überqueren die D62 und erreichen bei **Villechabrolle** (km 15) wieder die D48. Bei der zweiten Berührung verlassen Sie aber die Straße endgültig nach links. Sobald Sie die D5 erreichen, gehen Sie auf ihr rechts nach **Châtelus-le-Marcheix**.

❷ Weg über die D5

Zunächst laufen Sie auf der D914 Richtung Marsac und noch vor dem Ortsausgang nach links auf die D5. Nach Überquerung der Eisenbahnstrecke geht es nach **Mourioux-Vieilleville** (km 5).

⌘ Hinter dem Ort liegt ein kleines Hügelgrab (Dolmen), etwa 400 m von der Straße entfernt.

Sie gehen immer auf der D5 über eine kleine Passhöhe (⇧ 520 m, davor) nach **Châtelus-le-Marcheix**.

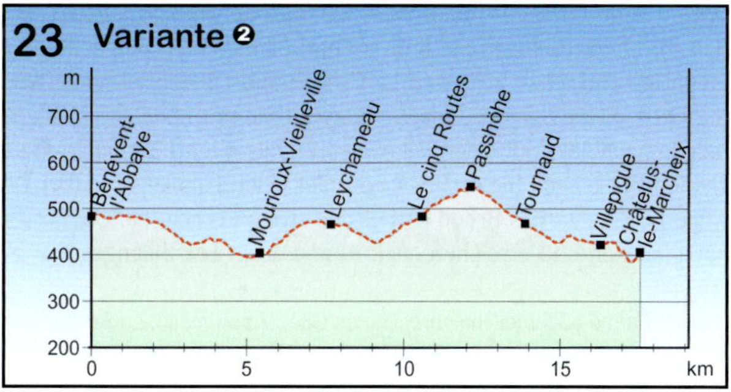

Châtelus le-Marchcix

🛈 Gîte ⛺ ✕ ⇧ 390 m, ✉ 23430, 370 Ew.

- 🛈 Office du tourisme, 31 Rue des Deux Ponts, ☏ 05 55 64 82 80
- Gîte d'étape municipaux, 36 Rue des Deux Ponts, ☏ 05 55 64 30 09 (Mairie) oder ☏ 06 43 19 75 41, Übernachtung € 10
- ♦ Gîte privé, Mme Florence Godson, 11 Rue du Tursaud, ☏ 05 55 64 33 85
- Chambre d'hôtes La Maison blanche, Mme Sarah Leith, 34 Rue des Deux Ponts, ☏ 05 55 64 41 16 oder 06 43 19 75 41. Das Chambre d'hôtes bietet Pilgerrabatt an (Übernachtung mit Abendessen und Frühstück € 30).

Châtelus-le-Marcheix – Saint-Léonard-de-Noblat 30,9 km

Vom Ortszentrum fahren Sie auf der D8 zunächst nach **Villemaumy** (km 3). Danach biegen Sie links ab und bleiben erst einmal auf der D8a. An der Departementgrenze zwischen La Creuse und La Haute-Vienne wird aus der D8a die D29. Sie kommen durch **Les Billanges** ✕. Danach mündet die D29 in die D5. Sie fahren nun auf der D5 weiter bis zur **Pont du Dognon** ✕ ⛺ ⇧ 285 m (km 15) und überqueren dort den Fluss Taurion. Danach fahren Sie bergan und an der nächsten Kreuzung bleiben Sie auf der D5 (die D29 zweigt nach rechts ab).

An der nächsten Kreuzung biegen Sie nach links auf die D19 ab und erreichen **Le Châtenet-en-Dognon** ✕ ⛺ ⇧ 412 m. Sie bleiben auf der D19 und erreichen die stärker befahrene D941. Auf ihr kommen Sie nach **Saint-Léonard-de-Noblat**.

Vom Ortszentrum gehen Sie auf der D8 zunächst nach **Villemaumy** (km 3). Danach biegen Sie links ab und bleiben erst einmal auf der D8a. An der Departementgrenze zwischen La Creuse und La Haute-Vienne wird aus der D8a die D29. Etwa 2,5 km danach verlassen Sie am Ende des Waldes die D29 und biegen nach links auf einen Feldweg ab. Dieser führt Sie nach **Virareix**. Nach dem kleinen Ort biegen Sie rechts wieder auf einen Fußweg ab. Über Wald- und Feldwege geht es an **Bas Breuil** vorbei. Sie stoßen erneut auf die D29, biegen auf ihr nach links ab und erreichen nach rund 500 m **Les Billanges** (km 10).

Ferme-auberge/Chambre d'hôtes/Gîte, Mme Pinaud, La Besse haute, ☏ 05 55 56 57 76 oder 06 60 27 78 66, www.fermedelabesse.fr. Für Pilger gibt es einen Spezialpreis: Übernachtung mit Abendessen und Frühstück € 30. Um nach La Besse haute zu gelangen, bleiben Sie vor Virareix auf der D29 und biegen dann nach rechts Richtung La Besse haute ab. La Besse haute liegt etwa 2 km vor Les Billanges.

♦ Chambre d'hôtes Chez Françoise, Mme Villegoureix, Le Bourg, ☏ 05 55 56 85 39. Auch dieses Chambre d'hôtes gewährt Pilgern Rabatt.

In den letzten Jahren gab es Bestrebungen, die Pilger von Les Billanges über St-Laurent-les-Eglises zur Pont du Dognon zu leiten. Auf dieser Strecke führt der GR über Pfade, Waldwege und kleine Straßen. Der Weg ist ca. 2 km länger als die direkte Straße.

In Les Billanges bleiben Sie auf der D29. Etwa 3,3 km nach dem Ort mündet sie in die D5. Sie gehen nun auf der D5 weiter bis zur **Pont du Dognon** ⇧ 285 m (km 15) und überqueren dort den Fluss Taurion.

Le Châtelet du Lac, ☏ 05 55 56 56 11 oder 06 61 04 40 92, Übernachtung ab € 65 (pro Zimmer)

Hinter der Brücke gehen Sie nach links auf den Fußweg. Nach 200 m überqueren Sie die Straße, laufen zunächst rechts, aber gleich wieder nach links. Nach 1 km kreuzen Sie die D5. 600 m weiter führt der Weg durch **Orgnac** (km 17). Sie gehen durch den Ort (Richtung D5) und verlassen die Straße nach 400 m nach rechts. Hier geht es geradeaus zu einem Pferdehof mit Übernachtungsmöglichkeit (Gîte Centre équestre Ero Centaure, ☏ 05 55 57 05 47). Der Weg nach rechts ist teilweise stark bewachsen und führt direkt nach **Le Châtenet-en-Dognon** ⇧ 412 m (km 19).

24

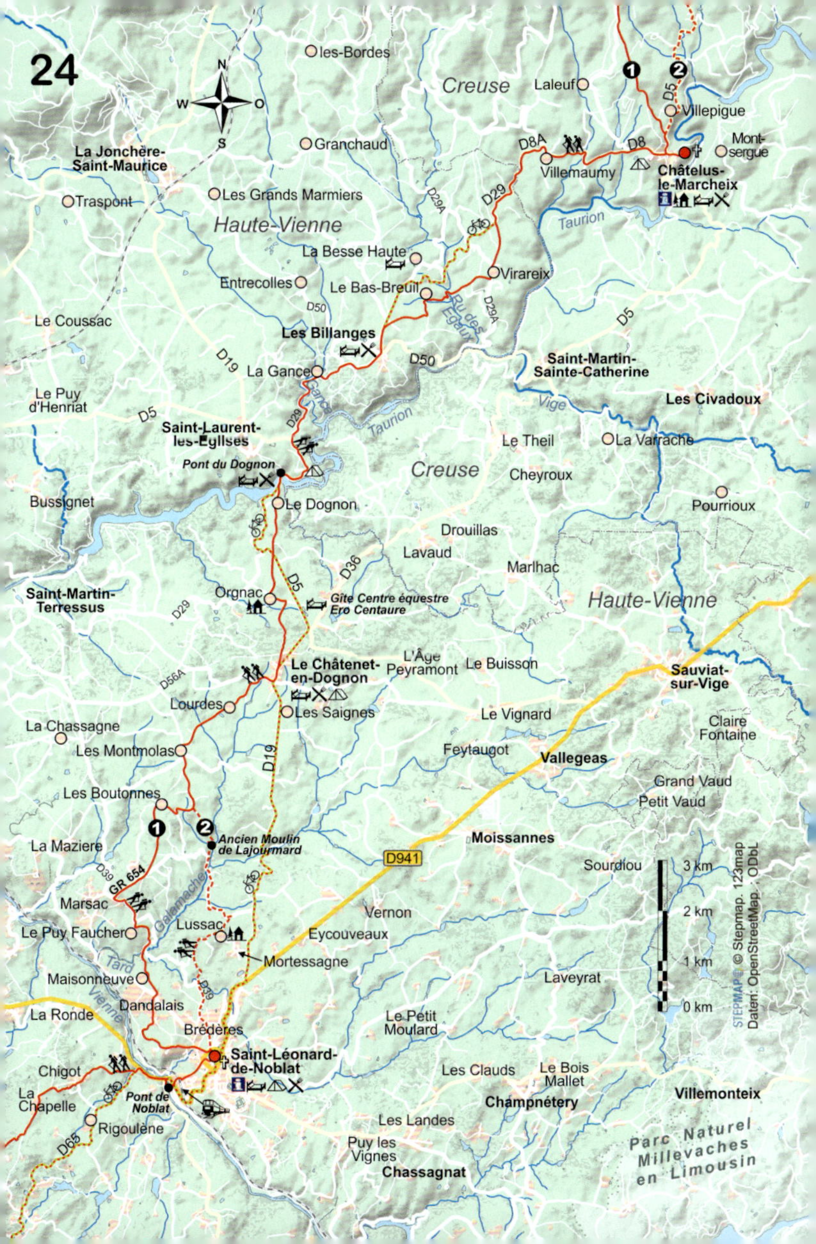
N
W
O
S
les-Bordes
Creuse
Laleuf
Villepigue
Mont-sergue
Châtelus-le-Marcheix
D8A
D8
D5
Villemaumy
Granchaud
La Jonchère-Saint-Maurice
Traspont
Les Grands Marmiers
Haute-Vienne
D29A
D29
Taurion
La Besse Haute
Virareix
Entrecolles
Le Bas-Breuil
Ru des Egaux
D50
Le Coussac
Les Billanges
Saint-Martin-Sainte-Catherine
La Gance
D19
Le Puy d'Henriat
D5
Saint-Laurent-les-Eglises
Vige
Les Civadoux
Le Theil
La Varrache
Pont du Dognon
Creuse
Cheyroux
Bussignet
Le Dognon
Pourrioux
Drouillas
Lavaud
D36
Marlhac
Saint-Martin-Terressus
Orgnac
Gîte Centre équestre Ero Centaure
Haute-Vienne
D56A
Le Châtenet-en-Dognon
L'Âge Peyramont
Le Buisson
Sauviat-sur-Vige
Lourdes
Les Saignes
Le Vignard
La Chassagne
Claire Fontaine
Les Montmolas
Feytaugot
Vallegeas
Grand Vaud
Les Boutonnes
Petit Vaud
Ancien Moulin de Lajourmard
La Maziere
Moissannes
D941
Sourdiou
D39
GR 654
Galamache
Marsac
Vernon
Le Puy Faucher
Lussac
Eycouveaux
Tard
Mortessagne
Maisonneuve
Laveyrat
Vienne
Dandalais
La Ronde
Bredères
Le Petit Moulard
Saint-Léonard-de-Noblat
Chigot
Les Clauds
Le Bois Mallet
La Chapelle
Pont de Noblat
Champnétery
Villemonteix
Rigoulène
Les Landes
D65
Puy les Vignes
Chassagnat
Parc Naturel Millevaches en Limousin
3 km
2 km
1 km
0 km
STEPMAP © Stepmap, 123map
Daten: OpenStreetMap, ODbL

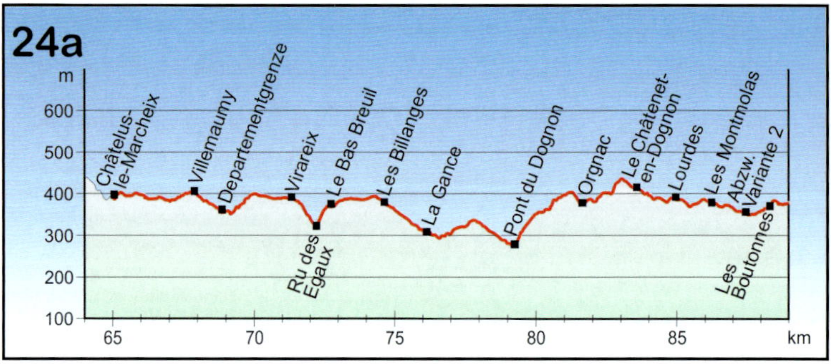

Auf der D19 durchqueren Sie zunächst den Ort und biegen dann auf die D56A nach rechts ab (Richtung Saint-Priest-Taurion, Saint-Martin-Terressus). Nach 300 m gehen Sie auf einer Nebenstraße nach links. (Rechts an der Straße steht ein Kreuz.) Laufen Sie durch **Lourdes** und nach 2,2 km an der T-Kreuzung nach links. Nach nicht ganz 2 km macht die Straße eine Kurve nach rechts.

Ab hier gibt es zwei Möglichkeiten, die etwa gleich lang sind:

❶ Variante über den GR 654

❷ Variante über Lussac (lohnt sich nur, wenn Sie in Lussac übernachten möchten)

❶ Variante über den GR 654

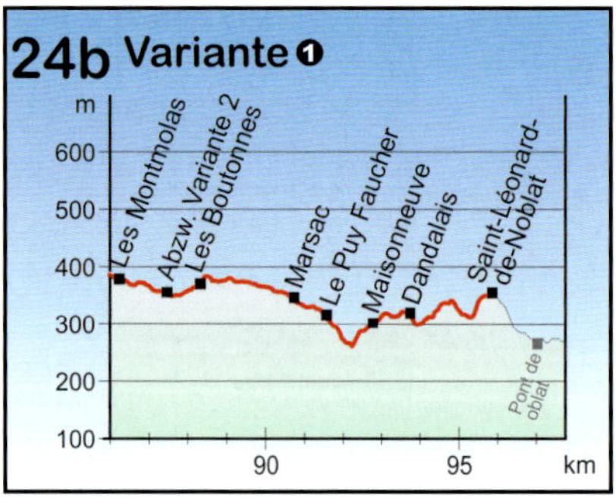

Sie laufen auf der Straße nach rechts. Sie macht eine Linkskurve und danach gehen Sie scharf rechts nach Les Boutonnes. Anschließend führt die Straße nach links und dann wieder nach rechts. Hier verlassen Sie die Straße und gehen auf einem Pfad geradeaus weiter. Er verläuft zwischen Feldrändern. Nach ca. 1 km wird aus dem Pfad ein Feldweg und nach weiteren 700 m erreichen Sie eine Straße. Dort gehen Sie nach rechts. Bei den ersten Häusern von Marsac stoßen sie auf die D39. An der T-Kreuzung gehen Sie nach links auf die D39 und nach 800 m nach rechts (Richtung Le Puy Faucher). Nach 100 m wenden Sie sich links auf einen Pfad, der Sie wieder zur D39 bringt. Dort gehen Sie nach rechts. Nach rund 200 m macht die Straße eine Kurve nach links und Sie verlassen die D39 nach rechts. Der Bach wird überquert und Sie steigen wieder hinauf auf ein Plateau. Sie kommen an Maisonneuve vorbei und gehen am Ende des Pfades nach rechts (Le Haut Dandalais). Dann überqueren Sie die Asphaltstraße und laufen geradeaus weiter nach Dandalais. Hier gehen Sie zweimal nach rechts, dann hinunter und dann nach links. Die Straße führt Sie als Chemin de Lajat und Chemin Rambaud nach Saint-Léonard-de-Noblat.

❷ Variante über Lussac

Sie verlassen die Straße und gehen nach links auf einen Wiesenweg. Dieser erreicht nach 300 m den Wald. Der Weg führt Sie hinunter zur ehemaligen Moulin de Lajoumard. Kurz danach erreichen Sie wieder die Straße. Auf ihr überqueren Sie den Fluss Galamache und steigen hinauf nach **Lussac** (km 26).

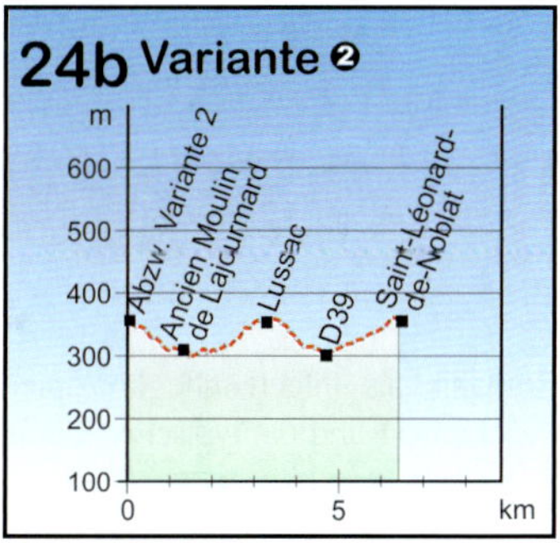

Communauté des Augustines de Notre-Dame de Paris (Foyer Jean XIII), ☏ 05 55 56 04 63. Es handelt sich um einen Orden, der bereit ist, Pilgern nach telefonischer Anmeldung eine Unterkunft für eine Nacht zu gewähren. Sie müssen um 18:00 dort sein (nicht vom 1. Juli bis zum 15. Sep).

Sie gehen den Weg abwärts, an einem Hof vorbei und nach 800 m schräg links auf den Feldweg. Der Weg bringt Sie hinunter ins Tal und an einer Mühle vorbei wieder hoch zur Straße. Die D39 führt nach **Saint-Léonard-de-Noblat**.

Saint-Léonard-de-Noblat

⇧ 345 m, ✉ 87400, 4.760 Ew.

Office de tourisme, Place du Champ de Mars (am Altstadtring), ☏ 05 55 56 25 06, www.otsi-noblat.fr oder www.ville-saint-leonard.fr

Refuge pèlerin St-Leonard, Rue Daniel Lamazière (bei der Kirche), Schlüssel beim Office de tourisme, ☏ 05 55 56 24 78 oder 05 55 56 67 66 (unbedingt 48 Std. vorher anrufen), 3 Zimmer mit 8 Betten, große Küche, Übernachtung € 10

Chambre d'hôtes, Mme Bigas, 20 Rue Jean Jaurès, ☏ 05 55 56 19 47, 5 Zimmer, Übernachtung ab € 30. Das Chambre d'hôtes liegt im Herzen der Altstadt.

♦ Hôtel Le Relais Saint-Jaques, 6 Boulevard Adrien Pressemane, ☏ 05 55 56 00 25, www.lerelaissaintjacques.com. 7 Zimmer, Übernachtung ab € 65 (pro Zimmer), Frühstück € 9

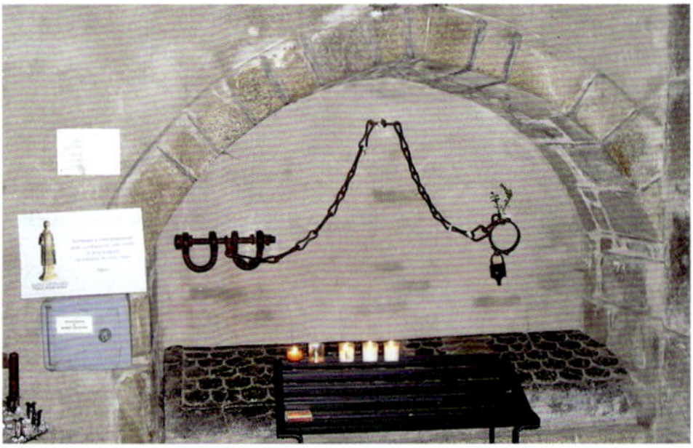

Grab des heiligen Leonard

✝ **Église Saint-Léonard**. Die Kirche aus dem 11. Jh. mit dem Grab des heiligen Leonhard steht auf der UNESCO-Weltkulturerbeliste. In der Kunst des Limousin wird der heilige Leonard oft zusammen mit dem heiligen Jakobus abgebildet. Die Kirche wurde in der Romanik als Pilgerkirche konzipiert. Der 52 m hohe Kirchturm ist reich geschmückt und ein typischer Kirchturm des Limousin.

⌘ **Musée Gay-Lussac**. Das Museum erinnert an den Chemiker und Physiker Luis-Joseph Gay-Lussac (1778-1850).

♦ Nähere Informationen erhalten Sie beim Office de tourisme.

⌘ **Le Moulin du Got, Musée vivant du papier**. Die alte Papiermühle kann bei einer rund 75-minütigen Führung besichtigt werden.

♦ ☏ 05 55 57 18 74, Eintritt mit Führung € 8,50, genaue Termine auf www.moulindugot.com

☺ In den letzten Jahren wurde von den Jakobusfreunden des Limousin der Weg von Saint-Léonard-de-Noblat nach Rocamadour als Jakobsweg ausgeschildert.

Saint-Léonard-de-Noblat – Limoges 23 km

🚲 Sie fahren auf der D941 aus Saint-Léonard-de-Noblat heraus. Aufgrund des vielen Verkehrs empfehle ich nicht, die D941 für die ganze Etappe zu benutzen. Kurz vor dem Ortsschild biegen Sie nach links auf die D65 ab und folgen ihr bis **Allois**. Dort fahren Sie rechts auf die D979. Je näher Sie Limoges kommen, desto stärker wird auch der Verkehr. Dieser ist aber kaum zu umgehen. Über **Feytiat** 🛏 ⛺ 🛒 erreichen Sie **Limoges**.

🚶 Vom Altstadtring gehen Sie links vom Hôtel de Ville/Mairie steil abwärts, dann laufen Sie rechts durch das Eisenbahnviadukt hindurch und überqueren die

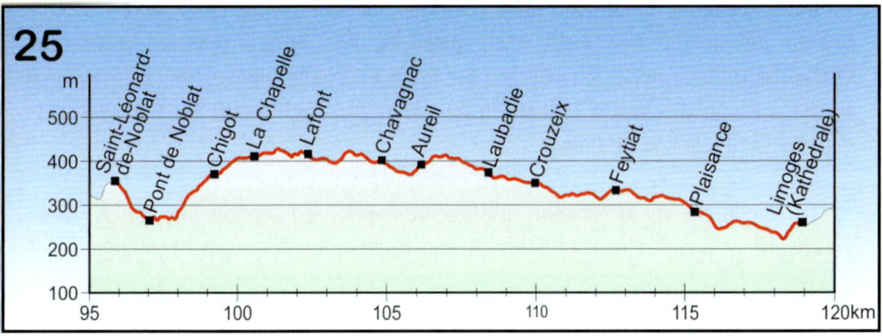

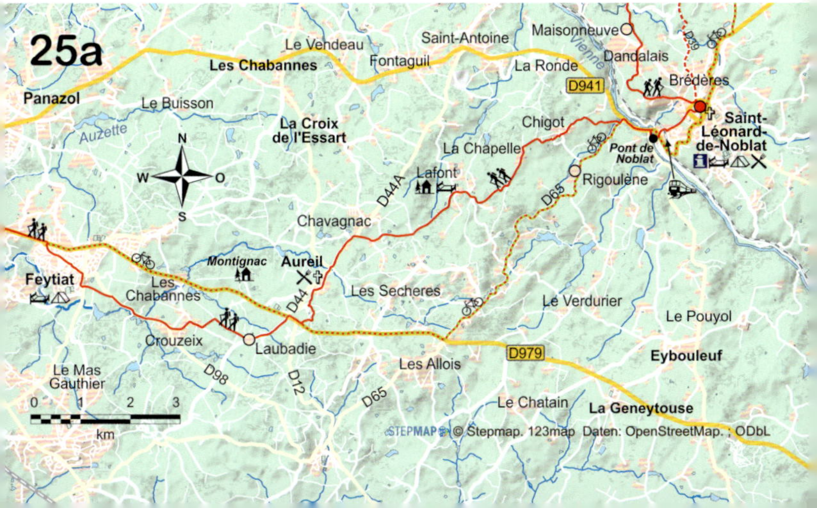

Hauptstraße. Auf der historischen Brücke aus dem 13. Jh. (Pont de Noblat) gehen Sie über den Fluss Vienne und danach rechts. Der Hauptstraße D941 folgen Sie nach links bis zum Ortsende. Kurz zuvor gehen Sie links auf die D65 Richtung Allois. Am Wegekreuz biegen Sie rechts ab und kommen nach **Chigot**, danach wieder auf eine Straße. Auf dieser laufen Sie durch **La Chapelle** (km 5) und nach **Lafont** (km 7).

Chambre d'hôtes Le Masbareau, Mme Boudet, ☎ 05 55 00 28 22 oder 06 10 20 08 39, Übernachtung ab € 59 (ab € 65 für 2 Personen), Gîte (4 Plätze) ab € 10, Abendmenü € 20. Das Chambre d'hôtes liegt etwa 300 m rechts vom Weg.

Bei Chavagnac gehen Sie links hinunter auf die D44a. Überqueren Sie die Brücke und steigen Sie danach nach **Aureil** (km 10) auf. (Die D44a führt am Ort vorbei.) Nach der Kirche biegen Sie links auf einen Feldweg ab. Sie gelangen an die stark befahrene D979. An dieser gehen Sie nach rechts bis zur Kreuzung mit der D44, dort nach links.

Wenn Sie in Montignac übernachten möchten, gehen Sie auf der D44 geradeaus weiter. Nach ca. 1,5 km zweigt rechts ein Weg nach Montignac ab.

Refuge pèlerin privé, M und Mme Morin, Montignac, ☎ 05 55 48 31 87, 15 Betten, Übernachtung € 25. (Es gab schon vereinzelte Beschwerden über die Sauberkeit der Herberge.)

Sie durchqueren **Laubadie** (km 11,5) und gehen 200 m nach dem Ort rechts auf einen Feldweg. Dieser führt Sie am nächsten Abzweig nach links und so kommen Sie durch **Crouzeix** (km 12,5). Im Ort biegen Sie nach links ab. Sie durchqueren ein Tal und steigen dann bis nach **Feytiat** an (km 15). An der Ampelkreuzung gehen Sie nach links und am Kreisverkehr geradeaus. Bei einem Supermarkt und einem weiteren Kreisverkehr führt der Weg nach links und an der D979 (Richtung Limoges) weiter.

Auf der Straße herrscht viel Verkehr, aber es gibt leider keine andere vernünftige Möglichkeit, als an ihr entlangzulaufen.

In Plaisance am ersten Kreisverkehr gehen Sie geradeaus, dann an der Bushaltestelle nach rechts in die Rue Fernand Malinvaud. Die Straße wird zum Feldweg und führt hinab, Sie überqueren einen Fluss und steigen durch Vorortstraßen wieder auf. An der N141 laufen Sie nach links über die Autobahn (verläuft hier im Tunnel) und danach nach rechts in die Avenue du Sabland. Diese führt Sie hinab zum Place de Compostelle.

Über die Pont St-Etienne erreichen Sie den Bezirk der Kathedrale von **Limoges**. Über die Rue des Allois, die Rue de la Haute Cité und die Rue Raspail geht es zum Place Wilson am Altstadtring.

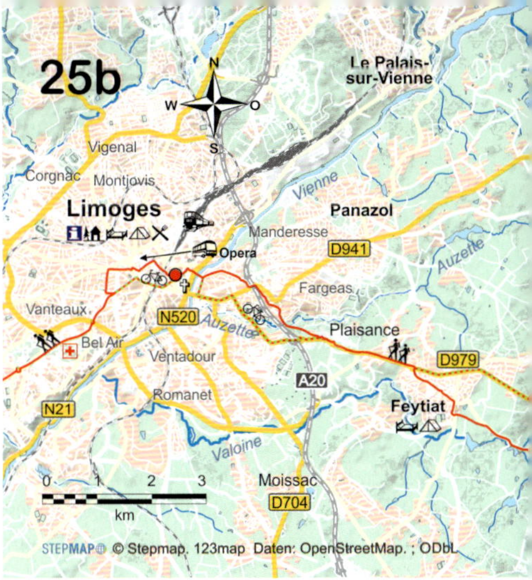

Limoges

⇧ 290 m, 87000, 233.970 Ew.

Office de tourisme, 12 Boulevard de Fleurus, ☏ 05 55 34 46 87, info@tourismelimoges.com, www.ville-limoges.fr

Sœurs Saint-François d'Assise, 1 Place Évêché (direkt an der Kathedrale), ☏ 05 55 05 02 48, 4 Betten, Übernachtung mit Frühstück € 18,50

♦ Maison Diocésaine, 15 Rue Eugène-Varlin, ☏ 05 55 30 39 79, 10 Zimmer, Übernachtung € 25, Frühstück (Mo-Fr) und Abendessen (Mo-Do) sind im angeschlossenen Restaurant möglich. Zu dem Gebäude gehen Sie vom Place Compostelle nicht über die Brücke, sondern in die Rue de Fontbonne. Das Gebäude liegt an der Ecke Rue de Fontbonne/Rue Eugène-Varlin.

✞ **Cathédrale Saint-Etienne** (auf Deutsch: hl. Stephanus) aus dem 13. Jh.

✞ **Église Saint-Michel-des-Lions** (14. Jh.). Gotische Hallenkirche mit dem Grab des heiligen Martial. Er kam im 3. Jh. ins Limousin, um dort das Evangelium zu verkünden, und war der erste Bischof von Limoges.

✞ **Église Saint-Pierre-du-Queyroix**. Die Kirche aus dem 13. Jh. wurde im 16. Jh. umgebaut.

⌘ **Crypte Saint-Martial**. Alte Krypta aus dem 9. Jh. Als der heilige Martial starb, wurde er außerhalb des heidnischen Friedhofs beigesetzt. Die Krypta ist der Rest eines Klosters, das über seinem Grab errichtet und ab 1790 wieder abgetragen wurde. Es war eine wichtige Pilgerstation auf dem Weg nach Santiago de Compostela.

⌘ Die alte Brücke, die **Pont Saint-Etienne**, gehört zu den ältesten erhaltenen Bauwerken entlang des historischen Pilgerweges nach Santiago auf der Via Lemovicensis.

⌘ **Le Musée des Beaux-Arts**. Das Museum im alten Bischofspalast (Palais de l'Évêché aus dem 18. Jh.) an der Kathedrale besitzt eine Emaille-Abteilung sowie ägyptische und frühgeschichtliche Abteilungen.

♦ 💻 www.museebal.fr, 🚪 1. April bis 30. Sep tägl. außer Di 9:30 bis 12:00 und 14:00 bis 18:00, 1. Okt bis 31. März tägl. außer Di und So 9:30 bis 12:00 und 14:00 bis 17:00, Eintritt € 5

⌘ **Musée national de la céramique Adrien Dubouché**. Porzellan- und Keramikmuseum

♦ Place Winston Churchill, ☎ 05 55 33 08 50, 💻 www.musee-adriendubouche.fr, 🚪 tägl. außer Di 10:00 bis 12:30 und 14:00 bis 17:40, Eintritt € 7

Der alte Bischofspalast Palais de l'Évêché

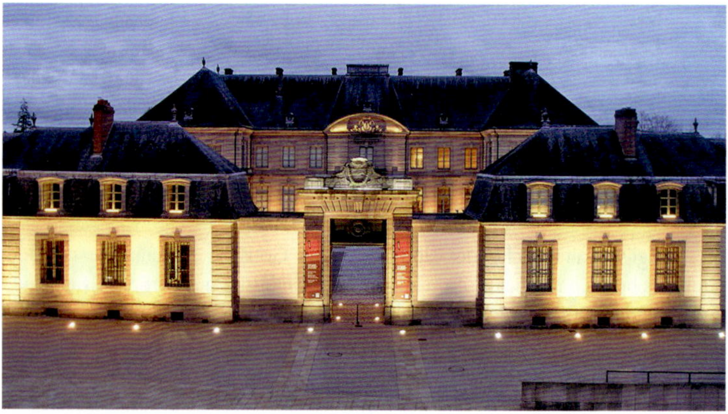

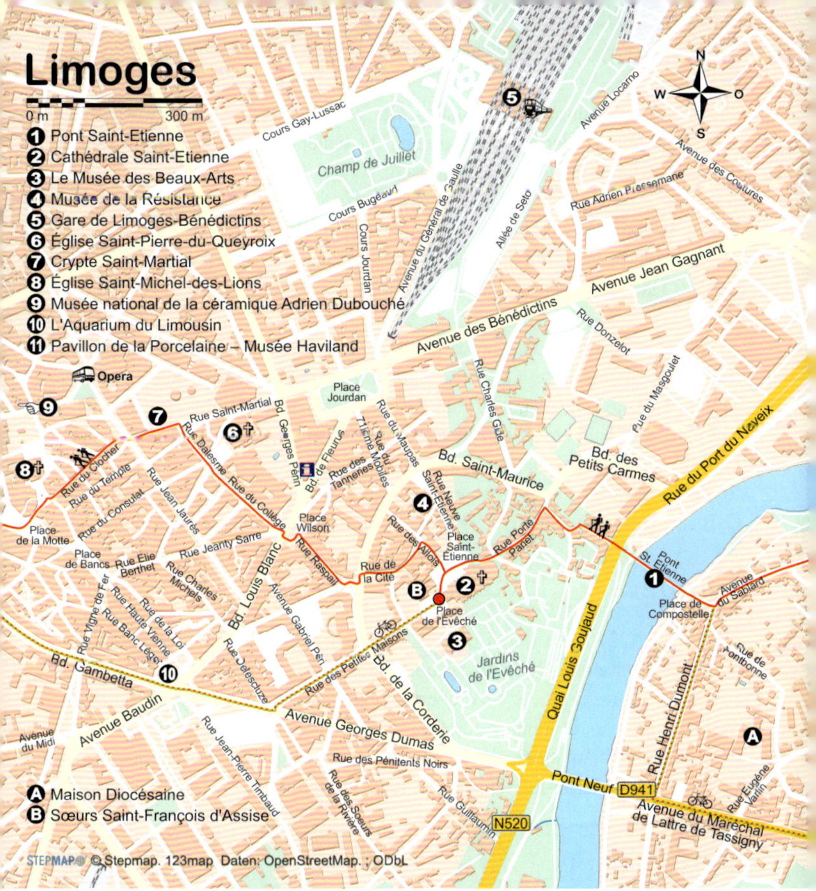

⌘ **Musée de la Résistance**. Das Museum ist in einem alten Klostergebäude untergebracht.

♦ 7 Rue Neuve Saint-Etienne, ☏ 05 55 45 84 44, tägl. außer Di 10:00 bis 18:00 (Sept bis Juni bis 17:00), Eintritt frei

⌘ **Pavillon de la Porcelaine – Musée Haviland**. Die Porzellanmanufaktur hat einen kleinen Ausstellungsraum.

♦ 40 Avenue du Président John Kennedy, ☏ 05 55 30 21 86, Mo bis Sa 10:00 bis 13:00 und 14:00 bis 18:30, Juli und Aug tägl. 10:00 bis 18:30, Eintritt frei

⌘ **Gare de Limoges-Bénédictins**. Der von Roger Gonthier entworfene Bau ist zum Wahrzeichen der Stadt geworden. Mit seinem 67 m hohen Turm zählt er zu den schönsten Bahnhöfen in Frankreich.

L'Aquarium du Limousin

♦ 2 Bd Gambetta, ☏ 05 55 33 42 11, aquariumdulimousin.com, tägl. 10:30 bis 18:00, Eintritt € 8,50

Limoges ist die größte Stadt an der Via Lemovicensis. Die Stadt präsentiert sich heute als moderne Großstadt. Im Mittelalter gab es hier zwei unabhängige Städte: La Cité um die Kathedrale herum und Le Château mit dem Kloster Saint Martial. Innerhalb der zwei Altstadtkerne konnte viel mittelalterlicher Charme bewahrt werden, der die Stadt sehenswert macht.

Limoges gehört heute zu den wenigen Städten in Frankreich, in denen noch O-Busse (*trolleybus*) fahren. Sie verkehren Montag bis Samstag auf fünf Linien.

Limoges – Flavignac 27,7 km

Die N21 führt durch das Tal der Vienne und hat viel Verkehr. Um diese auf einem größeren Abschnitt zu umgehen, können Sie mit dem Pilgerweg über die Höhe ausweichen, ☞ Wegbeschreibung oben. In **Mérignac** (km 9) fahren Sie nach links und hinunter zur N21. Auf den letzten 2 km lässt sich die N21 nicht umgehen. Auf ihr erreichen Sie **Aixe-sur-Vienne**. Von dort fahren Sie auf der D20 an **Saint-Martin-le-Vieux** vorbei nach Flavignac.

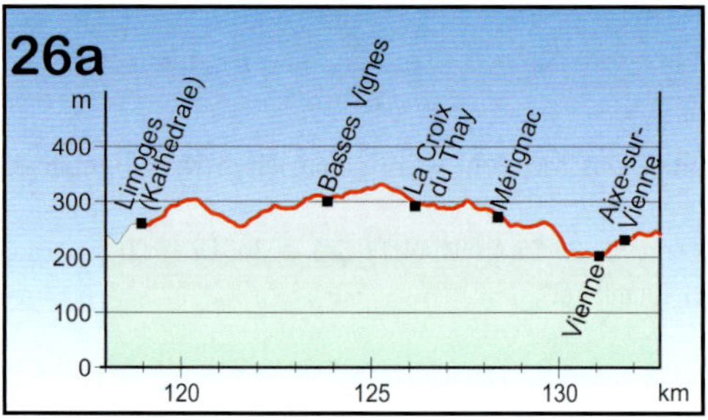

Von der Altstadt gehen Sie am Jardin d'Orsay vorbei zum Place des Carmes, dort links auf die Avenue Saint-Eloi, wieder links auf den Cours Jean Pénicaud, rechts auf die Rue Pétiniaud-Beaupeyrat und kurz danach links auf die Rue Pierre et Marie Curie. Sie können vom Altstadtring (Boulevard Gambetta) auch direkt die Rue Pétiniaud Beaupeyrat nehmen und von ihr dann

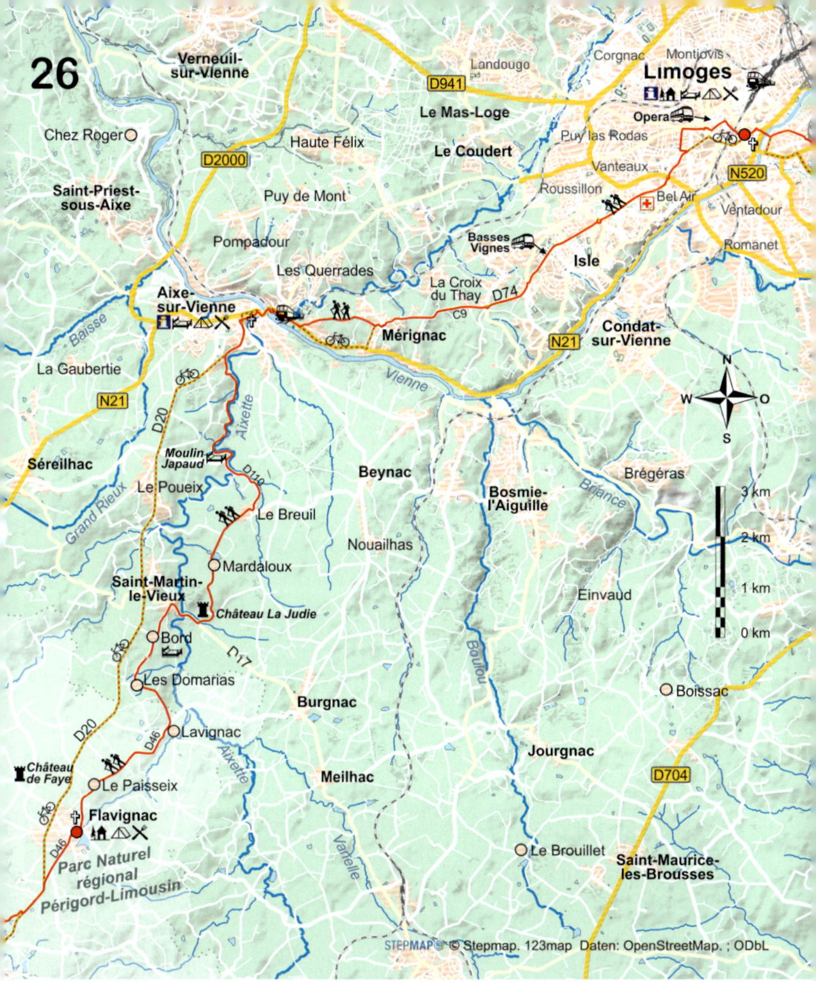

nach links auf die Rue Pierre et Marie Curie gehen. Nach 700 m überqueren Sie den Boulevard Bel Air.

Auf der Rue de Bourneville geht es an einem großen Krankenhauskomplex vorbei. Sie laufen dann immer geradeaus (Richtung „Stade des Bayles“). Auf der Avenue du Château gehen Sie weiter geradeaus (Richtung Mérignac) und kommen auf die Avenue des Basses Vignes.

☺ Sie können die Strecke auch um ca. 5 km abkürzen, wenn Sie (z. B. ab der Haltestelle „Opera") mit der Buslinie 12 bis zur Haltestelle „Isle Basses Vignes" fahren (Mo bis Fr etwa stündlich).

Am Kreisverkehr gehen Sie geradaus auf die D74 und auf der Höhe von La Croix du Thay dann geradeaus auf die C9 (die D74 führt nach links). In **Mérignac** (km 9) wenden Sie sich nach links und nach 300 m nach rechts in die Rue du Vignoble. Die Straße wird zu einem Fußweg. Sie kommen wieder zu einer Straße und gelangen geradeaus zur N21. Dort biegen Sie nach rechts ab.

Auf der Straße herrscht viel Verkehr.

Frühlingswiese zwischen Limoges und Flavignac

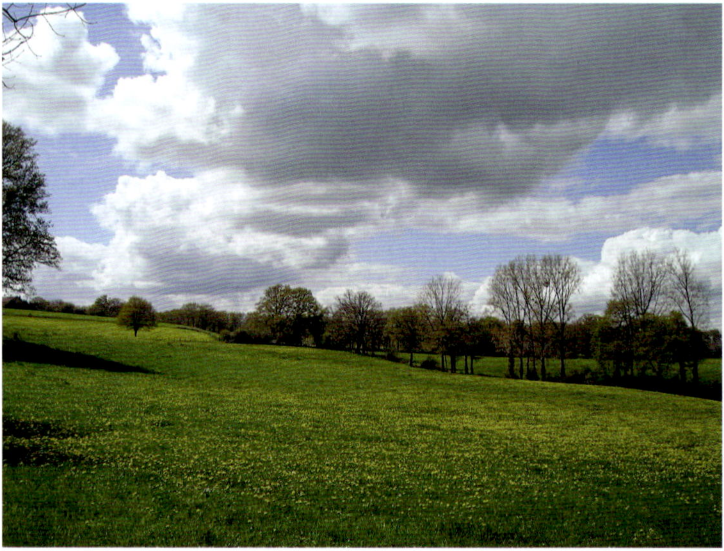

An der Straße entlang gehen Sie am Bahnhof vorbei, bis zur Brücke und dann über den Fluss Vienne nach **Aixe-sur-Vienne** (km 12). Nach der Brücke steigen Sie links die Treppen hoch zur Kirche.

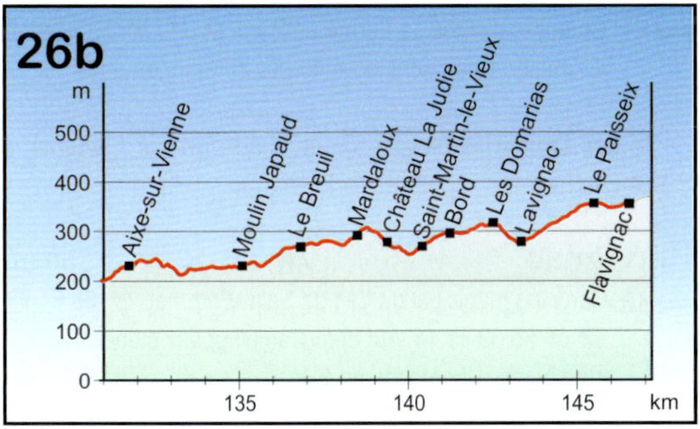

Aixe-sur-Vienne

🛈 🛏 ⛺ ✕ 🛒 🚆 ⇧ 204 m, ✉ 87700, 5.500 Ew.

🛈 Mairie, 44 Avenue du Président Wilson, ☎ 05 55 70 77 00, 💻 www.mairie-aixesurvienne.fr

♦ Office du tourisme du Val de Vienne, ☎ 05 55 70 19 71, 💻 www.ot-valdevienne.com

🛏 Hôtel-Restaurant Le Relais de la Diligence, 34 Avenue du Président Wilson, ☎ 05 55 70 34 47, 💻 lerelaisdeladiligence.wifeo.com, 9 Zimmer, Übernachtung ab € 38 (pro Zimmer), Frühstück € 6

Von der Kirche gehen Sie weiter auf die Avenue Jeanne et François Pichenaud (D20 Richtung Flavignac). Nach 600 m verlassen Sie die D20 nach links auf die Rue du Mas Neuf im Tal des Flusses Aixette. Sie kommen an der **Moulin Japaud** 🛏 (km 16) vorbei.

🛏 Chambre d'hôtes du Moulin Japaud, Mme Moreau, ☎ 05 55 70 47 09, 1 Zimmer, Übernachtung mit Frühstück € 50, für 2 Personen € 60, 3 Personen € 67, Abendmenü € 22

Nach der alten Mühle kommen Sie auf die D110 und gehen dort nach links. In **Le Breuil** biegen Sie nach rechts ab und wandern auf der kleinen Straße durch **Mardaloux**. Am Château La Judie vorbei erreichen Sie die Hauptstraße (D17). Dort befindet sich ein sehenswertes Kreuz. Hier biegen Sie nach rechts ab. Es geht nach **St-Martin-le-Vieux** (km 21). Im Ort laufen Sie nach links und kommen nach 400 m geradeaus durch **Bord** 🛏.

🛏 Chambre d'hôtes La Ferme de Bord, M und Mme Guindre, ☏ 05 55 39 19 84, 4 Zimmer, Übernachtung € 40 (für 2 Personen € 50)

In **Les Domarias** biegen Sie links ab und vor **Lavignac** erreichen Sie die D46. Auf ihr gehen Sie rechts nach Flavignac.

Flavignac 360 m, 87230, 960 Ew.

Camping municipal du Lac de Saint-Fortunat, ☏ 06 81 98 62 16 oder Mairie: ☏ 05 55 39 11 14. Auf dem Campingplatz stehen kleine Bungalows zur Übernachtung bereit (Übernachtung € 10).

Refuge pèlerin privé, M und Mme Christopher Wykes, Le Dognon 8, ☏ 05 55 38 62 90, 2 Betten, Kochmöglichkeit, Übernachtung mit Frühstück € 11. Die Herberge liegt rund 2 km hinter Flavignac. Um sie zu erreichen, gehen Sie durch Flavignac durch. Bevor Sie auf die D20 stoßen, biegen Sie nach links ab. Die kleine Straße führt Sie nach Le Dognon. (Am nächsten Tag können Sie direkt nach Les Cars laufen, ohne zurück nach Flavignac zu müssen.)

⌘ **Château de Faye** aus dem 18. Jh.

Flavignac – La Coquille 28,5 km

Sie fahren auf der D46 und der D20 nach **Les Cars** und auf der D15 von Les Cars nach **Châlus**. Von Châlus nehmen Sie die D901 Richtung Bussière-Galant, 2 km vor dem Ort biegen Sie auf die D42 ab und fahren über **Arsac** nach Bussière-Galant-Gare. Dort biegen Sie nach rechts auf die D67 ab und erreichen über **Saint-Pierre-de-Frugie** und **Sainte-Marie-de-Frugie** den Ort **La Coquille**.

Sie wandern auf der D46 weiter. An der D20 biegen Sie nach links ab. An einer kleinen Fabrik können Sie sie verlassen. Dazu gehen Sie nach rechts und an der nächsten Kreuzung nach (schräg) links. Der Weg führt Sie am Friedhof vorbei nach **Les Cars** (km 4).

🛏 Hôtel-Restaurant Le Relais des Cars, ☏ 05 55 36 90 06, 9 Zimmer, Übernachtung € 50 (pro Zimmer), Frühstück € 6

Sie verlassen den Ort und biegen nach rechts auf die D21 (Richtung Gorre) ab, nach 600 m nach links auf die C2 (Richtung Pageas). Sie durchqueren

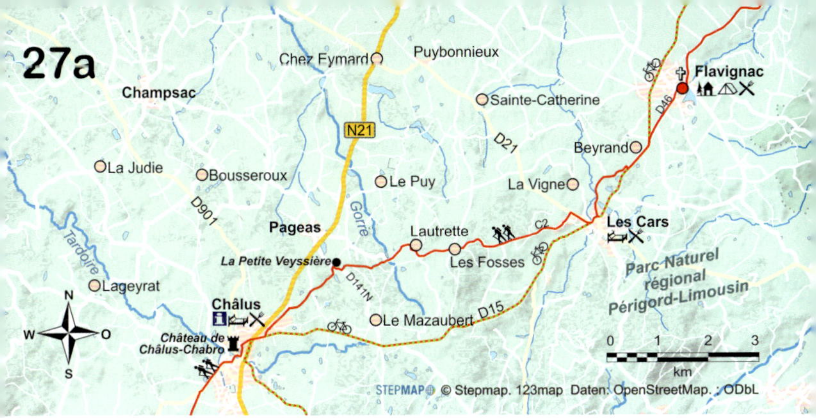

Lautrette (km 7). 800 m hinter dem Ort liegt auf der rechten Seite ein Teich. Die Straße macht eine Kurve nach rechts und Sie verlassen sie auf einem Waldweg geradeaus bergan. Nach 200 m gehen Sie nach rechts und gleich wieder links. An der Straße (D141) laufen Sie ebenfalls nach rechts und nach 200 m gleich wieder nach links auf einen Waldweg.

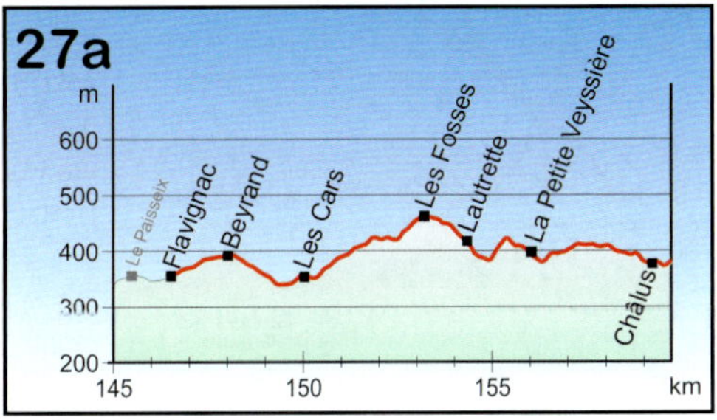

Sie laufen parallel zur N21 weiter und erreichen so schließlich Châlus (km 13,5).

Châlus 87320, 1.610 Ew.

Office du tourisme, 28 Avenue François Mitterrand, ☏ 05 55 58 28 44, www.tourisme-nexon-chalus.fr

Hôtel-Restaurant l'Escale Gourmande, 41 Avenue Francois Mitterand, ☏ 05 55 78 59 596 Zimmer, Übernachtung ab € 42 (für 2 Personen ab € 51), Frühstück € 6,50

♦ Hôtel-Restaurant du Centre, 8 Place de la Fontaine, ☏ 05 55 78 41 61, 4 Zimmer, Übernachtung ab € 48 (inkl. Frühstück)

♦ Hôtel-Restaurant Auberge Richard Cœur de Lion, 29 Avenue Jean Jaurès, ☏ 05 55 78 43 42, 6 Zimmer, Übernachtung ab € 40 (pro Zimmer), Frühstück € 6

⌘ **Château de Châlus-Chabro**. Die Burg liegt hoch überhalb von Châlus.
♦ ☏ 05 55 31 88 88, Anfang Juli bis Ende Aug tägl. außer Mo 10:30 bis 12:30 und 14:30 bis 18:00, Eintritt € 7

Bei der Belagerung der strategisch bedeutenden Burg Châlus wurde 1199 Richard Löwenherz verwundet. Der französische Prinz und englische König wurde von einem vergifteten Pfeil aus einer Armbrust getroffen und starb wenige Tage später im Alter von 41 Jahren an Wundfieber. Die Legendenbildung setzte schon zu seinen Lebzeiten ein und wurde nach seinem Tode noch verstärkt. In der englischen Geschichtsschreibung erscheint er oft als Idealfigur des ritterlichen und weisen Herrschers. Die Artussage, die auf die militärischen Erfolge Richards zurückgeht, trug ebenso zur Legendenbildung bei wie die Geschichten um Robin Hood, die zur Zeit der Herrschaft Richards spielen.

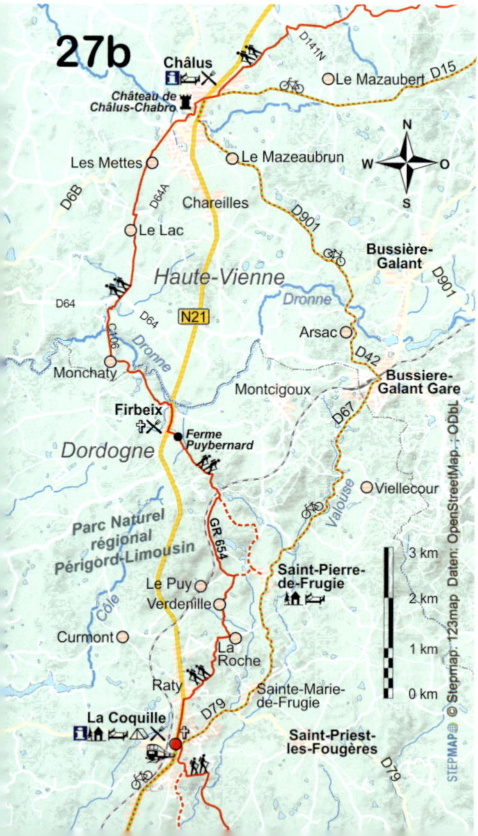

⌘ **Château de Châlus-Maulmont**. Die ehemalige Burg wurde von Géraud de Maulmont, Berater der Vizegräfin von Limoges, Margarete von Burgund, 1280 erbaut. Die Burg wurde 1790 zerstört, die Überreste wurden dann als Gefängnis genutzt. Aus der Siedlung, die um diese Burg entstand, wurde das heutige Châlus.

Von Châlus gehen Sie auf der D6 (Richtung Dournazac) weiter. Sie laufen unter der alten Eisenbahnbrücke hindurch und dann geradeaus. Nach 500 m gehen Sie nach links (Richtung Les Mettes). Weiter geradeaus nehmen Sie einen Weg, der nach 1 km wieder eine Straße erreicht (D64a). An der T-Kreuzung gehen Sie geradeaus auf den Wanderweg. Nach 600 m wird wieder eine Straße erreicht (C106), auf dieser biegen Sie nach links ab und kommen nach **Monchaty** (km 18). Dort gehen Sie erneut nach links. Sie überschreiten die Departementsgrenze zwischen Haute-Vienne und Dordogne.

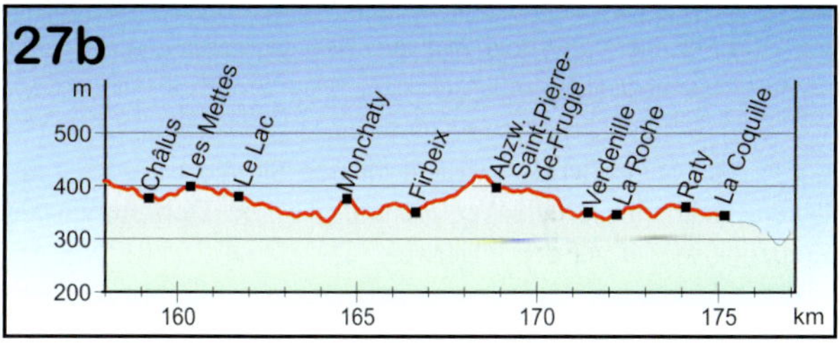

☺ Inzwischen laufen Sie wieder auf dem GR 654 und können sich bis La Coquille auch an die rot-weiße Markierung halten.

Mit dem Departement Dordogne betreten Sie auch das Périgord. Das Périgord wird auf malerische Weise nach vier Farben eingeteilt: das Périgord blanc (weiß) aufgrund des hellen Kalksteinplateaus um Périgueux, das Périgord noir (schwarz) mit seinen dunkelgrauen Felsen um Sarlat und das Périgord vert (grün) mit seinen üppigen grünen Wäldern. Das Périgord pourpre (purpurrot) um Bergerac ist allerdings eine Erfindung der Tourismusmanager, die den Rotwein als Farbgeber auserkoren haben.

An der N21 entlang gehen Sie rechts weiter nach **Firbeix** ✕ 🛒 (km 20).

✋ Viel Verkehr!

☺ Ein Hinweisschild an einer Sitzbank gibt an, dass es von Firbeix noch 1.240 km nach Santiago de Compostela sind.

Im Ort, auf der Höhe eines Restaurants (nach der Kirche), gehen Sie nach links. Nach 300 m durchqueren Sie den Bauernhof Ferme Puybernard auf einem Feldweg. An der Kreuzung gehen Sie geradeaus den Berg hoch. Mit einer Straße überqueren Sie die Bahnlinie und gehen nach dem Bahnübergang rechts auf dem Waldweg weiter.

Wenn Sie in Saint-Pierre-de-Frugie übernachten möchten, laufen Sie hier die Straße weiter. An der T-Kreuzung rechts kommen Sie in den Ort (km 25).

Refuge pèlerin municipal, Aire de dénte, ☏ 06 79 86 20 61, Übernachtung € 12

Hôtel-Bar Le Saint-Pierre, ☏ 05 53 62 59 11, 3 Zimmer, Übernachtung € 40 (für 2 Personen). Das Hotel wird von einem englischen Ehepaar betrieben und gewährt Pilgerrabatt für das Abendessen (€ 12).

☺ Von Saint-Pierre-de-Frugie müssen Sie nicht zurück zum Bahnübergang laufen. Nehmen Sie den Weg Richtung Le Puy. Dort stoßen Sie an der ersten Kreuzung wieder auf den Pilgerweg.

Privat angebrachter Wegweiser zwischen Flavignac und La Coquille

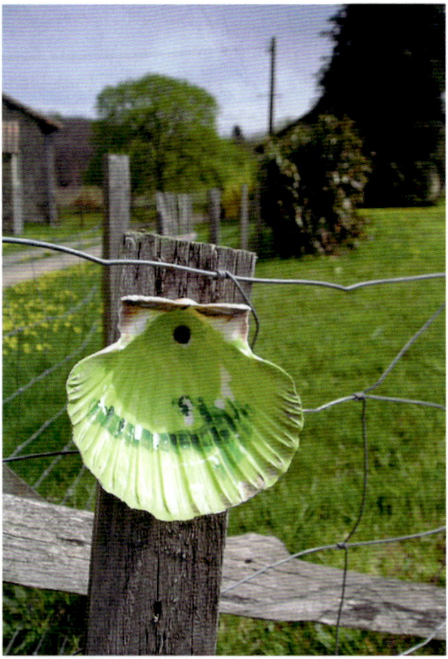

Auf einem schönen Waldweg wandern Sie zunächst parallel zur Bahnstrecke. Der Weg stößt auf eine Straße. Dort gehen Sie nach links und nach rund 100 m wieder nach rechts. Der Weg führt über **Verdenille** nach **La Roche** und stößt dort auf eine T-Kreuzung, an der Sie nach rechts abbiegen. Die Straße verläuft zunächst am Waldrand entlang. Nach rund 200 m führt der Weg nach links weg.

Durch Wald, über Wiesen und durch eine Senke erreichen Sie die ersten Häuser von La Coquille. Sie stoßen auf die Hauptstraße (N21) an der Touristeninformation (mit einem Wandbild über die Jakobswege). Dort gehen Sie nach links und kommen nach etwa 1 km an den Place Saint-Jacques mit der Kirche von **La Coquille**.

La Coquille

⇧ 340 m, ✉ 24450, 1.400 Ew.

Mairie, ☏ 05 53 52 80 56, www.mairie-delacoquille.com

Refuge pèlerin municipal associatif „Voie de Vézelay", Impasse Saint-Jean, ☏ 05 53 52 64 25, 6 Betten, Übernachtung € 10, Abendessen und Frühstück € 10, 15. März bis 15. Okt ab 16:00. Die schöne Pilgerherberge liegt in einer Seitengasse und ist vom Platz hinter der Kirche ausgeschildert.

Hôtel-Restaurant Les Voyageurs, 12 Rue de la République, ☏ 05 53 52 80 13, www.hotelvoyageurs.fr, 13 Zimmer, Übernachtung ab € 72 (pro Zimmer), Frühstück € 12

Der Ortsname **La Coquille**, „die Muschel", spielt auf die Jakobsmuschel an, die Pilger früher hier bekommen haben. Allerdings heißt der Ort erst seit 1856 La Coquille. Davor trug er den Namen Sainte-Marie-de-Frugie.

Der offizielle (historische) Weg führt nun über Thievers und Negrondes nach Sorges. Die Strecke ist 18 + 19 = 37 km lang. Wer auf einen Aufenthalt in Thiviers verzichten möchte, kann, indem er meist direkt über die „Route Napoleon" (vor allem geteerte Straße) läuft, die Strecke etwas verkürzen (31 km).

Offizieller Weg Teil 1: La Coquille – Thiviers 18,2 km

Zwischen La Coquille und Thiviers benutzen Sie die viel befahrene N21. Es gibt keine geeignete Nebenstraße, die parallel zur N21 verläuft.

Auch auf dieser Etappe begleitet Sie die rot-weiße Markierung des GR 654.

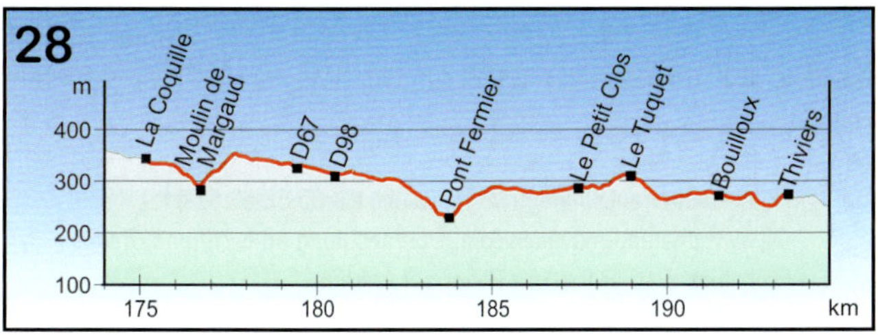

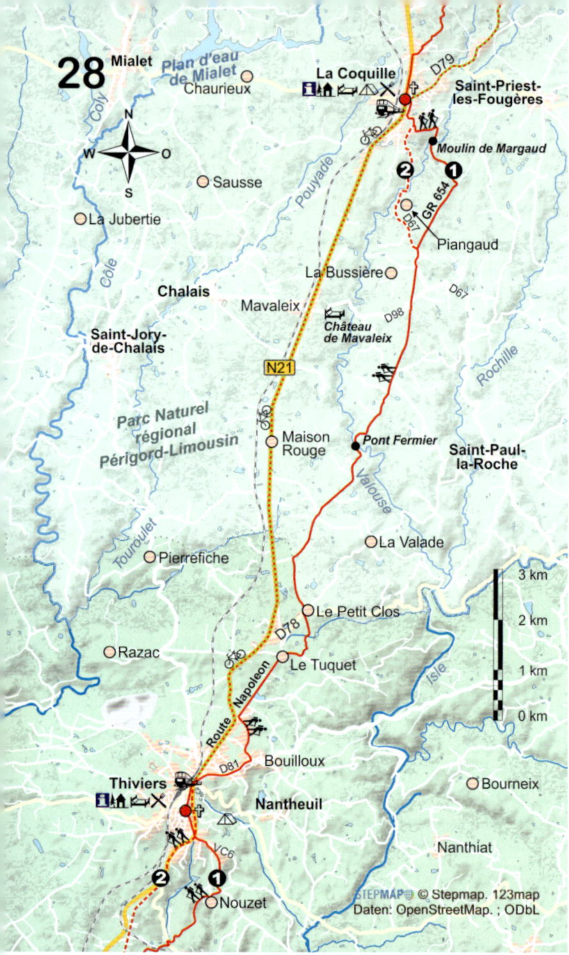

Von der Kirche gehen Sie über die Rue la Boétie bis zur D67 und dort nach links (Richtung Saint-Paul-la-Roche). Nach 300 m verlassen Sie die D67 nach links (Route du Moulin de Margaud), wandern an der Mühle vorbei und durch den Wald hoch. Am Waldrand laufen Sie nach rechts und kommen nach rund 1,5 km wieder auf die Straße D67, die Sie 300 m weiter wieder verlassen. Dort geht es rechts nach **La Bussière**. Sie wenden sich schräg rechts auf einen Feldweg, der geradeaus als alte Route Napoleon nach Süden führt. Der Weg trifft nach 600 m auf eine geteerte Straße. Dort können Sie rechts hinunter zum **Château de Mavaleix** 🛏 (Privatbesitz) wandern. Der Weg nach Thiviers führt geradeaus weiter.

🛏 Hôtel-Restaurant Château de Mavaleix, ☏ 05 53 52 82 01, 💻 www.chateau-mavaleix.com, Übernachtung ab € 75 (pro Zimmer), Frühstück € 15, Rabatt für Pilger auf Anfrage

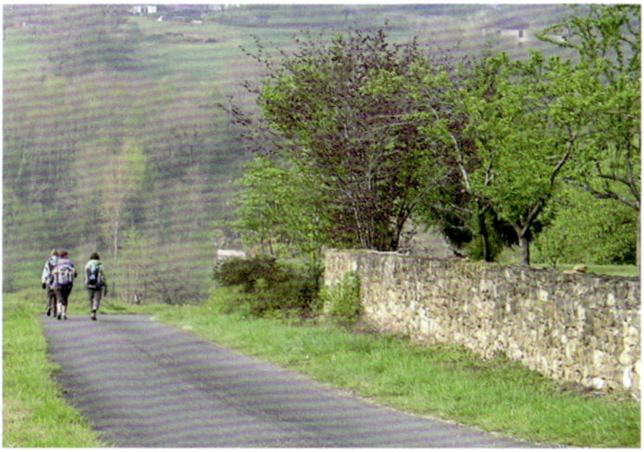

Weg bei Thiviers

An der nächsten Kreuzung (rechts Holzwartehalle) gehen Sie weiter geradeaus. Von nun an ist es wieder eine geteerte Straße, auf der Sie wandern. Sie führt hinunter zur **Pont Fermier** (km 9) und auf der anderen Seite des Flusses wieder hinauf. Kurz bevor Sie die N21 erreichen, gehen Sie nach links. In **Petit Clos** laufen Sie geradeaus in den Feldweg, die D78 überquerend. Am Ende des Feldwegs biegen Sie nach rechts ab und nach 400 m wird bei **Le Tuquet** die Route Napoleon erreicht. Auf dieser biegen Sie nach links ab. **Thiviers** ist ausgeschildert.

⌘ Die **Route Napoleon** ist eine schnurgerade Straße, die sich wie ein Strich durch die Landschaft zieht. Sie gehört zu den Heerstraßen, die Napoleon anlegen ließ.

Bevor die Route Napoleon die N21 erreicht, laufen Sie nach links durch ein Neubaugebiet. Am Ende der Bogenstraße gehen Sie wieder nach links und in **Bouilloux** (km 17) biegen Sie an der Vorfahrtsstraße D81 rechts ab. Am Kreisverkehr Saint-Roch (am Kreuz von Saint Roch) gehen Sie Richtung Zentrum geradeaus in die Rue Général Lamy. So erreichen Sie die Innenstadt von **Thiviers**.

Thiviers ⇧ 276 m, 24800, 3.260 Ew.

Office de tourisme, 8 Place du Maréchal Foch, ☏ 05 53 55 12 50, thiviers.fr

Hérbergement pèlerin am Camping municipal, ☏ 05 53 52 69 75. Die Schlüssel gibt es am Platz oder bei der Tourismusinformation. Es handelt sich um einen kleinen Bungalow (mit Küche), 4 Betten, Übernachtung € 10. Der Campingplatz liegt unterhalb der Altstadt ca. 1 km entfernt. Von der Touristeninformation an der Kirche gehen Sie nach rechts in die Rue Jean Jaurès und nach links in die Rue de la Mourenne. Sie müssen die Hauptstraße überqueren und den Chemin rural hinuntergehen.

Les Chonches, Mme Cordier, 38 Avenue de Verdun, ☏ 05 53 55 28 31, Übernachtung mit Frühstück € 50 (2 Personen € 60). Die Aveneue de Verdun zweigt vom Kreisverkehr nach rechts ab.

⌘ **Musée „La Maison du Foie Gras"** (Gänselebermuseum). Thiviers gilt als Hauptstadt der Gänseleber im Périgord vert.

♦ 8 Place Maréchal Foch, ☏ 05 53 55 12 50, Mo bis Fr 9:00 bis 13:00 und 14:00 bis 18:00, Sa 9:00 bis 13:00 und 15:00 bis 18:00, So 10:00 bis 13:00 und 14:00 bis 18:00, Eintritt ab € 3

☺ Der französische Philosoph und Schriftsteller Jean-Paul Sartre (1905-1980) verbrachte bis zum Alter von sechs Jahren seine Kindheit in Thiviers, die er aber in schlechter Erinnerung hatte. Er beschreibt die Stadt in seinem Werk „Les Mots" („Die Wörter") auf nicht gerade liebevolle Weise und besuchte Thiviers nach seiner Schulzeit nie wieder.

Weg zwischen La Coquille und Thiviers

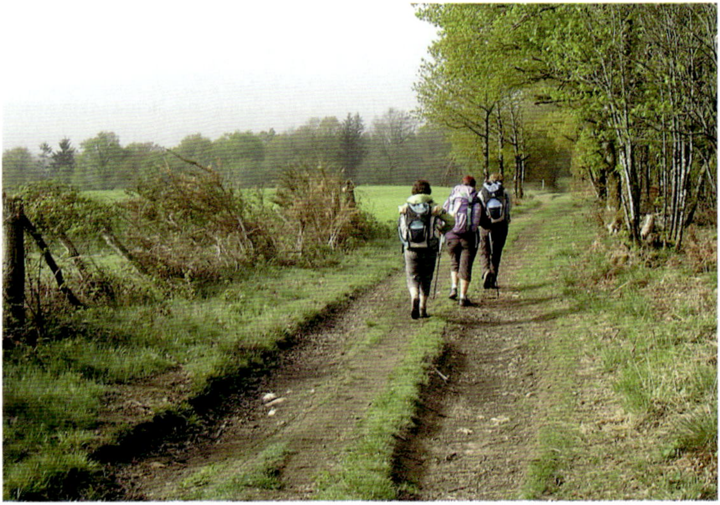

Offizieller Weg Teil 2: Thiviers – Négrondes 13,6 km

🚲 Sie verlassen Thieviers auf der N21 und fahren rund 1 km an der stark befahrenen N21 entlang, bis die D76 (Richtung Corgnac) nach links abzweigt. Dort fahren Sie in die mittlere Straße (über **Les Chatignoles, Labaurie**) und sind

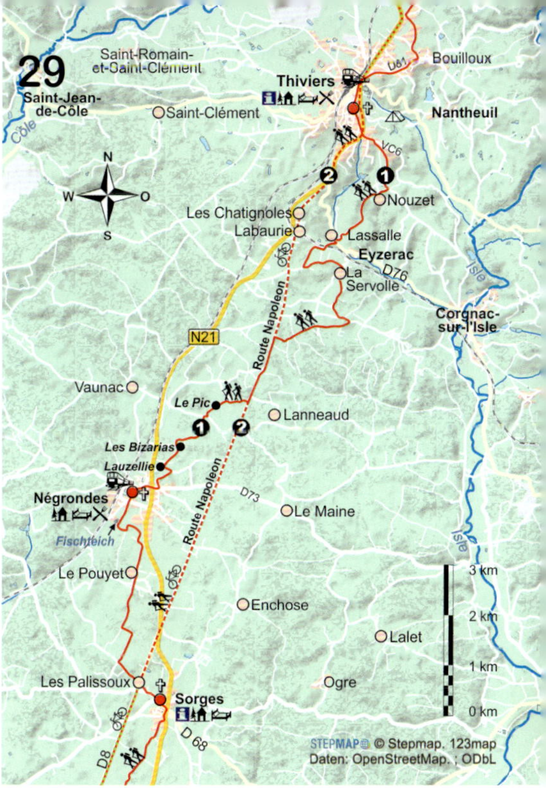

auf der Route Napoleon. Sie folgen der Straße, die Sie wie ein Strich in der Landschaft nach Süden führt. Nach rund 6,5 km queren Sie die D73. Dort können Sie nach rechts Richtung **Nègrondes** abbiegen. Rund 2 km vor Sorges überquert die Route Napoleon die N21, danach wird die Straße zur D8 und es herrscht wieder mehr Verkehr. In **Les Palissoux** haben Sie den Pilgerweg wieder erreicht und biegen mit ihm nach links ab, um nach Sorges zu gelangen.

Von der Touristeninformation folgen Sie der Rue Jean Jaurès nach rechts. Am Jakobuskreuz stößt der Weg auf die N21, diese überqueren Sie gerade. Auf der VC6 gehen Sie zunächst Richtung Corgnac und nach etwa 1 km biegen Sie nach rechts ab. Kurz danach nehmen Sie einen schmalen Pfad, der nach rechts führt. Zunächst steil bergab, aber nach wenigen Metern wieder eben führt er unterhalb der Häuser entlang. Nach rund 1 km stößt der Pfad wieder auf eine Straße und Sie haben **Nouzet** erreicht. Hier gehen Sie kurz nach links, dann aber nach rechts weiter. In **Lassalle** überqueren Sie die D76, gehen nach links und gleich wieder nach rechts. Nach der Unterführung unter der aufgelassenen Bahnstrecke geht es links wieder von der Straße weg. Oben angekommen stößt der Weg auf eine Straße. Dort gehen Sie links bis nach **Servolle** und dann auf einem Feldweg weiter. Bei der nächsten Straße laufen Sie wieder kurz nach links und dann nach rechts auf einen Feldweg. Über Feldwege und durch Wald erreichen Sie die Route Napoleon. Dort gehen Sie nach links. Nach fast 2 km zweigt ein

Weg nach links nach Lanneaud ab. Hier bleiben Sie noch auf der Route Napoleon und biegen nach wenigen Metern nach rechts ab. An den landwirtschaftlichen Anwesen **Le Pic, Les Bizarias** und **Lauzellie** vorbei verläuft der Weg etwas im Zickzack. Sie überqueren die Hauptstraße N21 (✋ viel Verkehr) und kommen so an der Kirche vorbei nach **Négrondes**.

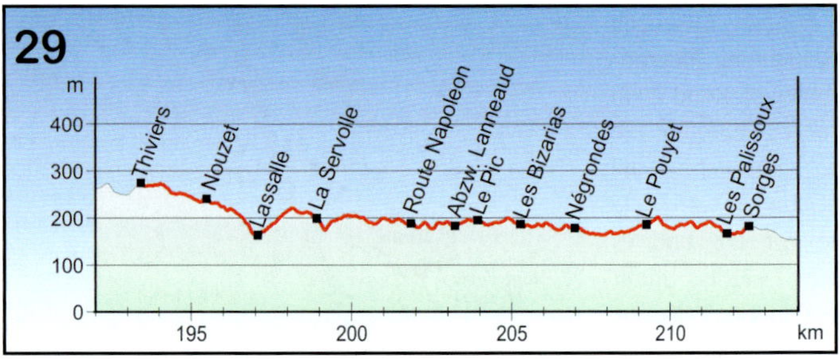

Negrondes ⇧ 180 m, ✉ 24460, 832 Ew.

Private Pilgerherberge, M und Mme Therasse, ☏ 06 84 17 19 48, 5 Betten, Übernachtung mit Frühstück € 25, Abendessen € 15. Die Herberge liegt direkt am Weg.

Offizieller Weg Teil 3: Négrondes – Sorges 5,6 km

Der Weg führt Sie aus dem Ort heraus und über einen Feldweg. Nach einem Fischteich geht es nach links, an der nächsten Kreuzung wieder nach links und der Weg führt mit einer Rechtskurve um ein Haus herum und über Felder. An der nächsten T-Kreuzung wenden Sie sich nach links und bei den Häusern nach rechts. Sie durchqueren **Le Pouyet** und gehen auch danach immer geradeaus weiter. Nach rund 1 km durchqueren Sie ein Waldstück und gehen danach nach links, denn der Weg geradeaus endet nach wenigen Metern auf dem Feld. Dieses Feld umgehen Sie, indem Sie an der nächsten Möglichkeit wieder nach rechts gehen. Nach der Durchquerung eines Hofs erreichen Sie erneut eine Straße und wenden sich dort nach links. Die Hauptstraße (D8) überqueren Sie bei den Häusern von Les Palissoux geradeaus und nach 800 m haben Sie die Kirche in **Sorges** erreicht.

Direkter Weg: La Coquille – Sorges 31 km

Je nach Tageszeit kann auf den Straßen viel Verkehr herrschen.

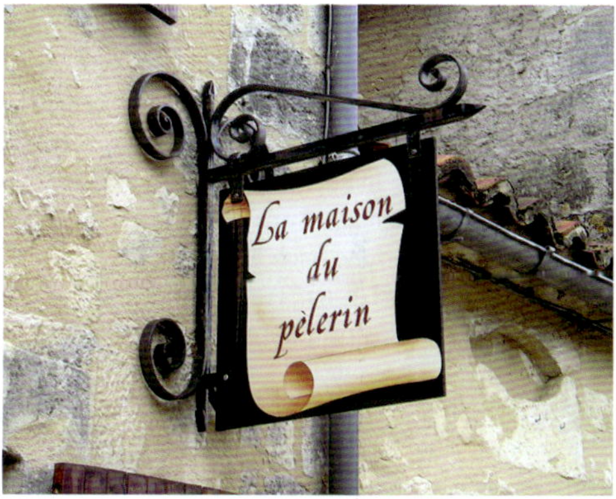

Pilgerherberge in Sorges

Sie bleiben nach La Coquille bis zur Kreuzung mit dem Wanderweg bei La Bussière auf der D67. Dort folgen Sie dem Wanderweg bis Thieviers. Ich empfehle, den Schlenker über **Boullioux** entlang des Wanderwegs zu laufen und hier nicht auf der Route Napoleon zu bleiben, da die N21 sehr stark befahren ist. Ab Thieviers folgen Sie der oben beschriebenen Radroute (☞ Offizieller Weg Teil 2), um nach Négrondes und Sorges zu gelangen.

Sorges

177 m, 24540, 1.300 Ew.

Office de tourisme, ☏ 05 53 05 90 11, www.sorges-perigord.com

Refuge pèlerin municipal „Voie de Vézelay", Square Roger François, an der Kirche, ☏ 05 53 35 31 68, 6 Betten, Übernachtung und Frühstück € 10, Abendessen € 10, ab 16:00

Chambre d'hôtes Le tilleul de Lila, M und Mme Valentini, Rue Paul Carreau, ☏ 05 53 05 05 08 oder 06 84 08 13 20, 7 Betten, Übernachtung für 2 Personen € 40, Frühstück € 5

⌘ **Ecomusée de la Truffe** (Trüffelmuseum). Sorges bezeichnet sich als Hauptstadt des Trüffels (*capitale de la truffe*).

♦ Le Bourg, ☏ 05 53 05 90 11, Okt bis Juni tägl. außer Mo 10:00 bis 12:00 und 14:00 und 17:00, Juni bis Sept 9:30 bis 12:30 und 14:30 bis 18:30, im Juli und Aug ohne Mittagspause, Eintritt € 5

Sorges – Périgueux 22,5 km

Sie fahren von Sorges über die D8 nach Périgueux.

Zunächst gehen Sie ein kleines Stück auf der Rue Paul Carreau und nach 100 m rechts ab auf den ausgeschilderten Wanderweg nach Bizol (*sentier no. 4 et 5*). Dort wenden Sie sich nach links und gleich wieder nach rechts und biegen dann nach links ab. Der Weg führt Sie zunächst an die N21 und dann wieder von ihr weg. Zusammen mit der rot-weißen Markierung führt der Weg über **Fonniovas** durch den Forêt Lanmary. Nach dem Forsthaus gehen Sie einen steilen Berg hinunter und an der Straße nach links. Am nächsten Abzweig biegen Sie rechts ab und der Weg führt Sie am Wanderparkplatz vorbei wieder in den Wald. Dort erreichen Sie den Rastplatz (*area piquenique*) am Croix du Rat.

Hier trennen sich die rot-weiße Markierung und der ausgeschilderte Pilgerweg.

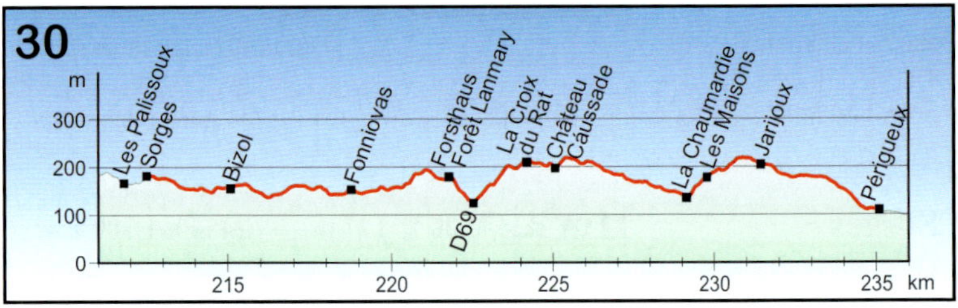

Nach wenigen Metern führt die rot-weiße Markierung geradeaus, während Sie nach rechts abbiegen. Sie folgen dem Pilgerweg und kommen am Château Cáussade (Privatbesitz) vorbei. Dort gehen Sie nach rechts und stoßen nach etwa 1 km wieder auf eine Straße. Diese überqueren Sie gerade (d. h., Sie müssen wenige Meter nach rechts gehen, bevor Sie links wieder auf einen Waldweg abbiegen). Am Waldrand stoßen Sie auf die ersten Häuser von **La Chaumardie**. Sie wandern geradeaus weiter und an der Straße rechts den Berg hoch.

Hier treffen Sie noch einmal auf die rot-weiße Markierung. Bitte ignorien Sie diese, denn der GR 654 führt in einem großen Bogen nach Périgueux.

Hier müssen Sie für rund 1 km an der Straße entlang ansteigen.

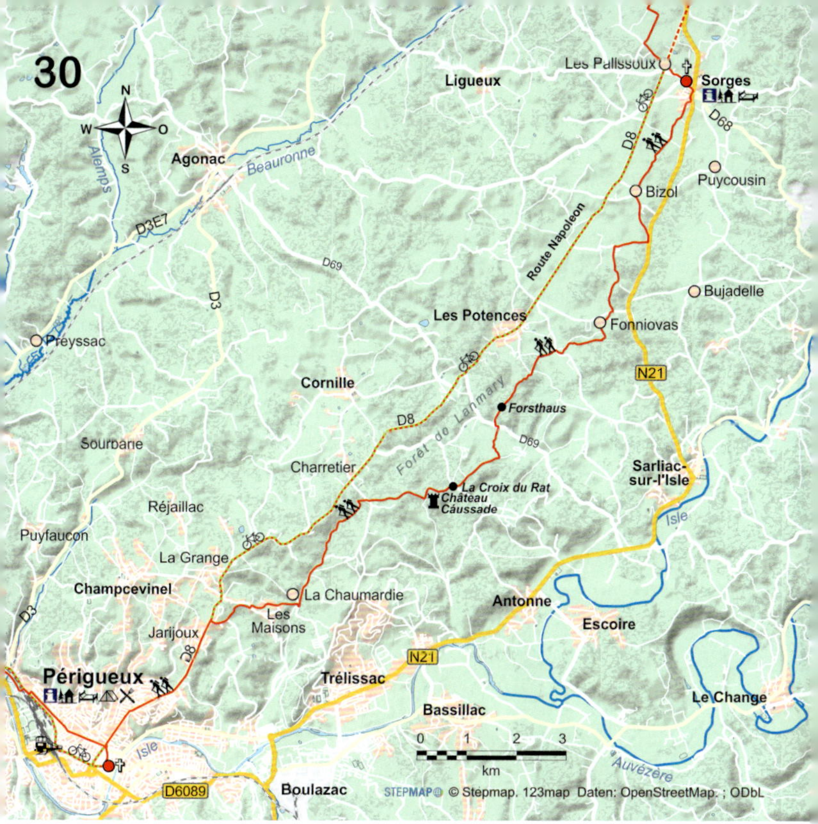

Auf der Höhe, am Ende der Siedlung, gehen Sie nach links und nach 100 m am Abhang nach rechts. Auf einem schönen Waldweg gelangen Sie in einer Linkskurve wieder zu einer Straße.

Auf dieser gehen Sie geradeaus weiter, nach 300 m gelangen Sie an die D8 und laufen nach links.

Die nächsten 2,5 km müssen Sie an der viel befahrenen Straße entlanglaufen. Diese führt direkt nach Périgueux.

Die Stadt erreichen Sie über die Avenue Georges Pompidou. Am Place Yves Guéna geht es über die Rue Limogeanne in die Altstadt von **Périgueux**.

Périgueux

🛈 🏠 🛏 ⛺ ✕ 🛒 ⚕ 🚆 📯 ⇧ 90 m, ✉ 24000, 30.200 Ew.

🛈 Association des Amis de Saint-Jaques du Limousin-Périgord, 8 Rue de la Constitution, ☏ 05 53 35 32 72, 🚪 Fr 14:30 bis 18:00, 💻 www.compostelle-limousin-perigord.fr

♦ Office de tourisme, 9 Place du Coderc, ☏ 05 53 53 10 63, 💻 www.tourisme-perigueux.fr und www.ville-perigueux.fr

🏠 Refuge pèlerin assiociatif, 83 Rue Gambetta, ☏ 06 76 92 12 52, 8 Betten, Übernachtung mit Frühstück € 15, 🚪 15. März bis 15. Okt, 15:00 bis 18:00. Die Herberge befindet sich im ersten Stock eines Hauses und liegt in der Nähe des Bahnhofs bei der Kirche Saint Martin.

♦ In der Stadt gibt es Privatpersonen, die gerne Pilger aufnehmen (Übernachtung € 15, meist wird Abendessen angeboten). Dies sind u. a. Mme Voisin (8 Allee d'Aquitaine, ☏ 05 53 35 90 24), Mme Palfreyman (1 Rue de l'Alma, ☏ 05 53 05 38 20), Mme Lachal (12 Rue du Docteur Calmette, ☏ 05 53 53 01 15), M und Mme de Corn (☏ 09 52 68 32 18) und Mme Bertin (☏ 05 53 09 81 46).

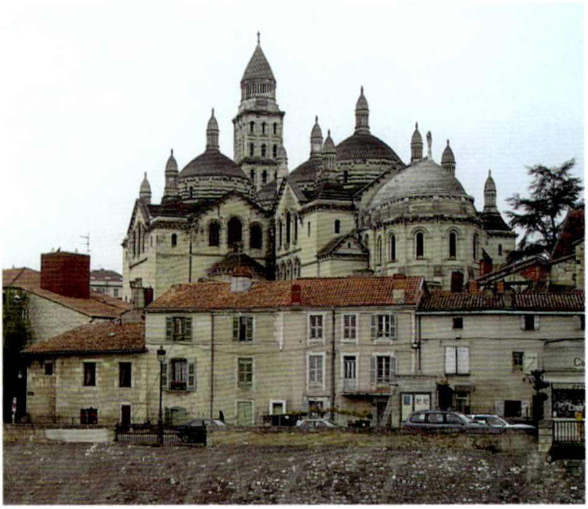

Die Kathedrale in Perigueux

✝ **Cathédrale Saint-Front**. Die Kirche stammt aus dem 12. Jh. Ihre heutige Gestalt erhielt sie im 19. Jh. durch die Restaurierung durch Paul Abadie, der die Kuppeln freilegte. So wirkt die Kathedrale wie eine Kirche im byzantinischen Stil. Sie ist heute auf der Weltkulturerbeliste der UNESCO verzeichnet. Eine Seitenkapelle ist dem heiligen Jakobus geweiht.

✝ **Église Saint-Etienne de la Cité**. Bis zur Verlegung des Bischofssitzes in die heutige Kathedrale 1557 diente diese Kirche, deren Ursprünge ins 9. Jh. zurückreichen, als Domkirche.

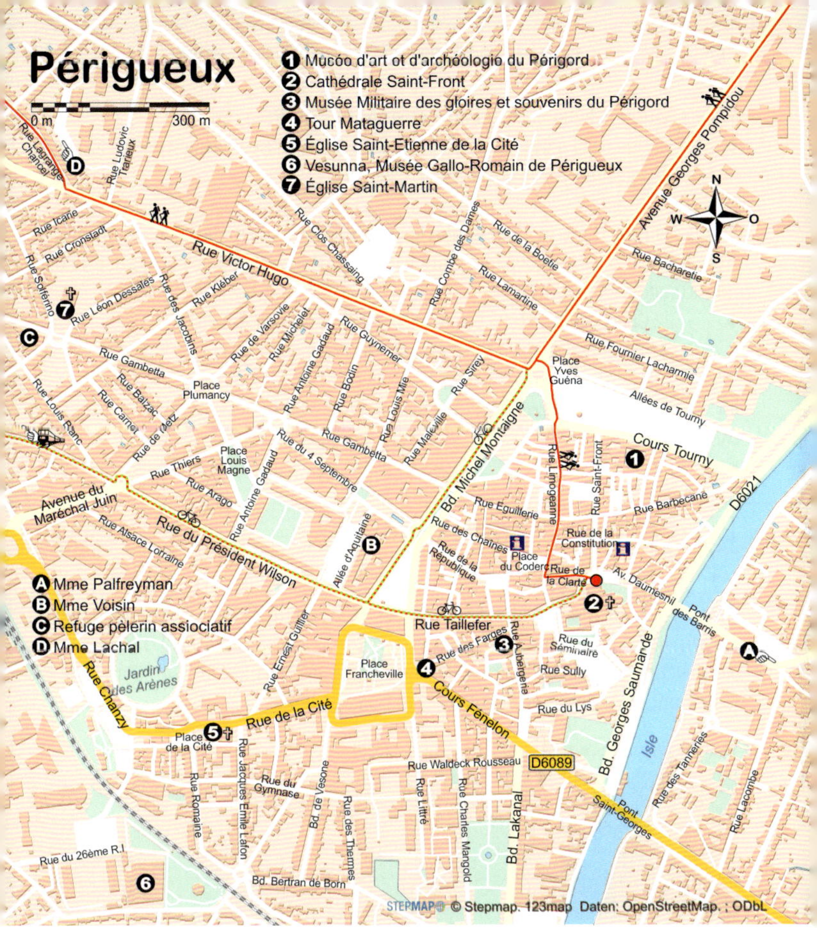

⌘ **Vesunna, Musée Gallo-Romain de Périgueux**. Von der römischen Stadt „Vesone" sind noch die Reste eines Tempels, Mauern und Straßenreste vorhanden. Das Museum gibt einen Überblick über die römische Geschichte der Stadt. In ihm sind zahlreiche Fundstücke ausgestellt.

♦ 20 Rue du 26ème R.I., ☏ 05 53 53 00 92, 💻 www.vesunna.fr, 🚪 Okt bis März tägl. außer Mo 9:30 bis 12:30 und 13:30 bis 17:00, am Wochenende 10:00 bis 12:30 und 14:30 bis 18:00, April bis Sept zusätzlich Di bis Fr ohne Mittagspause, Juli und Aug tägl. 10:00 bis 19:00, Eintritt € 6

⌘ **Musée Militaire des gloires et souvenirs du Périgord**

♦ 32 Rue des Farges, ☏ 05 53 53 47 36, 💻 www.museemilitaire-perigord.fr, tägl. außer So 14:00 bis 18:00, Eintritt € 5

⌘ **Musée d'art et d'archéologie du Périgord**. Im Regionalmuseum gibt es Abteilungen zu Vorgeschichte, Mittelalter und Renaissance sowie zu den bildenden Künsten.

♦ 22 Cours Tourny, ☏ 05 53 06 40 70, 💻 www.perigueux-maap.fr, tägl. außer Mi 10:30 bis 17:30, am Wochenende 13:00 bis 18:00, Eintritt € 5,50

⌘ **Tour Mataguerre**. Der Turm der alten Stadtbefestigung kann besichtigt werden.

♦ Eintritt € 2

Périgueux – Saint-Astier 23,5 km

🚲 Sie bleiben am Nordrand des weiten Tals der Isle. Über die Rue Pierre Semard fahren Sie aus der Stadt hinaus. Sie unterqueren die Eisenbahngleise, biegen nicht nach Chancelade ab und fahren zunächst auf der D710 weiter. Wenn sie das Tal verlässt, bleiben Sie im Tal und benutzen die D3. Sie führt über die **Commune d'Annesse et Beaulieu** nach **Saint-Astier**.

Die Kirche in Saint-Astier

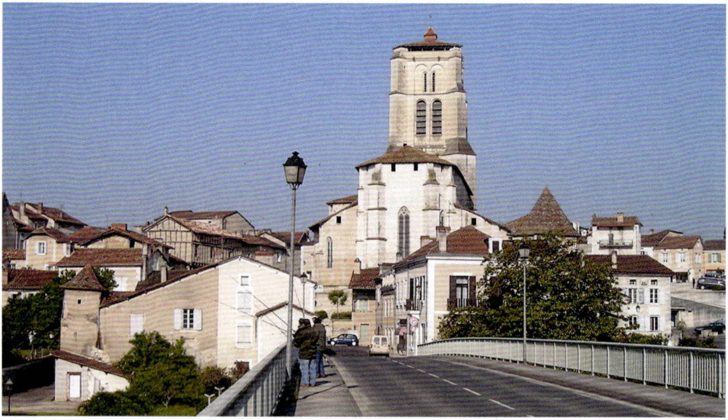

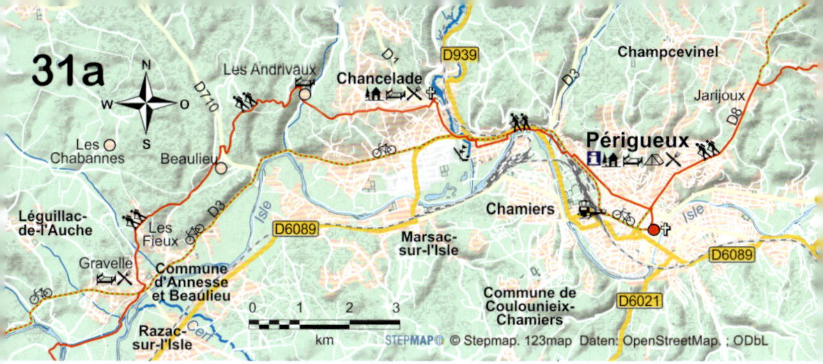

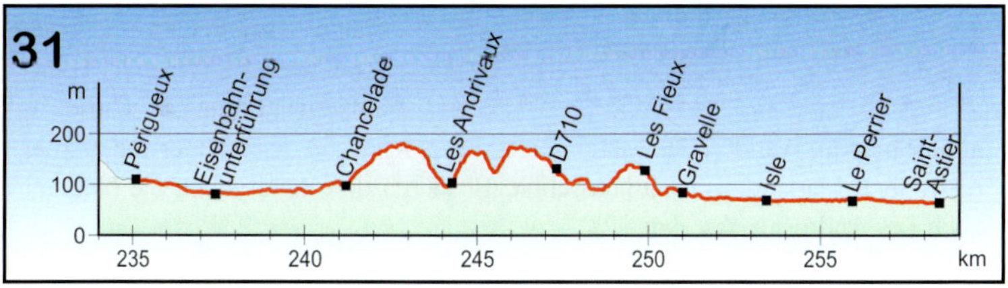

Über die Rue Victor Hugo und die Rue Lagrange Chanel (eine Parallelstraße zur stark befahrenen Rue Pierre Semard) verlassen Sie die Stadt. Am Ende der Straße gehen Sie nach links und dann nach rechts. Sie überqueren die Rue Pierre Semard und nehmen die kleine Straße unter der Eisenbahnlinie hindurch. Danach gehen Sie nach rechts über den Chemin des Feutres du Toulon bis zum Kreisverkehr. Diesen überqueren Sie und nehmen den Fuß- und Radweg am Fluss entlang. An der Ampel gehen Sie nach links in die Rue des Pécheurs und dann rechts in die Rue P de Brantôme und an deren Ende wieder nach rechts. Am ersten Kreisverkehr halten Sie sich links und kommen am Golfclub vorbei. Am zweiten Kreisverkehr gehen Sie nach rechts auf die Avenue des Rynats zur alten Abtei von **Chancelade** (km 8).

Die ehemalige Benediktinerabtei stammt aus dem 12. Jh. Heute ist in dem alten Kloster das Centre Spirituel Alain de Solminihac untergebracht.

Die Mönche bieten Pilgern die Möglichkeit, bei ihnen eine Nacht zu verbringen. Dazu wünschen sie aber die Teilnahme an den Gebeten (17:45, 18:30 und 19:00). contact@abbaye-chancelade.com, www.abbaye-chancelade.com, € 20 (nur Übernachtung möglich), mindestens 48 Std. vorher reservieren

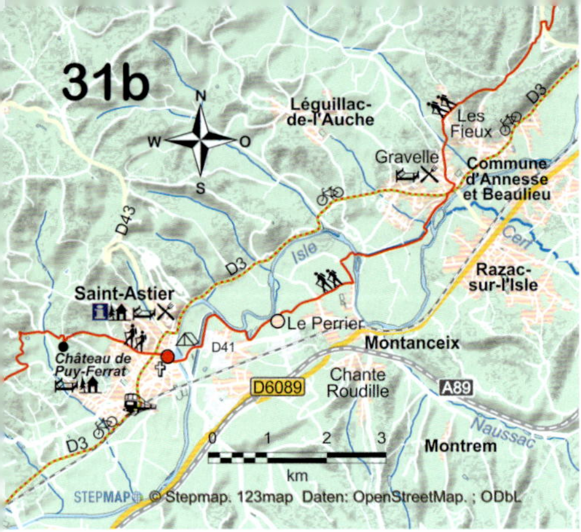

☺ Sie können den Weg abkürzen, indem Sie mit dem Stadtbus von Périgueux nach Chancelade (Haltestelle „Abbaye") (Ringlinie) fahren.

Vom Platz vor der Abtei gehen Sie den Berg hoch, die Straße D1 wird überquert, danach gehen Sie am Place des Maines nach rechts und nach 50 m wieder links an der Friedhofserweiterung 💧 vorbei – immer bergan. Wandern Sie weiter geradeaus (auch wenn der Wanderweg mit der rot-weißen Markierung nach links abbiegt). Durch den Wald gehen Sie hinunter nach Les Andrivaux 🛏 (km 12).

In Les Andrivaux gehen Sie zunächst rechts, dann links hoch und oben links auf den Waldweg.

✋ Plötzlich ist der Waldweg gesperrt und Sie müssen nach links abbiegen.

Sie steigen weiter durch ein Tal. Bei den ersten Häusern biegen Sie wieder rechts ab und wandern auf einem Waldweg weiter. Sie überqueren die D710, gehen 50 m nach links an ihr entlang und bei der nächsten Möglichkeit nach rechts hinunter.

✋ Dreispurig!

Die Piste führt in einer S-Kurve an ein paar Höfen vorbei. Auf der geteerten Straße biegen Sie nach links ab. Nach etwa 1 km auf dieser Straße nehmen Sie einen Weg nach rechts, der Sie nach **Les Fieux** führt. In diesem Ort laufen Sie nach rechts und dann links auf einen schmalen Weg. An der Straße biegen Sie nach links ab und kommen so nach **Gravelle** 🛏 ✕ (km 18).

🛏 Chambre d'hôtes Le Baulieu, 1 Rue Jean Treffel, ☎ 05 53 05 40 21 oder 06 83 45 12 99, Übernachtung mit Frühstück ab € 60 (pro Zimmer), 🚪 ab 16:00

In **Gravelle** gehen Sie zunächst Richtung Razac-sur-l'Isle und vor dem Erreichen der D3 nach rechts. Am Ortsende überqueren Sie die D3. Die Straße verläuft entlang des Flusses Isle, über einen Kanal und am Kanal entlang durch eine Allee. Am Ende des Kanals (km 20) gehen Sie geradeaus über den Fluss, dann nach rechts und gleich wieder nach links. An der Straße wenden Sie sich nach links und nach rund 400 m am nächsten Abzweig nach rechts. Sie gehen immer geradeaus und kommen durch Le Perrier. Auf der rechten Seite liegt ein See, an dem Sie entlanggehen (mit dem lokalen Wanderweg „Voie verte"). Der Weg führt Sie dann wieder an den Fluss, erst an ihm und anschließend am Kanal entlang. Sie stoßen auf die D41 und überqueren auf ihr nach rechts den Kanal. Auf der D41 kommen Sie am Campingplatz vorbei und nach einer erneuten Flussüberquerung erreichen Sie **Saint-Astier**.

Saint-Astier

⇧ 276 m, 24110, 5.100 Ew.

Office du tourisme, Place de la République, ☏ 05 53 54 13 85, www.saint-astier.fr

Festes Zelt (als Bungalow bezeichnet) auf dem Camping municipal Le Pontet, ☏ 05 53 54 14 22, 3 Betten, Kochmöglichkeit ohne Geschirr, eigene Dusche und WC, ohne Heizung, Übernachtung € 15. Der Campingplatz liegt unweit der D41 vor der Brücke über den Fluss Isle.

Private Pilgerherberge und Chambre d'hôtes Château de Puy-Ferrat, ☏ 05 53 07 86 26 oder 06 83 47 53 98, www.grandsgites.com/gite-24-chateau-puyferrat-521.htm, Übernachtung für Pilger im Nebenhaus € 18 (nur Übernachtung möglich, Kochmöglichkeit vorhanden), Übernachtung im Chambre d'hôtes ab € 70. Das kleine Schlösschen liegt ca. 2 km außerhalb von Saint-Astier (☞ Wegbeschreibung).

Chambre d'hôtes Les Rivers de l'Isle, 14 Rue Numa Gadaud (etwa 40 m von der Kirche entfernt), ☏ 05 56 54 62 12, 2 Zimmer, Übernachtung € 25, Frühstück € 5

♦ Chambre d'hôtes Le Clos du Raudier, Impasse du Clos Raudier, ☏ 05 53 54 62 77, 2 Zimmer, Übernachtung € 20 (für 2 Personen € 25), Frühstück € 5. Das Chambre d'hôtes liegt außerhalb, etwa 1,5 km vom Place de la République entfernt. Um zu ihm zu gelangen, gehen Sie nicht über die Brücke in die Innenstadt, sondern davor nach links. Nach Unterquerung der Bahnlinie biegen Sie noch mal links ab.

✞ **Église Saint-Astier**. Romanische Kirche. In der Krypta aus dem 11. Jh. befindet sich das Grab des heiligen Astier.

Saint-Astier – Mussidan 25,5 km

Sie bleiben auf der D3 und erreichen über **Neuvic Gare**, **Douzillac** und **Saint-Louis-en-l'Isle** Saint-Front-de-Pradoux. Dort biegen Sie nach links auf die D709 ab und erreichen über **Ribonat** den Fluss Isle. Sie überqueren den Fluss und sind in **Mussidan**.

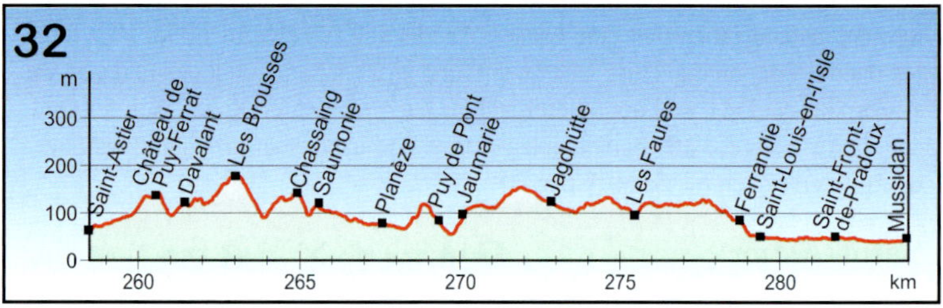

Vom Ortszentrum (Place du 14 Juillet) folgen Sie der Rue Alexis Maréchal und kommen zu einem Kreisverkehr (mit der Hauptstraße D3). Sie gehen geradeaus weiter auf die Rue Maréchal Leclerc. An der nächsten Kreuzung halten Sie (schräg rechts) auf die Rue Eugène Leroy. Der Weg führt Sie geradeaus den Berg hinauf und direkt zum Château de Puy-Ferrat (km 2).

Von dort nehmen Sie den Pfad (mit der rot-weißen Markierung) bergab und erreichen eine Straße, die Sie nach Davalant führt. Vor Davalant biegen Sie auf den Pfad nach links ab und kommen nach **Rougerie**. Dort gehen Sie nach rechts weiter aufwärts. An der T-Kreuzung laufen Sie nach rechts und dann nach links nach **Les Brousses**. Danach geht es wieder links hinunter und nach Überquerung des Baches hoch nach **Chassaing**. Nun laufen Sie an der D41 nach links und gleich wieder nach rechts auf einen Pfad, der Sie an Guibaudie vorbeiführt. Sie überqueren die Straße, wandern danach hinab zur Ferme Treillou und wieder hinauf zur D41E2. Diese überqueren Sie gerade und laufen durch **Saumonie**. Danach geht es auf den zweiten Weg nach links. Im Wald nehmen Sie den linken Weg nach **Planèze** (km 9).

Die Nebenstraße verlässt Planèze und Sie steigen mit ihr nach **Puy de Pont** an. Dort gehen Sie wieder hinab und bei La Chenevrière nach rechts. Sie überqueren die D44 und kommen nach **Jaumarie**. Mit der rot-weißen Markierung laufen Sie auf einen Waldweg und folgen diesem. Sie überqueren eine Kreuzung gerade und stoßen danach auf eine T-Kreuzung. Dort steht eine kleine Jagdhütte

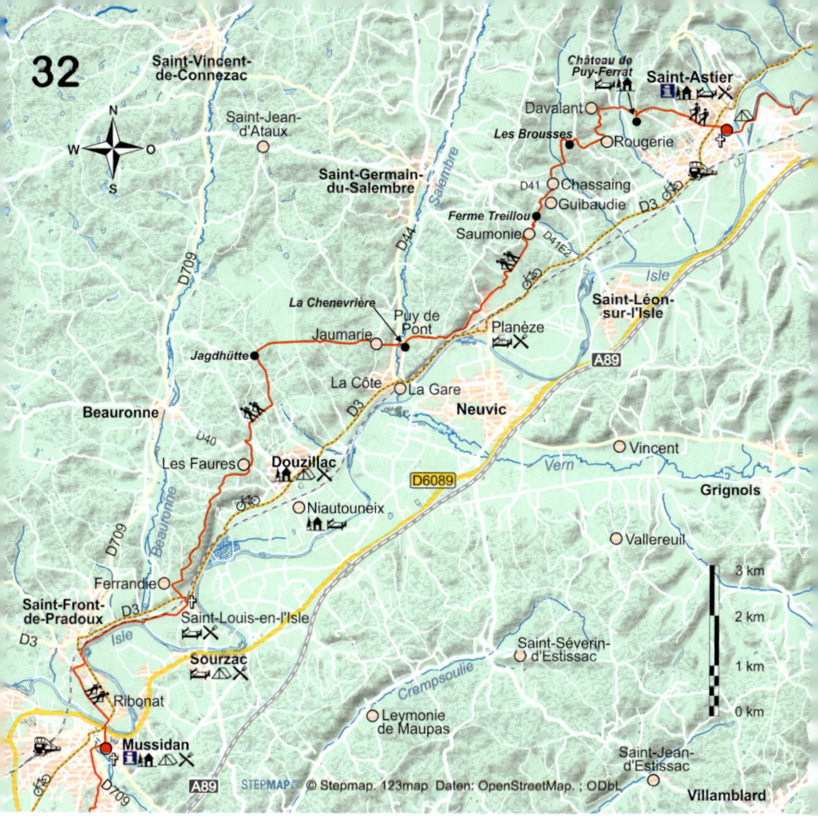

und Sie gehen nach links. Nach rund 1,1 km biegen Sie rechts ab. Am nächsten Forstweg gehen Sie nach rechts und dann wieder nach links. Sie verlassen die rot-weiße Markierung, überqueren die D40 und folgen einem Pfad, der Sie nach Les Faures (km 17) hinunterführt.

Wenn Sie in **Douzillac** (km 17) übernachten möchten, gehen Sie hier auf der D40 nach links und erreichen so den Ort.

Private Pilgerherberge und Chambre d'hôtes, Mme Leeman, Niautouneix, ☏ 05 53 81 59 01 oder 06 72 34 48 55, 3 Zimmer, Übernachtung mit Frühstück ab € 30 (für 2 Personen ab € 49). Nach Niautouneix kommen Sie, indem Sie die D3 und die Bahnlinie überqueren.

In **Les Faures** gehen Sie auf einem kleinen Pfad wieder bergauf und kommen an einen Waldweg, wo Sie links abbiegen. Dieser Weg stößt nach knapp 100 m auf einen anderen Waldweg, auf dem Sie nach rechts gehen.

An der ersten Kreuzung im Wald gehen Sie nach links (mit dem Wanderweg Richtung Ferrandie, rechts ein privates Schlösschen) und an der zweiten nach rechts. Bei der T-Kreuzung laufen Sie links hinunter. Wegen der Bahnstrecke müssen Sie vor Saint-Louis-en-l'Isle nach links abbiegen und über den Bahnübergang und dann gleich wieder rechts gehen. So kommen Sie nach **Saint-Louis-en-l'Isle** 🛏 ✕ (km 20).

↳ Hier gibt es die Möglichkeit, den ausgeschilderten Weg zu verlassen und weiter geradeaus ca. 1 km nach **Sourzac** 🛏 ⛺ ✕ zu gehen. Dies lohnt sich aber nur, wenn Sie dort übernachten möchten.

Gîte privé, M Lauriere, Parouty, ☏ 05 53 82 41 92 oder 07 87 52 14 62, 💻 www.gitelauriere-sourzac.fr, Übernachtung mit Frühstück € 20

Pilgerherberge in Mussidan

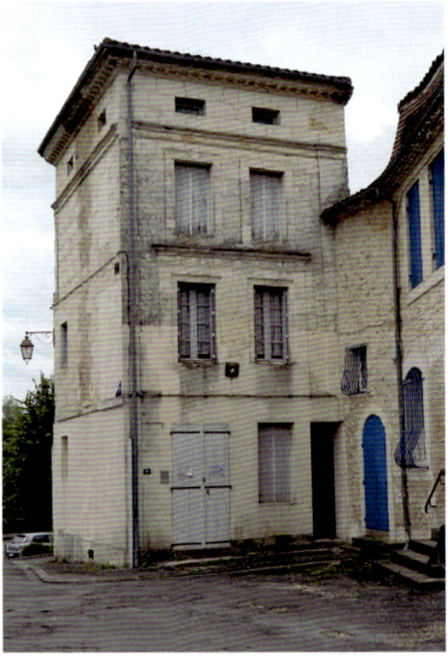

Auf dem ausgeschilderten Pilgerweg gehen Sie an der Kirche nach rechts und vor dem Bahnübergang nach links auf einen Radweg. Mit diesem wandern Sie über eine kleine Brücke und dann am Fluss entlang. Am Rande von **Saint-Front-de-Pradoux** kommen Sie auf die Straße (D709), gehen an ihr entlang und überqueren sie dann, um bei der nächsten Möglichkeit nach rechts abzubiegen. An der T-Kreuzung gehen Sie nach links und nach rund 180 m verlassen Sie die Straße geradeaus auf einen Pfad. Dieser führt Sie wieder auf eine ruhige Vorortstraße und auf ihr erreichen Sie erneut die D709. Sie gehen nach rechts und kommen nach einer erneuten Flussüberquerung nach **Mussidan**.

Mussidan ⇧ 50 m, 24400, 2.840 Ew.

Office de Tourisme du pays de Mussidan, Place de la République, ☎ 05 53 81 73 87, www.mussidan.fr oder www.tourisme-isleperigord.com

Refuge pèlerin municipal, 3 Rue des Chatenades (am Rande des Place Victor Hugo), ☎ 05 53 81 04 07 (Mairie), mairie@mussidan.fr, 12 Betten in 2 Räumen, Mikrowelle, Übernachtung € 11

⌘ **Musée des Arts et Traditions Populaires André Voulgre**. Kunst und Traditionen des Périgord

♦ 2 Rue Raoul Grassin, ☎ 05 53 81 23 55, www.museevoulgre.fr, Mo bis Fr 8:00 bis 12:00 und 14:00 bis 17:00, Eintritt € 3,50

Mussidan – Port-Sainte-Foy-et-Ponchapt 33,8 km

Sie fahren auf der D20 von Mussidan nach **Saint-Géry** und weiter über **La Cabane** und **Le Fleix** nach **Port-Sainte-Foy-et-Ponchapt**.

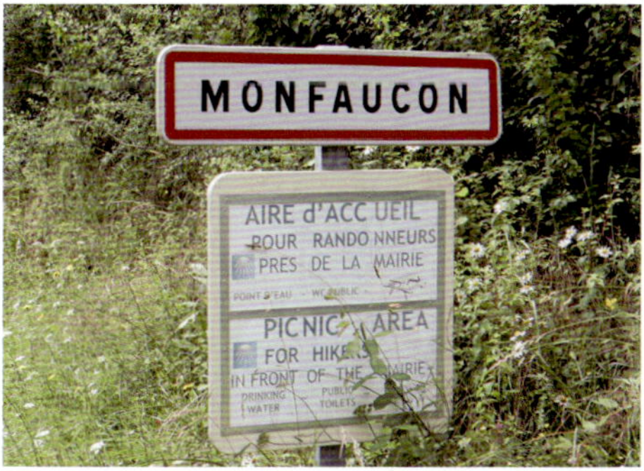

Ortsschild mit Hinweis für Pilger

Von der Kirche gehen Sie über die Rue St Agnan und die Rue de Puits zur Rue Beaupuy. Dann biegen Sie links ab und aus der Straße wird die Rue des Anciens d'AFN. In Seguinou biegen Sie nach rechts ab und der Weg führt durch den Wald zur Rue d'Emburée. Dort gehen Sie nach links. Nach 1 km unterqueren Sie die Umgehungsstraße. Sie kommen wieder in den Wald. Nach ca. 500 m kommen Sie an eine Kreuzung, gehen nach rechts und am Waldrand nach links. Dieser Weg führt wieder in den Wald hinein und dann hinunter zur Autobahn. Sie unterqueren die Autobahn und wandern über den Kanal weiter. In **Les Jaunies** geht es nach rechts und bei der nächsten Kurve auf einem Pfad wieder nach rechts. Er führt Sie wieder in den Wald. Kurz vor dem Ort überqueren Sie die D20 und kommen auf ziemlich geradem Weg nach **Saint-Géry** ⇧ 120 m (km 9,5).

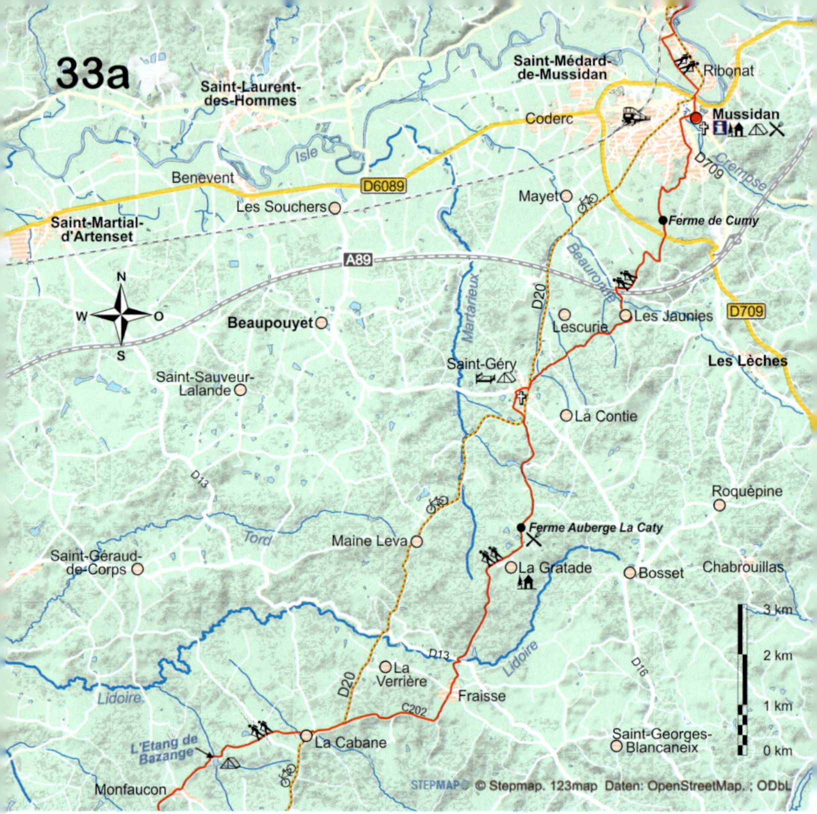

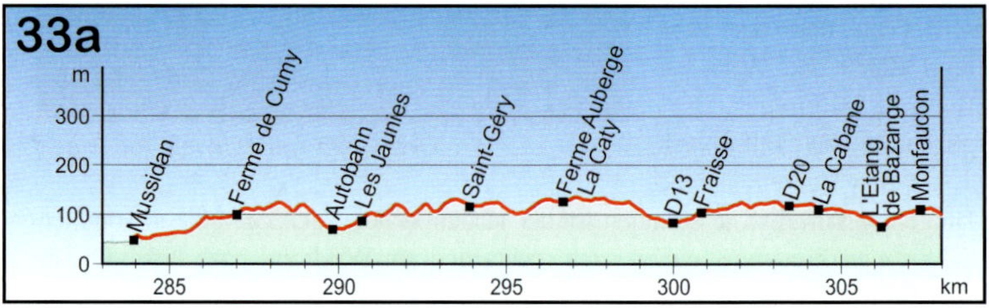

Im Ort gehen Sie hinter der Kirche links. Bei der nächsten Möglichkeit biegen Sie wieder links ab und überqueren die Hauptstraße schräg (bzw. rechts und schräg links). Diesem geteerten Weg folgen Sie. Er führt an der **Ferme Auberge La Caty** ✕ (km 13) vorbei.

↳ Rund 600 m danach können Sie den ausgeschilderten Weg verlassen und nach links nach **La Gratade** gehen. Dort bietet Mme Villaud eine Übernachtungsmöglichkeit für Pilger an.

bei Mme Villaud, La Gratade, ☏ 05 53 58 69 27, Halbpension € 32

Wenn Sie nicht übernachten wollen, bleiben Sie auf der ruhigen Straße und laufen im Wald hinunter bis zur Hauptstraße. Dort gehen Sie nach links über die Brücke und gleich wieder rechts hoch nach **Fraisse** (km 17,5). Sie durchqueren den Ort geradeaus (danach Friedhof 💧) und bleiben bis zur Vorfahrtsstraße (D20) auf dem Weg (Straße C202). An der Vorfahrtsstraße gehen Sie geradeaus bis zum Ortsschild von **La Cabane** (km 21).

Nach dem Ortsschild biegen Sie rechts und gleich wieder links ab, danach gehen Sie immer geradeaus, auch an der Kreuzung mit der Vorfahrtsstraße. Im Tal liegt der **L'Etang de Bazange** ⛺ (km 23).

Es besteht in den Sommermonaten Juli und August nach Voranmeldung die Möglichkeit, sich dort für eine Nacht ein Zelt zu mieten. ☏ 05 53 24 64 79, Übernachtung ab € 15

Weg zwischen Mussidan und Port-Sainte-Foy-et-Ponchapt

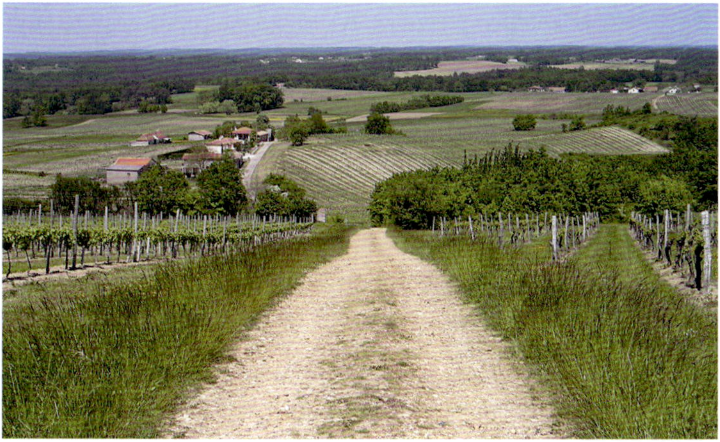

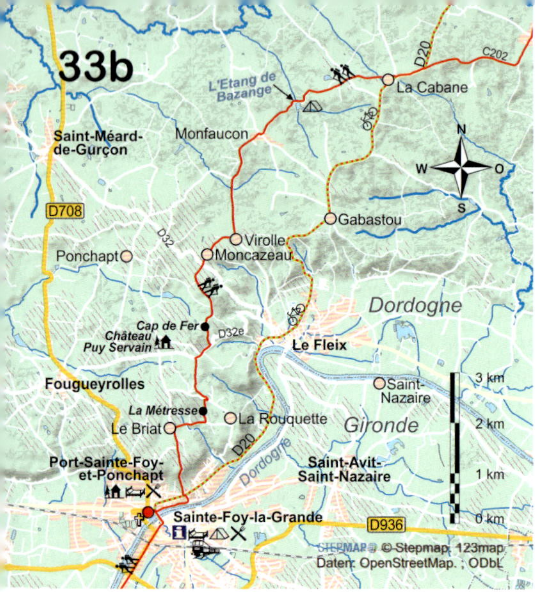

Danach steigen Sie wieder hinauf nach **Monfaucon** (km 24). Auf dem Jakobsweg gehen Sie nach rechts und gleich wieder links. Geradeaus finden Sie das Rathaus (Mairie), ein WC und Bänke zum Ausruhen.

An den nächsten beiden Kreuzungen laufen Sie weiter geradeaus (bzw. schräg links). Bei den ersten Häusern von **Virolle** gehen Sie rechts hinunter und dann hinauf nach **Moncazeau** (km 27). Sie überqueren die Hauptstraße (D32) und müssen einen steilen Anstieg bewältigen (Geröllweg). Durch Cap de Fer (Pferdehof) gehen Sie hinunter zur Hauptstraße (D32e) und dann rechts.

Am ersten Abzweig geht es rechts zum Château Puy Servain. Das Weingut liegt rund 600 m abseits vom Weg und bietet eine private Pilgerherberge.

Private Pilgerherberge Château Puy Servain, ☎ 05 53 24 77 27 oder 06 70 12 94 15, www.puyservain.com

Sie laufen auf der Teerstraße weiter und biegen nach 800 m an den Häusern links in einen Wiesenweg ab. (Ab der Höhe davor verläuft der Weg übrigens bis nach **Port-Sainte-Foy-et-Ponchapt** gemeinsam mit dem rot-weiß markierten GR.) Der Weg macht eine S-Kurve, danach wandern Sie durch den Wald und überqueren eine Straße. Der Weg endet dann bei einem Haus, Sie gehen auf dem Wiesenweg weiter und kommen an eine geteerte Straße. Dort gehen Sie nach rechts. Die Straße macht eine Linkskurve und 250 m danach eine Rechtskurve, Sie gehen aber geradeaus zwischen einer Baumreihe und der Wiese bzw. dem Weinberg weiter.

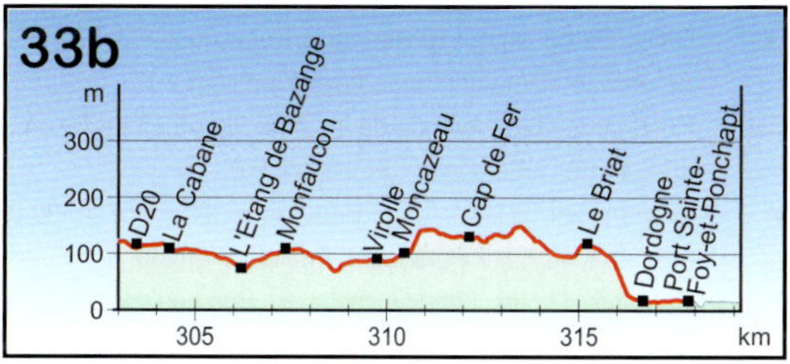

Dieser Wiesenweg mündet in einen Pfad, der hinunterführt. An der Hauptstraße gehen Sie nach links und gleich wieder nach rechts. An der Dordogne biegen Sie nach rechts ab. Über die Brücke kommen Sie links nach **Sainte-Foy-la-Grande**. Die Pilgerherberge erreichen Sie, indem Sie geradeaus der Rue Onesime Reclus folgen und dann rechts gehen. Sie befindet sich auf dieser Uferseite in **Port-Sainte-Foy-et-Ponchapt** (km 33).

Port-Sainte-Foy-et-Ponchapt

⇧ 23 m, 33220, 2.350 Ew.

Refuge pèlerin privé „Voie de Vézelay", M. Henry de la Moynierie, 37 Rue Elisée Reclus, ☏ 05 53 27 15 04, 3 Betten in einem Zimmer, Übernachtung € 10. Auf Wunsch werden Abendessen (€ 10) und Frühstück (€ 5) angeboten.

♦ Refuge paroissial, 7 Rue Jaques-Jasmin, ☏ 05 53 27 33 11 oder 06 29 97 84 72, 8 Plätze, Übernachtung € 12

Mit der Überquerung der Dordogne kommen Sie in das berühmteste Weinanbaugebiet Frankreichs: Bordeaux. Der Rotwein wird vor allem aus den Rebsorten Cabernet Sauvignon, Merlot, Cabernet Franc, Petit Verdot und Malbec gewonnen. Typisch für Bordeauxweine ist der kunstvolle Verschnitt, die Mischung der einzelnen Rebsorten. Weißwein wird nur vereinzelt angebaut.

Port-Sainte-Foy-et-Ponchapt – Pellegrue 21,6 km

Von der Herberge geht es zurück zur Dordogne und über die alte Brücke überqueren Sie den Fluss. An dieser Stelle bildet die Dordogne die Grenze zwischen den Departements Dordogne und Gironde. Hinter der Brücke beginnt auch die Stadt **Sainte-Foy-la-Grande** (km 1). Zur Innenstadt geht es hinter der Brücke nach links.

Office de tourisme, 120 Rue de la République, ☏ 05 57 46 03 00, www.tourisme-dordogne-paysfoyen.com

Hôtel de la Gare, Avenue de la Gare, ☏ 05 57 46 59 84, 7 Zimmer, Übernachtung ab € 44 (für 2 Personen), Frühstück € 6

♦ Grand Hôtel, 117 Rue de la République, ☏ 05 57 46 00 08, 17 Zimmer, Übernachtung ab € 48 (für 2 Personen), Frühstück € 6,50

♦ Chambre d'hôtes, Mme Guilhelm, 31 Rue Louis Pasteur, ☏ 05 57 46 18 45 oder 06 07 63 26 85, 4 Betten, Übernachtung mit Frühstück € 62 (für 2 Personen). Das Chambre d'hôtes liegt direkt am Marktplatz.

Sainte-Foy-la-Grande wurde 1255 als Bastide erbaut. Bastiden sind Wehrsiedlungen, die im Hundertjährigen Krieg entstanden. Engländer und Franzosen versuchten durch die Anlage der Bastiden den entvölkerten Besitz wiederzubeleben und so ihre Territorien zu sichern. Den Mittelpunkt der Siedlung bildete ein Platz mit Markthalle und einer Kirche. Um ihn herum wurden schachbrettartig Straßenzeilen mit zweistöckigen Häusern angelegt. Das Rechteck wurde dann mit einer Mauer befestigt.

Port-St-Foy

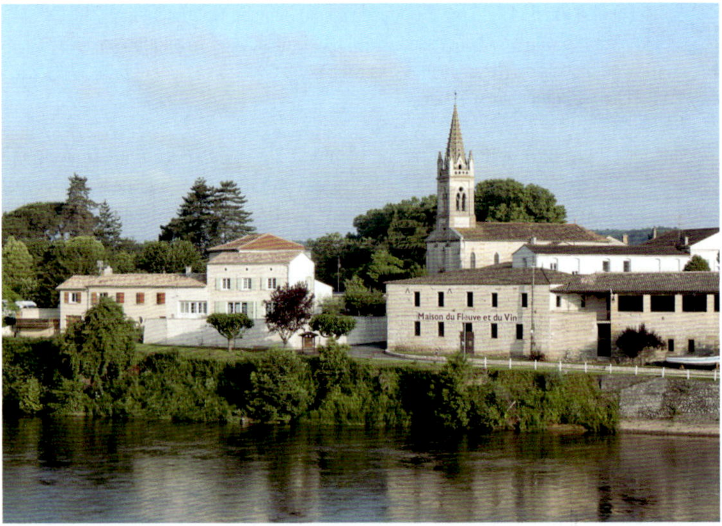

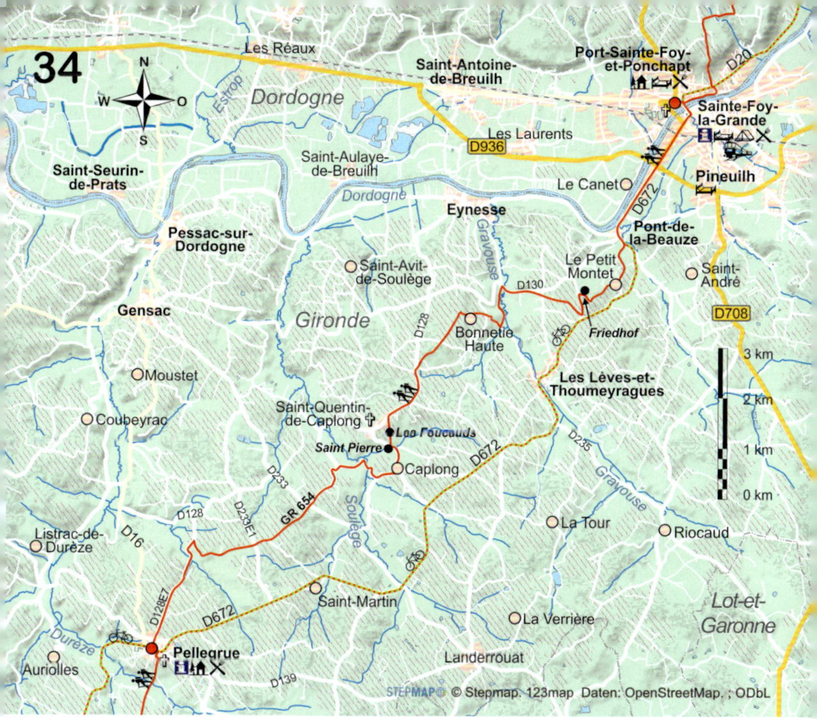

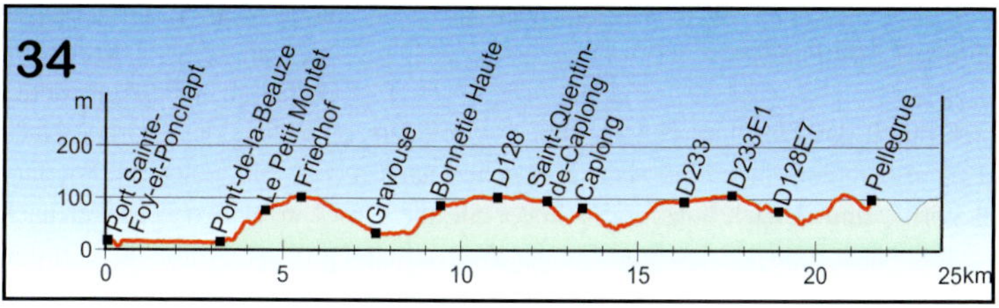

Ab Sainte-Foy-la-Grande erfolgt die Markierung zunächst durch Holzpfosten (dies betrifft nicht nur den Jakobsweg, sondern auch die lokalen Rundwanderwege). Leider fehlt die eindeutige Richtungsangabe. Steht nur ein Pfosten vor der Kreuzung, so ist in die Richtung abzubiegen, auf deren Seite der Pfosten steht (steht der Pfosten rechts, sollen Sie also nach rechts abbiegen). Steht aber nach der Kreuzung ein weiterer Pfosten, sollen Sie geradeaus weitergehen.

Nach der Brücke gehen Sie nach rechts in die Avenue Ithier Gorin. Diese wird zur Avenue Maréchal Leclerc. Auf ihr, auch als D672 markiert, verlassen Sie die Stadt. Die Häuser an der Straße gehören zur Stadtrandsiedlung **Pineuilh** 🛏 (km 4).

🛏 Chambre d'hôtes Le jardin des Cygnes, Mme Dupont, 181 Avenue du Maréchal Leclerc, ☏ 05 57 41 35 16 oder 06 46 65 97 50, Übernachtung ab € 50

🚲 Sie bleiben auf der D672 und erreichen über **Les Lèves-et-Thoumeyragues** den Ort **Pellegrue**.

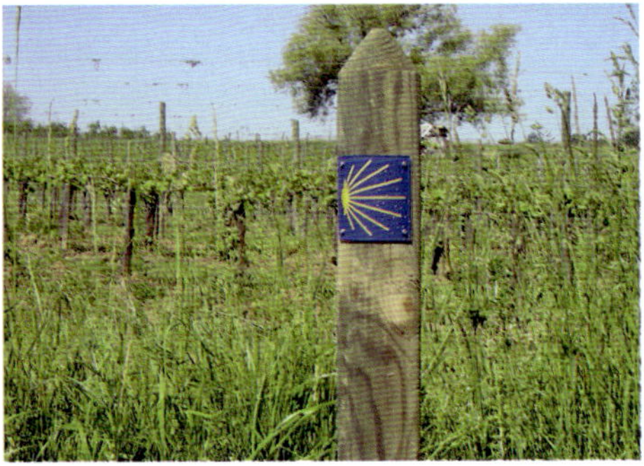

Am Weg zwischen zwischen Saint-Foy-la-Grande und Pellegrue

Auf der D672 gehen Sie bis zur **Pont de la Beauze**. Dort folgen Sie zunächst der Hauptstraße, biegen nach der Brücke rechts ab und steigen den Berg hoch. Dem Weg folgend geht es in einer Kurve nach links, die nächste wieder rechts hoch und auf der Teerstraße rechts durch **Petit Montet**. Dort biegen Sie an der T-Kreuzung rechts ab. Der Weg windet sich durch das Dorf und danach geht es geradeaus an Weinfeldern vorbei. Nach 450 m kommen Sie an ein Haus und gehen nach rechts. Sie gehen am Friedhof 💧 vorbei und danach links und – bevor Sie die D672 erreichen – wieder nach rechts. Nach rund 1,2 km führt Sie der Weg auf eine größere Straße (D130) und nach 600 m gehen Sie an der Kreuzung nach links. Sie überqueren eine Straße geradeaus und nach den Häusern von Bonnetie Haute gehen Sie nach links. Nach rund 1,5 km kommen Sie auf die D128 und folgen dieser (schräg links). An der Stoppstelle gehen Sie weiter geradeaus (Hinweis: „Saint-Quentin-de-Caplong 1 km"), immer auf den Kirchturm zu. Bevor Sie die Ortsmitte erreichen, wenden Sie sich nach links Richtung Les Foucauds und Saint Pierre (dies ist eine Abkürzung, denn der Wanderweg GR 654 führt durch das Ortszentrum mit seiner Kirche). Nach 700 m treffen Sie wieder auf den Wanderweg GR 654 und die D128 und gehen auf ihr nach links weiter. Sie kommen durch Caplong (km 13) und biegen nach dem Ort rechts ab.

Nach 500 m laufen Sie vor einer Brücke nach rechts. Der Weg führt zunächst durch das Tal und dann wieder hinauf auf die Höhe. An der nächsten T-Kreuzung gehen Sie links hoch, dann immer geradeaus (zwei Vorfahrtsstraßen überqueren Sie gerade). Am Ende laufen Sie nach einer Rechtskurve wieder eine Vorfahrtsstraße links hinunter. Die D128E7 führt zunächst hinunter und dann hoch. Sie erreichen geradeaus den Place de 8 mai 1945. Auf ihm befindet sich die ehemalige Markthalle von **Pellegrue**.

Pellegrue

⇧ 100 m, 33790, 1.037 Ew.

Mairie, Place du 8 Mai 1945, ☏ 05 56 61 30 21, www.pellegrue.com

♦ Office de tourisme, 21 Rue de la République/Place de 8 mai 1945, ☏ 05 56 61 37 80

Refuge pèlerin municipal „Voie de Vézelay", 21 Rue de la République/Place de 8 mai 1945, ☏ 05 56 61 37 80 (Office de tourisme) oder 05 56 61 30 21 (Mairie). Die Herberge befindet sich im selben Gebäude wie das kleine Tourismusbüro, gegenüber dem Rathaus. Der Eingang zur Herberge liegt in einer Seitenstraße, die Herberge im Obergeschoss. 6 Betten, kleine Küche, Übernachtung € 10

Pellegrue – Saint-Ferme 6,6 km

Sie fahren auf der D672 und der D16 nach **Saint-Ferme**.

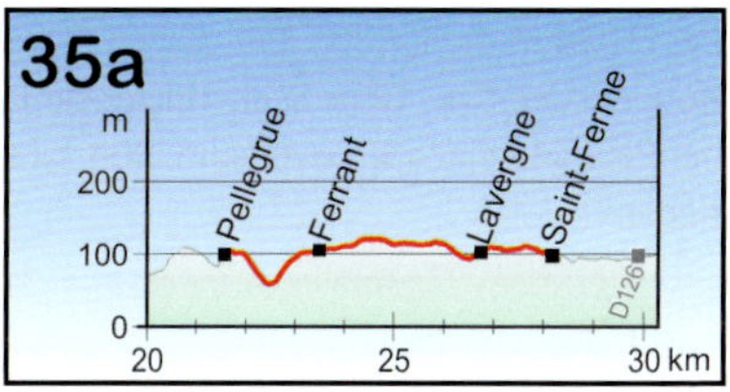

Von der Herberge gehen Sie rechts die Rue de République entlang und an einem kleinen Platz rechts. Auf der rechten Seite laufen Sie am Friedhof vorbei, danach links und gleich wieder rechts. Die Teerstraße führt hinunter und wieder hoch. Am Ende gehen Sie auf einem Feldweg weiter. Dieser macht eine Kurve nach links (links der Baumreihe). Mit dem Wanderweg (mit brauner Holztafel bzw. Pfosten mit gelber Kappe markiert) gehen Sie nach links auf einen Wiesenweg.

Der Weg ist kaum erkennbar. Er verläuft links vom Graben, dann an Weinstöcken vorbei und geradeaus in den Wald hinein.

Am Ende des Waldes beschreibt der Weg eine Rechtskurve und erreicht eine Teerstraße. Dort gehen Sie nach links bis zur Vorfahrtsstraße D139 und dann nach rechts. Der ausgeschilderte Weg umgeht inzwischen Saint-Ferme und biegt nach 30 m nach links ab. Saint-Ferme mit seinem alten Benediktinerkloster ist aber sehenswert und der Schlenker durch den Ort nicht länger. Die Straße erreicht nach 400 m Saint-Ferme.

Saint-Ferme

⇧ 100 m, 33580, 340 Ew.

Refuge pèlerin municipal associatif „Voie de Vézelay", Chemin de ronde, ☎ 05 56 61 07 49, 6 Betten, Übernachtung mit Frühstück € 15, Abendessen für € 9 möglich, 15. Mai bis 31. Okt ab 16:00

Chambre d'hôtes Manoir de James, M und Mme Dubois, ☎ 05 56 61 69 75, 3 Zimmer, Übernachtung € 40 (für 2 Personen € 50). Zum Chambre d'hôtes geht es vor dem Ort auf der D127 nach links, es liegt etwa 2 km außerhalb.

Klosterkirche des ehemaligen Benediktinerklosters aus dem 12. Jh.

♦ Mi bis Sa 9:00 bis 12:00 und 14:00 bis 18:00, Eintritt frei, mit Führung € 4. Für Pilger, die im Refuge pèlerin übernachten, gibt es eine Exklusivführung nach dem Abendessen.

Saint-Ferme – La Réole 18,8 km

Sie verlassen Saint-Ferme auf der D16 und biegen nach 900 m schräg rechts auf die D126 ab. Auf dieser bleiben Sie. Bei **Les Basses Carrières** mündet die D126 in die D688, dort biegen Sie rechts ab und erreichen über **La Violette Roquebrune** . Über **Saint-Hilaire-de-la-Noaille** und **La Crousille** erreichen Sie bei Peyrefite einen Kreisverkehr. Dort fahren Sie nach links und kommen nach **La Réole**.

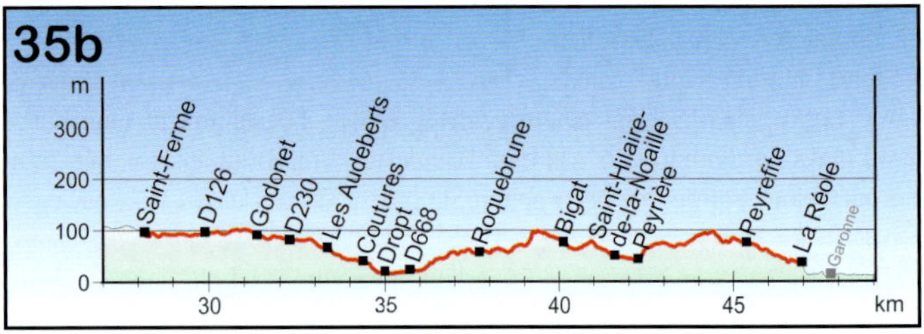

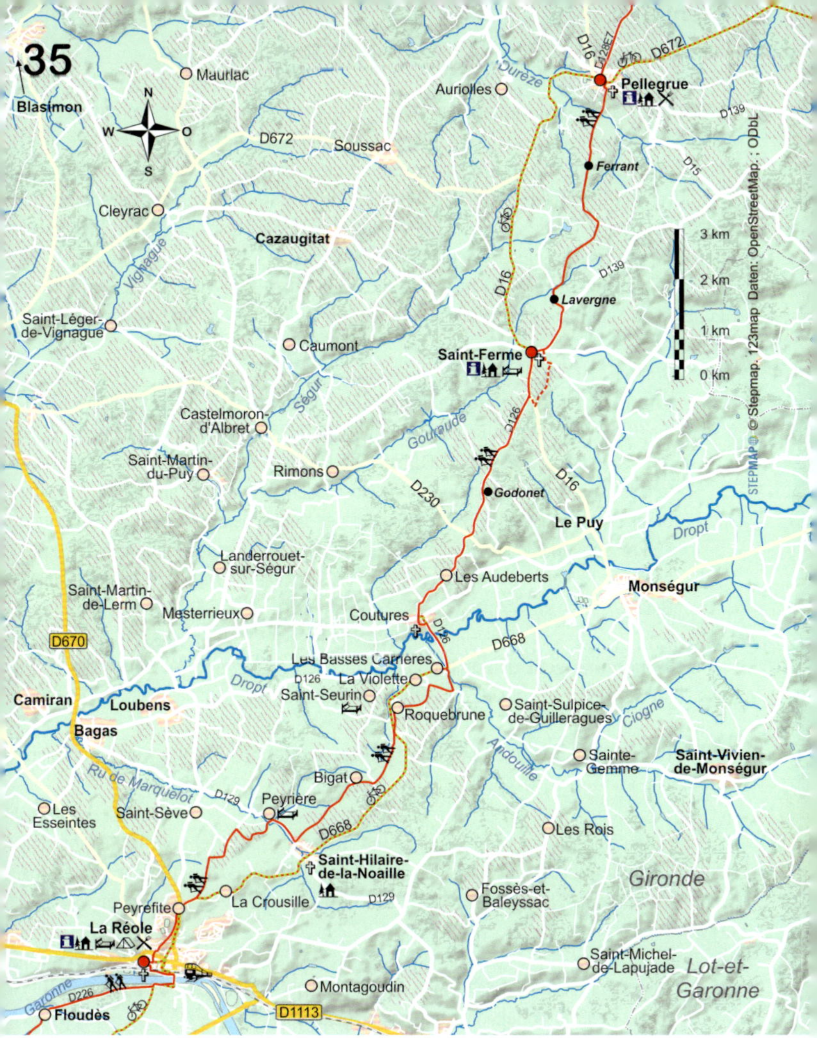

An der Kirche gehen Sie links auf die D16. Nach 900 m (am Kreuz) schlagen Sie den Weg schräg rechts ein, auf die sehr wenig befahrene D126 (Richtung Coutures). Wenn Sie auf der ausgeschilderten Strecke Saint-Ferme umgehen, verlassen Sie nach 400 m die Straße und biegen nach rechts auf einen Weg ab.

Dieser führt Sie nach rund 800 m auf die Straße (D16), auf der Sie nach rechts gehen. Dann wenden Sie sich (am Kreuz) nach links auf die D126. Der Weg führt nach **Coutures** (km 6). Im Ort gehen Sie an der Vorfahrtsstraße geradeaus (Richtung Kirche, Mairie), an der Kirche 💧 links vorbei und an der Hauptstraße rechts durch das breite Tal des Flusses Dropt. An der Vorfahrtsstraße laufen Sie rechts und nach der Brücke gleich wieder nach links. Nach 490 m biegen Sie rechts ab und nach den nächsten 490 m gehen Sie nach links. Der Weg führt Sie in einer Rechtskurve nach **Roquebrune** 🛏 (km 9,5), 💧 an der Kirche (120 m abseits vom Weg).

🛏 Chambres d'hôtes La Longère Saint-Seurin, Mme Andron, ☏ 05 56 71 39 41, 5 Zimmer, Übernachtung mit Frühstück ab € 55 (für 2 Personen € 65), Abendmenü € 25. Das Chambre d'hôtes liegt außerhalb von Roquebrune. Verlassen Sie an der Vorfahrtsstraße vor Roquebrune den ausgeschilderten Weg und gehen Sie nach der Brücke nicht nach links. Bleiben Sie auf der stärker befahrenen D126. Nach rund 700 m laufen Sie in La Violette Richtung Lubens und Bagas. Sie umgehen Roquebrune und biegen nach weiteren 630 m links ab. Dieser Weg führt Sie nach Saint-Seurin.

In Roquebrune geht es zur Kirche 40 m nach rechts und gleich wieder nach links. Um den Weg fortzusetzen, gehen Sie nach links.

✋ Der gelb markierte Wanderweg biegt rechts ab. Dieser wird aber nicht benutzt.

Sie überqueren die Hauptstraße und wandern auf der wenig befahrenen Nebenstraße immer geradeaus. Sie führt über Hügel und durch Senken Richtung **Saint-Hilaire-de-la-Noaille** 🏠 🛏 (km 14). Vor dem Ort erreichen Sie die D129.

🏠 Mme Negro nimmt gerne Pilger für eine Nacht auf. ☏ 05 56 61 09 29 oder 06 30 44 38 71, 4 Betten, Übernachtung gegen Spende

🛏 Chambre d'hôtes La Peyrière, M und Mme Tallet, ☏ 05 56 61 05 93 oder 06 30 44 38 71, 💻 www.gite-la-peyriere.fr, 8 Plätze, Übernachtung mit Abendessen und Frühstück € 30. Das Chambre d'hôtes liegt außerhalb des Ortes an der D129, etwa 800 m außerhalb des kleinen Ortes (☞ weitere Wegbeschreibung) direkt am Jakobsweg.

Der Jakobsweg biegt an der D129 nach rechts ab (um ins Ortszentrum mit Kirche und kleinem Schlösschen zu kommen, gehen Sie geradeaus und dann links). Nach 800 m verlassen Sie die Straße und biegen nach links auf einen schmalen Weg ab (hier befindet sich auf der rechten Seite das Chambre d'hôtes La Peyrière). Er macht eine Rechtskurve und nach 100 m gehen Sie wieder nach links. An der T-Kreuzung biegen Sie ebenfalls links ab. Nach 600 m macht die kleine Straße eine Rechtskurve und rund 300 m danach wenden Sie sich erneut nach links. An der Hauptstraße (D668) gehen Sie nach rechts und am Kreisverkehr nehmen Sie den Chemin de Blasignon (schräg rechts). Über die Rue des Menuts und die Rue de Verdun erreichen Sie den Place Richard d'Cœur de Lion und damit die Altstadt von **La Réole**.

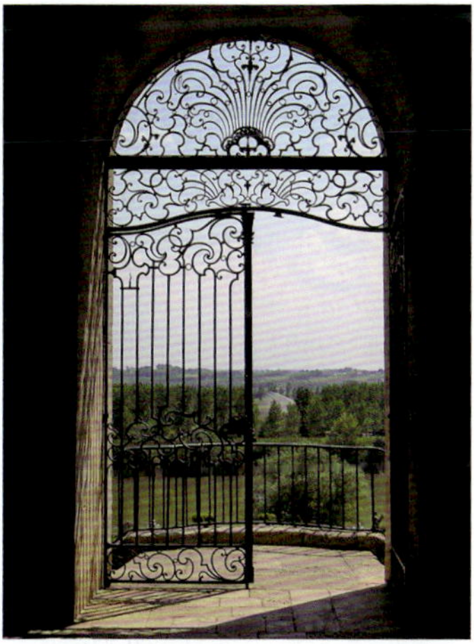

Ehemaliges Kloster in La Réole

La Réole

(ⓘ) ⇧ 15 m, ✉ 33190, 4.300 Ew.

- ⓘ Office du tourisme, 52 Rue André Bénac, ☏ 05 56 61 13 55, www.lareole.fr
- In La Reole gibt es keine Pilgerherberge im eigentlichen Sinne. Es haben sich aber 15 Familien zusammengetan, die gerne Pilger für eine Nacht gegen Spende aufnehmen. Bitte 24 h vorher anmelden, Sie bekommen dann den Namen und die Adresse genannt: ☏ 05 56 61 01 94 (Di bis Fr 9:00-12:00) oder Mme Poujardieu, ☏ 05 56 71 42 27 und 06 25 99 29 41, Mme Lacaux, ☏ 05 56 71 41 56, oder Mme Saugeon ☏ 05 56 61 17 95.
- Chambre d'hôtes Les Galantes, Mme Binda, 4 Rue Bellots-des-Minières, ☏ 05 56 71 32 41 oder 06 70 54 83 82, www.les-galantes.com, 3 Zimmer, Übernachtung mit Frühstück ab € 60 (für 2 Personen ab € 70), ab 16:00. Das Chambre d'hôtes liegt im Zentrum der Stadt.
- ♦ Chambre d'hôtes Le Martouret, M Latapye, 66 Rue du Martouret, ☏ 05 56 61 04 81, 5 Zimmer, Übernachtung ab € 30
- ♦ Chambre d'hôtes, Mme Moreau, 9 Rue Crousseau, ☏ 05 56 71 23 66, Übernachtung mit Frühstück gegen Spende

✝ **Église Saint-Pierre**. Kirche aus dem 12. Jh.

⌘ Das **ehemalige Benediktinerkloster** wird heute als Rathaus genutzt und beherbergt das Regionalmuseum (musée municipal). Im Mittelalter haben viele Pilger in dem Kloster übernachtet. Heute kann man nur noch durch die langen Gänge schreiten und die schönen Treppenhäuser bewundern.

Blick auf la Réole von der Brücke über die Garonne

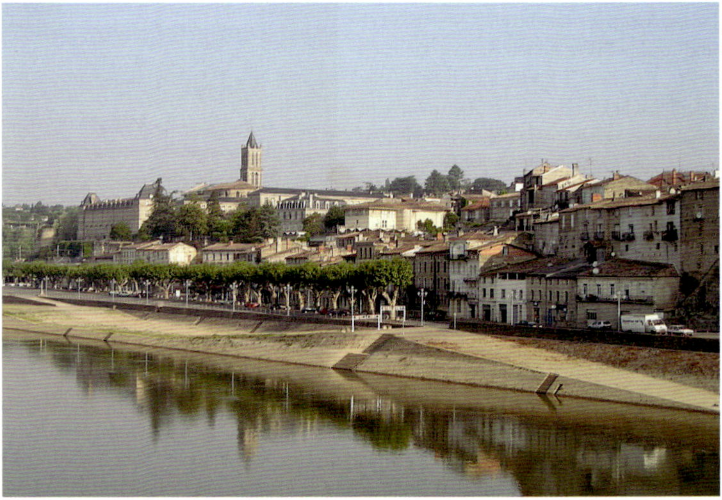

La Réole – Auros/Le Rivet 20 km/18 km

Sie überqueren die Garonne und fahren auf der D12 über **Puybarban**, **Savignac** und **Auros** nach **Bazas**.

Der markierte Weg führt Sie durch die Altstadt an der alten Benediktinerabtei (heute Rathaus) vorbei und dann hinunter zur Garonne. Dort gehen Sie nach links auf die Uferstraße (Avenue du Maréchal Joffre und Avenue Jean Jaurès) und an ihr entlang. Über eine Rampe erreichen Sie die Brücke über die Garonne. Auf der 1934 errichteten Brücke überqueren Sie den Fluss. Nach der Brücke steigen Sie die Stufen rechts hinunter. Auf der D226 laufen Sie bis Floudès. Dort

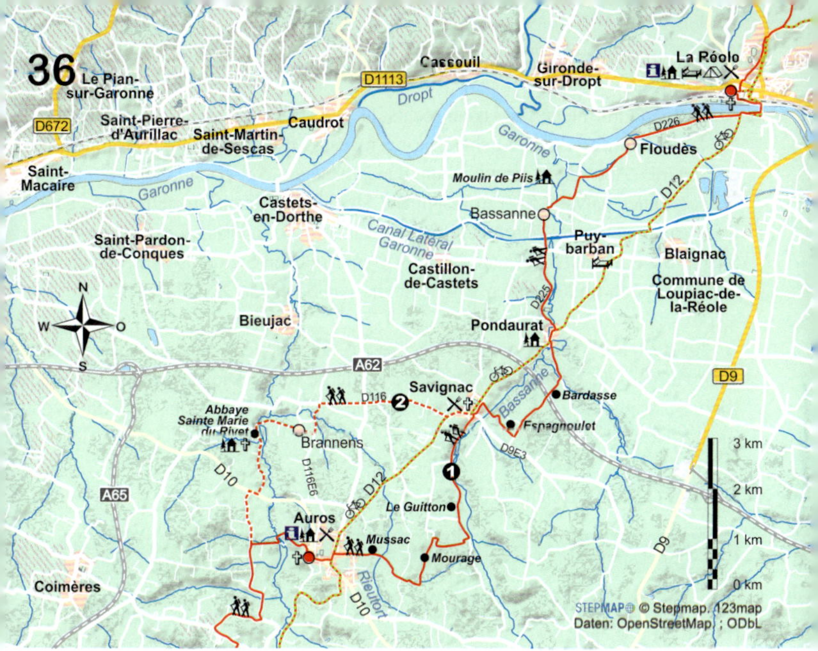

gehen Sie nach rechts und verlassen dann die D226 nach links. Sie wandern immer geradeaus weiter (an allen Kreuzungen und Weggabelungen – die Straße hat einige Kurven) und kommen nach **Bassanne** 🏠 (km 6).

🏠 Moulin de Piis, M und Mme Cots, ☏ 95 56 61 10 37 oder 06 64 17 33 17. Bei den Bewohnern handelt es sich um ehemalige Pilger, die gerne (nach Voranmeldung) Pilger für eine Nacht aufnehmen (nur Übernachtung). Zur Moulin de Piis kommen Sie, wenn Sie vor Bassanne scharf rechts und dann geradeaus gehen. Sie liegt rund 500 m vom Weg entfernt und außerhalb des Ortes.

In Bassanne gehen Sie am Kreisverkehr nach (schräg) links und überqueren dann mit der Straße einen Kanal. Danach laufen Sie geradeaus, bleiben auf der D225 und kommen nach **Pondaurat** 🏠 I (km 9).

🏠 Private Pilgerherberge, M und Mme Jamain, La Blanche, ☏ 06 89 40 49 95, 5 Betten, Halbpension € 25. Um zu dieser Unterkunft zu gelangen, gehen Sie an der Kreuzung nach links.

In Pondaurat biegen Sie nach rechts auf die D12 und nach 200 m nach links ab. Am Ende des Waldes gehen Sie nach rechts (Richtung Bardasse) und überqueren die Autobahn. Rund 1 km danach biegen Sie nach rechts ab (Schild „Espagnoulet"). Nach 300 m macht die Straße eine Rechtskurve und Sie gehen geradeaus auf einen Wiesenweg. Dieser führt durch ein Waldstück, an der Straße biegen Sie dann nach links ab. Nach 300 m erreichen Sie die D9E3, biegen dort nach rechts ab und kommen so zur Kirche von **Savignac** ✕ 🛒 (km 12,5).

Ab Savignac gibt es zwei Möglichkeiten: ❶ auf dem offiziellen Weg weiter nach Auros oder ❷ zur Abbaye Sainte Marie du Rivet. Die Wege führen danach wieder zusammen und haben ungefähr die gleiche Länge. Der Weg über das Kloster ist aber nicht ausgeschildert.

❶ Der Weg über Auros

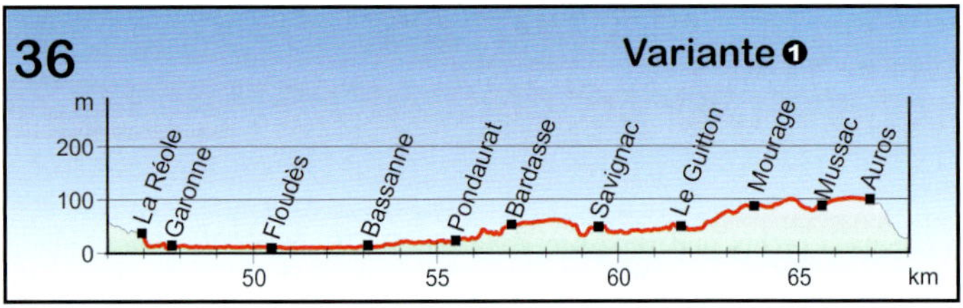

Von der Kirche gehen Sie nach rechts. Nach rund 2,5 km biegen Sie von der Straße rechts ab und laufen zunächst am Waldrand entlang, bevor der Weg Sie in ein kleines Waldstück führt. Danach gehen Sie rechts und wieder links, erneut am Waldrand entlang. Sie kommen zu einer kleinen Straße und wenden sich nach links. Nach 1 km macht der Weg eine Kurve nach rechts und Sie folgen ihm (auch wenn es geradeaus einen weiteren Weg gibt). Die nächste Kurve führt nach ca. 250 m nach links und Sie folgen ihr, biegen aber danach gleich nach rechts ab.

Am Waldrand entlang erreichen Sie nach 150 m wieder eine Straße und gehen geradeaus an einem Hof (auf der rechten Seite) vorbei. Der Weg führt Sie nach Auros, das Sie über die Route de Sage erreichen. An der T-Kreuzung gehen Sie nach links und am nächsten Abzweig in die Route du Foirail. Die Rue de Tauzia führt Sie direkt auf die Kirche von **Auros** zu (km 20).

Auros

104 m, 33124, 1.000 Ew.

Château d'Auros, Mme Fréret, ☎ 05 56 65 48 88 oder 06 71 44 12 24 oder 06 98 00 48 88, contact@chateau-auros.com, www.chateau-auros.fr, 14 Betten, Übernachtung € 23, Halbpension € 40. Das kleine Schlösschen liegt hinter der Kirche.

❷ Der Weg zum Kloster Sainte Marie du Rivet

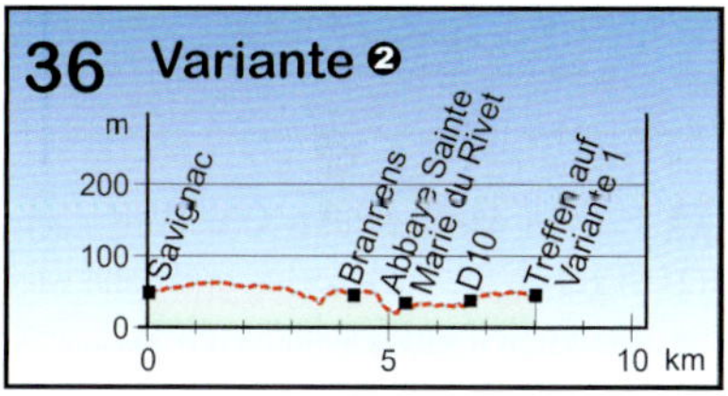

Von der Kirche von Savignac laufen Sie gerade auf der Hauptstraße durch das Dorf (wenn Sie vom Weg aus Pondaurat kommen, liegt die Kirche links und Sie gehen nach rechts). Nach ca. 500 m biegen Sie auf die D116 nach rechts ab. Sie bleiben geradeaus auf der Straße, bis Sie nach rund 3 km links auf die D116E6 abbiegen. An der nächsten Straße gehen Sie nach rechts und durchqueren Brannens. An der T-Kreuzung gehen Sie nach rechts und erreichen durch ein Tal das **Kloster Sainte Marie du Rivet** (km 18).

Abbaye Sainte Marie du Rivet: Das alte Kloster, dessen Ursprünge in die Zeit Karls des Großen zurückgehen, ist seit 1939 von Nonnen des Zisterzienserordens bewohnt. Sie nehmen nach Voranmeldung und gegen eine Spende gerne Pilger auf, die sich an den Gebetszeiten des Klosters beteiligen.

♦ ☎ 05 56 65 05 30 oder 05 56 65 05 33, www.abbayesaintemariedurivet.com

Auros/Le Rivet – Bazas 15,8 km/17 km

❶ Der Weg von Auros

Von der Kirche gehen Sie nach rechts. Der Weg führt Sie am Ortsrand zum Friedhof (rechts) und dann links auf einen Pfad. Dieser führt hinunter, auf dem Weg nach oben kommen Sie dann wieder auf einen breiteren Weg. Hier gehen Sie nach rechts und erreichen nach 550 m eine T-Kreuzung, von der aus Sie einen Abstecher zur Abbaye Sainte Marie du Rivet machen können (einfache Strecke ca. 3 km). Dazu gehen Sie nach rechts. Der ausgeschilderte Weg führt nach links.

❷ Der Weg vom Kloster Sainte Marie du Rivet

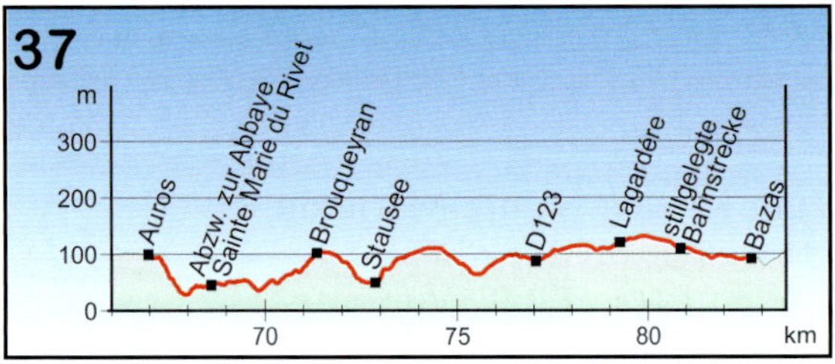

Vom Kloster führt der Weg nach Saint-Germain. An der Hauptstraße (D10) gehen Sie nach rechts und dann wieder nach links. Nach knapp 3 km haben Sie wieder den ausgeschilderten Weg erreicht (der hier von links aus Auros einbiegt).

Ab hier sind die zwei Wege wieder vereint. Sie folgen dem Weg, der nach rund 900 m eine Kurve nach links und danach eine Kurve nach rechts macht. An der T-Kreuzung am Waldrand gehen Sie nach rechts und erreichen Brouqueyran (km 5).

Château du Mirail, Mme de Lambert, ☏ 05 56 65 50 67, 3 Betten, Halbpension € 40

Detailaufnahme von der Kathedrale in Bazas

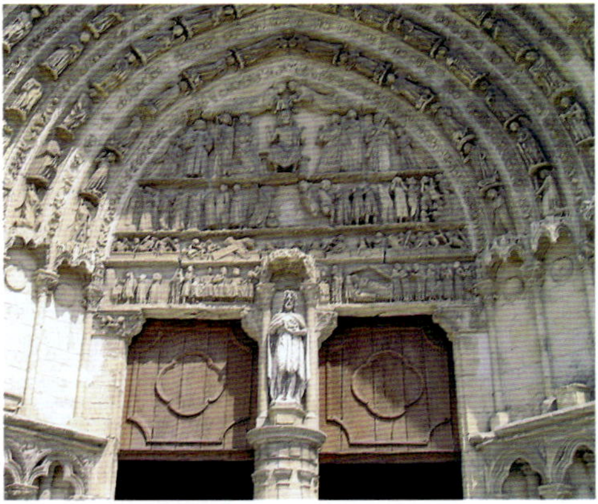

In Brouqueyran biegen Sie nach links auf die D125 ab. Nach 600 m verlassen Sie sie wieder nach rechts. Der Weg führt Sie hinunter zu einem kleinen Stausee. Dort gehen Sie nach rechts, ein wenig am Ufer entlang und dann durch den Wald wieder hoch. An der T-Kreuzung wenden Sie sich nach links. Der Weg führt Sie durch eine Senke und auf der

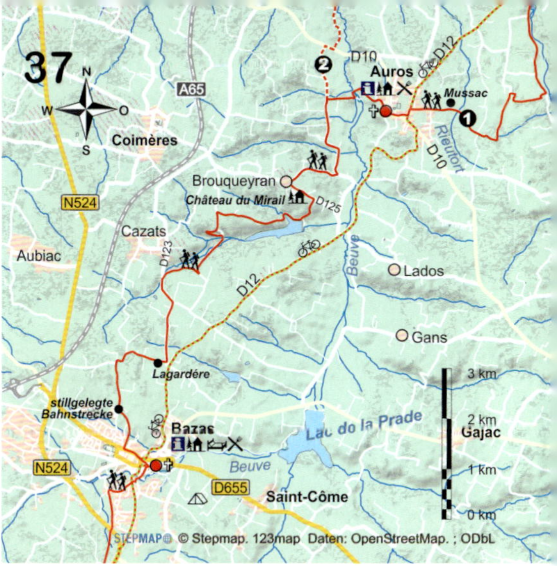

Höhe scharf nach rechts. Sie erreichen die D123, gehen nach links und bleiben für 1,7 km auf dieser Straße. Kurz bevor sie die D12 erreicht, biegen Sie nach rechts auf eine ruhige Nebenstraße ab. Der Weg führt Sie durch Lagardére. Auf der Höhe erreichen Sie eine weitere Straße und Sie gehen nach links. Der Weg macht eine Rechtskurve am Waldrand und dann eine Linkskurve. Etwa 1,2 km danach erreichen Sie einen Radweg auf einer stillgelegten Bahnstrecke und biegen nach links auf diesen ein. An der Hauptstraße (D655) wenden Sie sich nach links und erreichen auf geradem Weg über die Rue Pallas den Place de la Cathédrale in **Bazas**.

Bazas ⇧ 80 m, 33430, 4.360 Ew.

Office du tourisme, 1 Place de la Cathédrale, ☏ 05 56 25 25 84, www.ville-bazas.fr oder www.tourisme-sud-gironde.com

Refuge pèlerin municipal, Centre Marcel Martin, Cours Maréchal Joffre, Anmeldung und Schlüssel beim Office du tourisme, 4 Betten, Übernachtung € 10

Private Herberge und Chambre d'hôtes Dortoir pelerine, M und Mme Dumortier, Château Saint-Vincent, 1 Rue Arnaud de Pins, ☏ 05 56 25 12 20 oder 06 76 82 01 33 oder 06 73 40 78 71, Übernachtung mit Frühstück in der Herberge € 45 (2 Personen € 60)

☺ Auch in Bazas haben sich Menschen zusammengetan, die Pilger gerne für eine Nacht beherbergen: ☏ 05 56 25 12 05 oder 06 76 09 54 69 (48 Std. vorher anmelden).

✝ **Cathédrale Saint-Jean-Baptiste** (Johannes der Täufer). Im gotischen Stil ab 1233 erbaut. Sie steht auf der UNESCO-Weltkulturerbeliste.

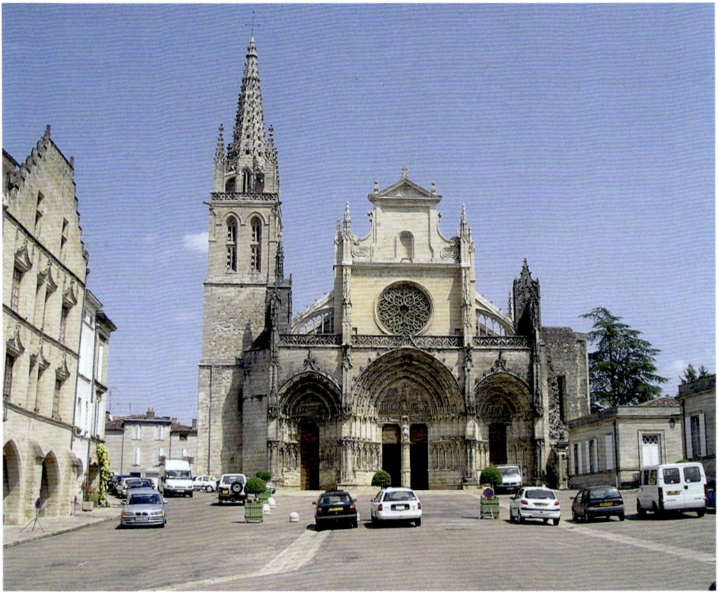

Kathedrale Bazas

⌘ **L'apothicairerie de l'hôpital Saint-Antoine**. Historische Apotheke aus dem 18. Jh.

♦ Der Besuch wird über das Office du tourisme organisiert, Eintritt € 5.

⌘ **Musée municipal de Bazas**. Das historische Museum ist im alten Rathaus untergebracht.

♦ Juni bis Aug Sa 14:00 bis 18:00. Sonst wird der Besuch über das Office du tourisme organisiert. Eintritt frei

Bazas war eine wichtige Pilgerstation auf dem Weg nach Santiago de Compostela.

Bis zur Französischen Revolution residierte ein Bischof in der Stadt. Viele historische Gebäude zeugen von der reichen Vergangenheit der Stadt, z. B. das alte Hôpital des pèlerins.

Bazas – Captieux

7,3 km

Die Bahntrasse soll als Fahrradweg ausgebaut werden, die ersten Kilometer wurden 2018 freigegeben. Somit können Sie auch auf der alten Bahntrasse fahren. Parallel führt die N524 nach **Captieux**.

Vom Place de la Cathédrale nehmen Sie die Rue Saint-Martin und steigen danach an. Nach Überquerung der Hauptstraße gehen Sie auf der Avenue Franck Gazenave weiter. Nach dem Schulzentrum (Collège Ausone) auf der rechten Seite stoßen Sie wieder auf die alte Bahntrasse. Dort markiert ein Holzwegweiser den Abzweig und Sie gehen links auf die alte Bahntrasse. Auf dieser laufen Sie die nächsten Tage. Nach ca. 800 m müssen Sie eine Hauptstraße (N524) überqueren. Hier gibt es keine Brücke oder Unterführung.

Viel Verkehr.

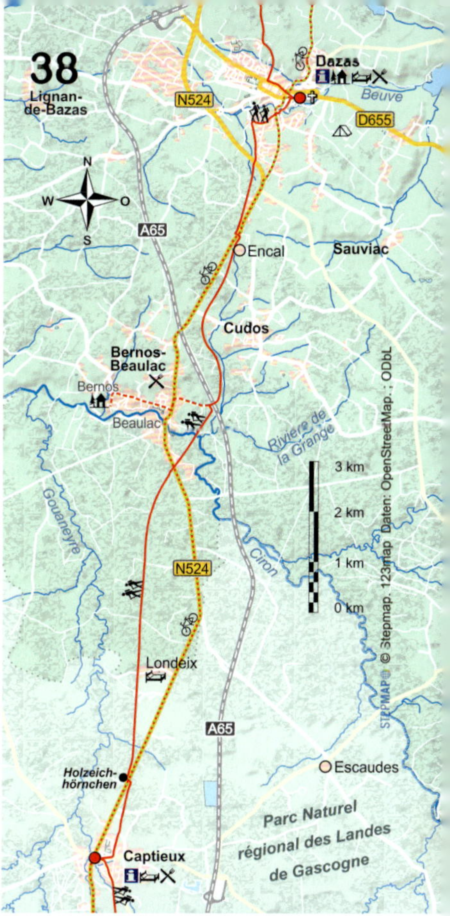

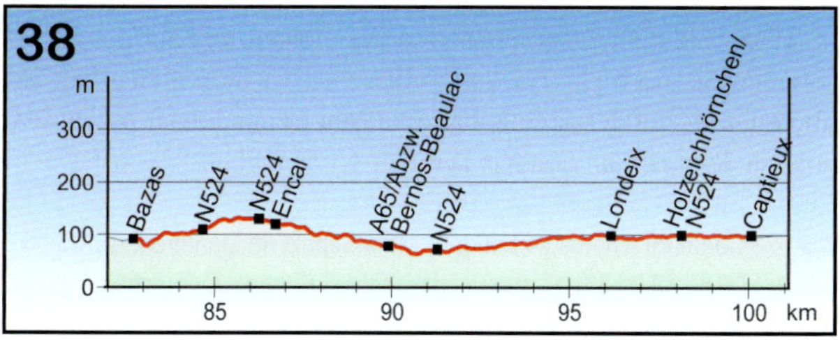

Kurz bevor Sie Encal erreichen, überqueren Sie die Hauptstraße (N524) erneut. Eine Unterführung leitet Sie unter der Autobahn hindurch (km 7,3). Danach biegt der Weg nach links ab.

Wenn Sie eine Übernachtung in Bernos-Beaulac planen, dann gehen Sie hier geradeaus. An der Hauptstraße wenden Sie sich nach links und kommen in den Ortsteil Beaulac ( ) von **Bernos-Beaulac** (km 8,5).

Gîte municipal de Bacourey, ☏ 05 56 25 41 42 oder 06 83 04 84 25, 7 Plätze, Übernachtung im Mehrbettzimmer ab € 20 (für 2 Personen im Doppelzimmer ab € 35, am Wochenende € 50). Die Unterkunft ist speziell für Gruppen gedacht und nimmt Pilger nur nach Voranmeldung auf, wenn noch freie Plätze zur Verfügung stehen. Die Gîte liegt im Ortsteil Bernos. Um dorthin zu kommen, gehen Sie an der Route de Bernos nach rechts.

Refuge pèlerin privé, M und Mme Méric, ☏ 05 56 25 44 96, 2 Plätze, Übernachtung gegen Spende. Das Ehepaar wohnt etwas außerhalb und nimmt gerne für eine Nacht Pilger auf. Sie werden im Ort abgeholt.

Bernos-Beaulac ist eine lang gestreckte Siedlung mit vielen Einzelhäusern. Im Mittelalter bestand im l'Hôpital Saint-Jacques (Jakobushospital) eine Übernachtungsmöglichkeit für Pilger.

Sie laufen von Bernos-Belac an der Hauptstraße (N524) entlang.

Viel Verkehr!

Kurz vor dem Ortsausgangsschild und nach der Tankstelle biegen Sie rechts auf die ehemalige Bahntrasse ab.

Wenn Sie dem ausgeschilderten Weg folgen und auf der Bahntrasse bleiben, kommen Sie nach ca. 1,5 km an diese Stelle. Sie müssen hier die Hauptstraße überqueren. Auf der alten Bahntrasse geht es nun immer durch den Wald geradeaus. Sie kommen an **Londeix** (km 13,5) vorbei.

Chambre d'hôtes Le Londeix, Mme Sophie de Montbron, ☏ 05 56 65 68 83 oder 06 66 89 22 56, www.londeix.com, 5 Betten, Übernachtung mit Frühstück ab € 65 (für 2 Personen ab € 75)

Kurz vor **Captieux** grüßt ein Holzeichhörnchen die Gäste, dort überqueren Sie erneut die N524. Der Weg führt zunächst durch den Wald und dann am ehemaligen Bahnhof vorbei. Sie stoßen auf eine Straße (Rue de la Gare) und gehen dort nach rechts Richtung Ortsmitte von **Captieux**.

Captieux

95 m, 33840, 1.400 Ew.

Syndicat d'initiative, Mairie, ☏ 05 56 65 60 31, www.captieux.fr

Refuge pèlerin municipal, Place du Huit Mai 1945, ☏ 05 56 65 60 31, 6 Betten, Übernachtung € 10. Den Schlüssel (hier ein Code) bekommt man bei der Mairie.

Hôtel-Restaurant Le Cap des Landes, 5 Route de Bazas, ☏ 05 56 65 64 93, 7 Zimmer, Übernachtung ab € 55 (für 2 Personen). Das einzige Hotel in Captieux steht an der Hauptstraße in der Nähe der Kirche. Das Restaurant ist ab Sonntagnachmittag und montags geschlossen.

Captieux – Roquefort 34 km

Sie nehmen die D932 und fahren an **Retjons** vorbei nach **Roquefort**.

Auf der Route de Maillas gehen Sie Richtung Maillas et Gabarret durch den Ort und dann nach 600 m rechts auf die ehemalige Bahntrasse und auf dieser gerade durch den Wald.

Auch bei Hitze empfiehlt es sich, bei feuchter Witterung wegen der zahlreichen Stechmücken mit langen Hosen und Hemden zu wandern.

Bei km 7 überqueren Sie eine Piste. Auf ihr geht es 1,5 km links nach **Le Billon** (keine Einkaufsmöglichkeit).

Gîte Mme Tresseras, Domaine du Billon, ☏ 06 02 27 88 62, www.lebillon.fr, 7 Plätze in 3 Jurten, Übernachtung gegen Spende, Essen auf Anfrage möglich

Bevor Sie den alten Bahnhof **Gare du Poteau** (km 10, 135,5 m) erreichen, verlassen Sie die Bahntrasse nach links. Sie überqueren die Autobahn und gehen nach rechts. Der Weg führt zunächst an der Autobahn entlang. Nach der Departementsgrenze zwischen La Gironde und Les Landes biegen Sie dann auf einen Forstweg nach links ab.

Der Name „Landes“ stammt aus dem Keltischen und bedeutet „Heidelandschaft“. Heute erstreckt sich auf der früheren Heidefläche Kiefernwald. Regelmäßig verwandelte sich die Heidefläche früher nach einem Regenschauer in eine riesige Sumpffläche. Die Sandflächen von Les Landes zählten im Mittelalter deshalb zu den schwierigsten Passagen auf der Via Lemovicensis.

Im Pilgerführer von Aymeric Picaud heißt es über Les Landes: „Das ist eine gottverlassene Gegend, in der es an allem fehlt: es gibt dort weder Brot noch Wein, Fleisch, Fisch, Bäche oder Trinkwasserquellen; Ansiedlungen sind selten in dieser sandigen Ebene, die indessen reich ist an Honig, Hirse und Wildschweinen. Wenn du die Landes zufällig im Sommer durchquerst, denke daran, dein Gesicht einzuhüllen wegen der riesigen Stechmücken, die dort zu Millionen herumschwirren …; und wenn du nicht genau auf deine Schritte achtest, kann es ganz schnell passieren, dass du bis zum Knie im Meeressand versinkst, der dort an allen Ecken und Enden zu finden ist.“

Aufgrund der Initiative der Ingenieure Jules Chambrelent und Nicolas Bremeontier und durch Unterstützung von Napoleon III. wurden Mitte des 19. Jh. die Dünen an der Küste, die das Land zu versanden drohten, mit Bäumen befestigt und die Sümpfe trockengelegt. Mit einer Gesamtfläche von über 1 Mio. ha gehört der Wald heute zu den größten zusammenhängenden Waldflächen Europas.

Durch die Aufforstung und die folgende Harzgewinnung sowie durch Papierherstellung erfuhr die Region einen wirtschaftlichen Aufschwung. Doch nach dem Ende des Zweiten Weltkriegs wurde die Harzgewinnung unrentabel und wird deshalb nicht mehr betrieben.

Im Departement Les Landes ist die Taubenjagd ein Volkssport. Entlang des Weges befinden sich mehrere *palombières*. Besonders in der Zeit zwischen dem 1. Oktober und dem 20. November müssen Sie auf die Jäger achten.

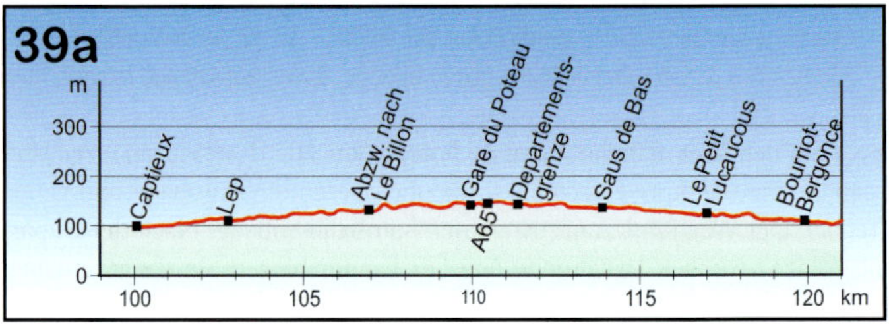

An der nächsten Kreuzung biegen Sie rechts (auf die *piste intercommunale 57*) und vor den Häusern von **Saus de Bas** links ab (auf die *piste intercommunale 82*). Diese führt zunächst am Waldrand entlang. Nach **Le Petit Lucaucous** biegt die *piste intercommunale* nach rechts ab. Sie laufen weiter geradeaus und kommen nach **Le Petit Bétéra**. Dort wenden Sie sich nach rechts und nach der Brücke nach links. Dieser Waldweg führt Sie auf die D24. Mit ihr erreichen Sie **Bourriot-Bergonce** 🛏 🛒 (km 20).

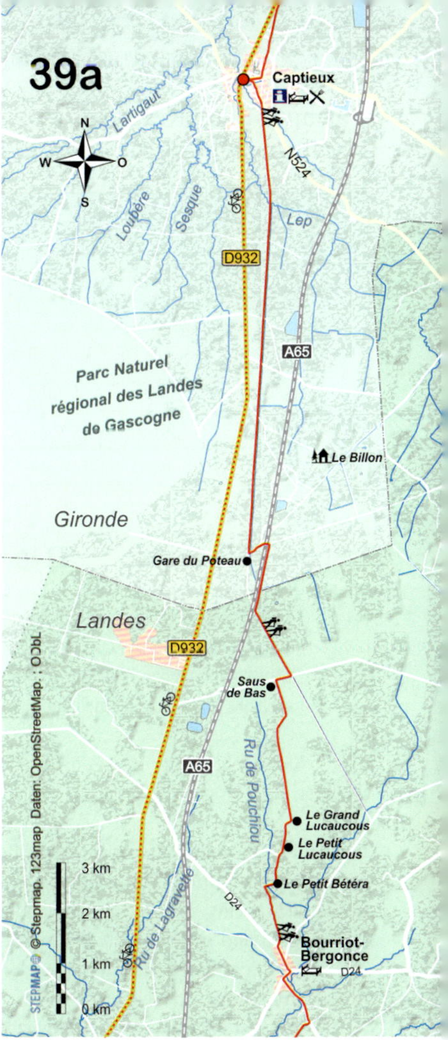

🛏 Chambre d'hôtes La Maillade, „Bernadet", M und Mme Cart-Lamy, ☏ 05 58 93 39 63, 6 Betten, Übernachtung mit Frühstück ab € 60 (für 2 Personen)

Im Ort biegen Sie rechts auf die D224 und nach 200 m links auf die D379 Richtung Saint-Gor ab. Nach etwa 1 km verlassen Sie die D379 und biegen auf einen Waldweg nach rechts ab (nach links geht es nach Persillon). Im Wald führt der Weg schräg nach links, bei Le Petit Montluc (km 22) erreichen Sie eine alte Bahntrasse. Auf dieser geht es jetzt 6 km nach Südwesten.

Nach 1,5 km kommen Sie an eine Kreuzung. An dieser geht es nach links zur Chapelle Notre-Dame de Lugaut, einer Kapelle aus dem 12. Jh. (🚪 Juli bis Sep an den Wochenenden). Nach rechts können Sie nach Retjons wandern.

Variante über Retjons

(vom Pilgerweg nach Retjons 4 km, von Retjons zum Pilgerweg 4 km)

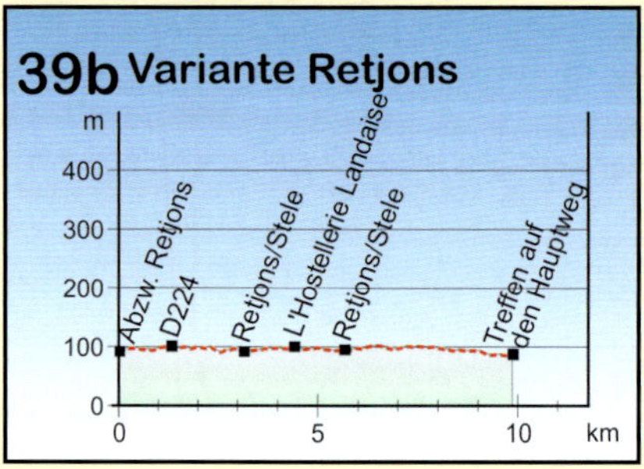

Von der Kreuzung geht es nach rechts (von den zwei Möglichkeiten den rechten Weg wählen). Nach rund 460 m erreichen Sie einen Weg, auf dem Sie nach links weitergehen. Er führt Sie zur D224. Dort laufen Sie nach links, überqueren mit der D224 die Autobahn und erreichen **Retjons** (km 26).

Retjons

↑ 90 m, 40120, 277 Ew.

L'Hostellerie Landaise, Route de Bordeaux „Nautille", ☏ 05 58 93 36 33, www.hostellerie-landaise.fr, 3 Zimmer, Übernachtung ab € 60 (pro Zimmer, Pilgerrabatt € 14 pro Person). Das Hotel liegt an der D932. Gehen Sie an der Kreuzung in Retjons nach rechts, nach etwa 1 km erreicht die D428 die D932. Dort gehen Sie nach links und nach 500 m finden Sie das Hotel auf der rechten Seite.

☺ Eine Stele an der Kreuzung zeigt an, dass es noch 1.000 km bis nach Santiago de Compostela sind.

Von Retjons müssen Sie nicht denselben Weg zurückgehen. Von der Herberge gehen Sie nur zurück zur Kreuzung, dann hoch zum Kreuz und dort auf der D224 nach rechts. 100 m vor der Hauptstraße verlassen Sie die D224 nach links in den Wald und gehen gleich wieder rechts. Nach 100 m biegen Sie vom Wanderweg mit der blauen Markierung nach rechts ab und es geht parallel zum Bach (Ruisseau Le Ribarrouy) weiter.

Vor der ersten Überquerungsmöglichkeit gehen Sie nach links. Sie bleiben auf der nördlichen Seite des Baches und erreichen nach Unterquerung der Autobahn wieder die alte Bahntrasse und den Pilgerweg (bei km 26). Sie biegen nach rechts ab und überqueren erst jetzt mit dem Pilgerweg den Bach.

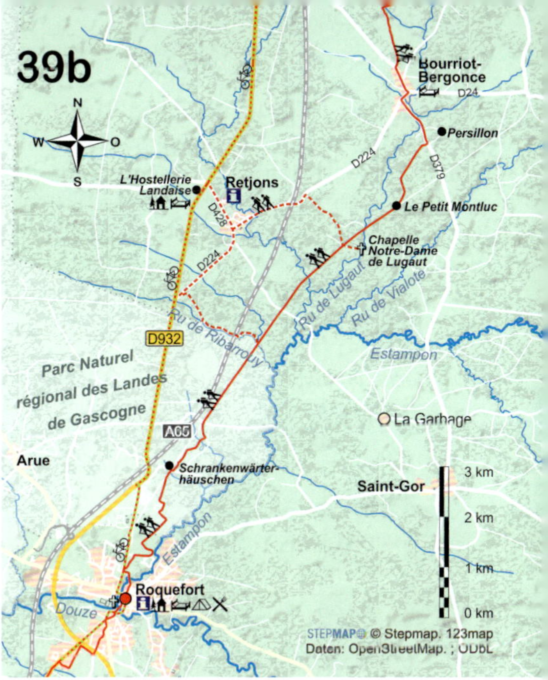

2 km nach Überquerung des Baches Le Ribarrouy kommen Sie immer näher an die Autobahn und an einen ehemaligen Bahnübergang. Hier verlassen Sie die alte Bahntrasse und gehen schräg links auf einen Waldweg. Bei der nächsten Möglichkeit müssen Sie wieder nach rechts abbiegen. Über den Waldweg kommen Sie auf eine Straße und wenden sich dort nach rechts. Vor dem ehemaligen Bahnübergang gehen Sie wieder nach links. Das alte Schrankenwärterhäuschen ist noch bewohnt. An der ersten Kreuzung laufen Sie geradeaus, an alten Teichen vorbei werden Sie wieder auf eine breitere Straße geleitet. Dort gehen Sie nach links und kommen – mit einem Umweg um eine Autowerkstatt – an die D932. Dort wandern Sie nach links in den Chemin de Coupet. Dieser wird schnell zum Wiesenweg, überquert einen Bach und steigt dann als Pfad wieder an. Er führt in die Rue Portelerang und diese direkt zur Kirche von **Roquefort**.

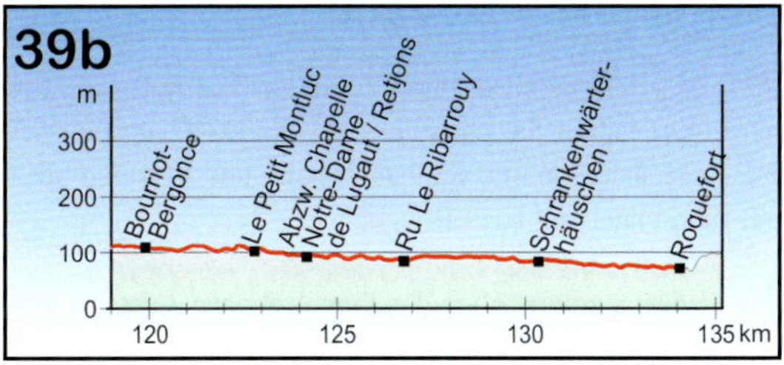

Roquefort ⇧ 100 m, 40120, 1.900 Ew.

Mairie, 1 Place du Soleil d'or, ☏ 05 58 45 50 46, www.roquefort-des-landes.fr

Refuge pèlerin associatif des Amis de Saint-Jacques des Landes in der École Sainte-Elisabeth, Impasse de l'abbé Besselère. 10 Plätze, Küche, Übernachtung € 8. Achtung: Die Schlüssel für die Herberge gibt es beim Café Bar de la Paix vor der Brücke, Anmeldung bei M Loubère, ☏ 05 58 45 64 58 oder 06 07 09 57 62, oder beim Café Bar de la Paix, 51 Place des Cordeliers, ☏ 05 58 45 51 59. Der Weg ist ab dem Kreisverkehr hinter der Kirche beschildert.

Die Kirche in Roquefort

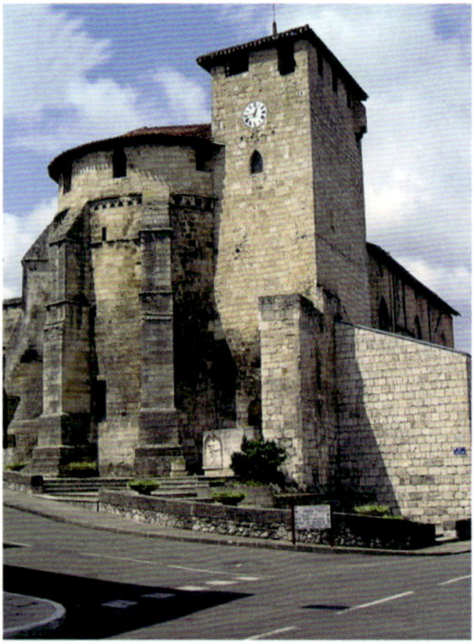

✝ **Égise Notre-Dame de l'Assomption**. Kirche aus dem 12. Jh. Daneben steht eine Kapelle, die 1999 restauriert und Jakobus geweiht wurde.

☺ Eine Besonderheit des Departements Les Landes ist die Tradition des Stierkampfes. In den meisten Orten gibt es Stierkampfarenen. Heute werden sie zu besonderen Festivals genutzt, wobei der Stier die Arena lebend verlässt.

☹ Den berühmten Roquefortkäse sucht man in diesem Roquefort (Roquefort-des-Landes) vergeblich. Er stammt aus Roquefort-sur-Soulzon (Departement Aveyron).

Roquefort – Bougue 19,5 km

Sie fahren auf der D932, parallel zur Autobahn, bis nach Le Grand Chemin. Dort fahren Sie nach links auf die D392 und erreichen **Gaillères**. In Gaillères fahren Sie nach rechts und kommen auf ruhigen Nebenstraßen mit dem Pilgerweg nach **Bougue**.

Sie wandern über die Rue Alphonse Castaing und die Rue Penecadet. Bevor diese auf die Hauptstraße führt, gehen Sie nach links die Treppen hoch und überqueren die Hauptstraße (D923N) geradeaus. Sie kommen dann auf den

Chemin du Pouy. Dort gehen Sie schräg rechts und kommen wieder auf die D932N. Sie gehen nach links auf die Route de Pau, Nach 200 m biegen Sie rechts in den Chemin de Bostens ab. An der nächsten Kreuzung laufen Sie geradeaus und nach der Überquerung der Umgehungsstraße auf der Route de Dufourc nach rechts. Der nächsten Straße (Chemin de Balloche) folgen Sie nach links. Die Straße führt mit einem Knick an die D932.

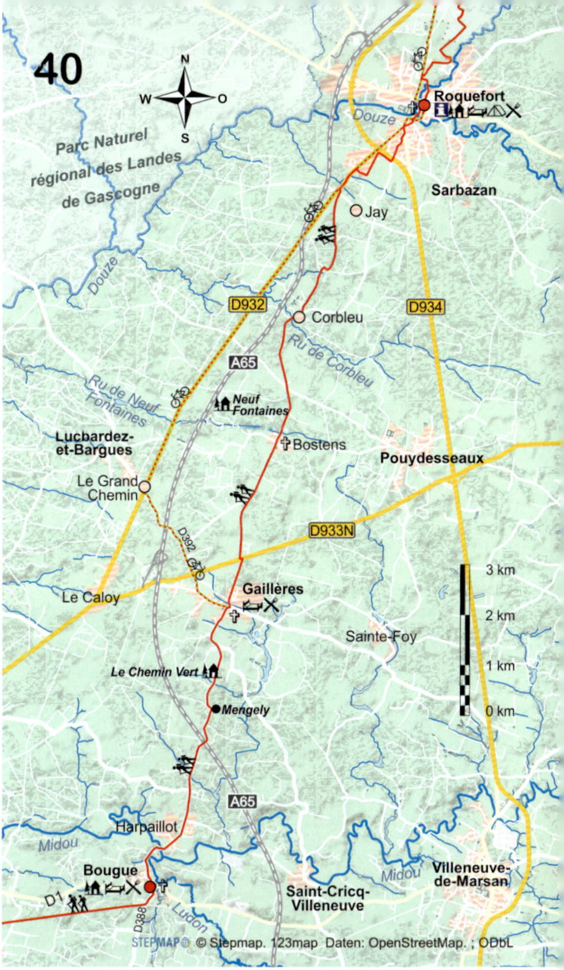

Viel Verkehr!

An der D932 gehen Sie nach links und nach dem alten Bahnübergang erneut nach links (Richtung Jay) und gleich wieder rechts.

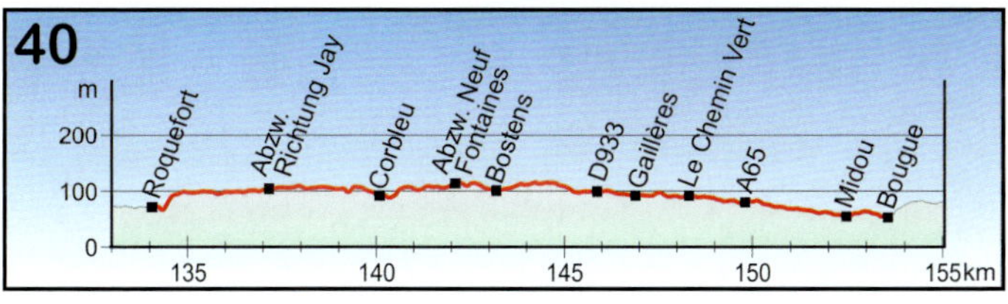

Sie wandern auf einem schönen Waldweg zunächst geradeaus, im Wald dann rechts und gleich wieder links (gut beschildert). Vor **Corbleu** kommt der Weg auf eine Teerstraße. In **Corbleu** (km 6) gehen Sie rechts und am Friedhof vorbei, dann über die Brücke. Nach Überquerung einer Landstraße erreichen Sie **Bostens** (km 9).

☺ In der Kirche ist ein „Halte Pèlerin" eingerichtet. Dort gibt es Wasser und man kann ausruhen.

Association pour la Protection du Patrimoine et de l'Environnement des Neuf Fontaines, ☏ 06 89 52 12 46, ✉ ape9fontaines@gmail.com, 💻 www.parcnatureldumarsan.fr, 6 Plätze, Übernachtung mit Frühstück gegen Spende, auf Wunsch auch Abendessen (€ 12). Die Herberge liegt außerhalb von Bostens im Naturschutzgebiet Neuf Fontaines. Um dorthin zu gelangen, gehen Sie vor Bostens, ca. 80 m nachdem Sie die Landstraße überquert haben, nach rechts.

Die Kirche in Bougue

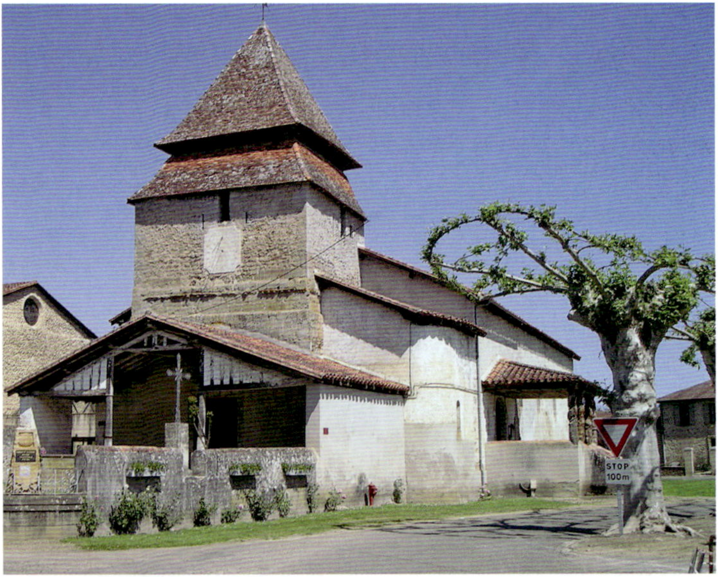

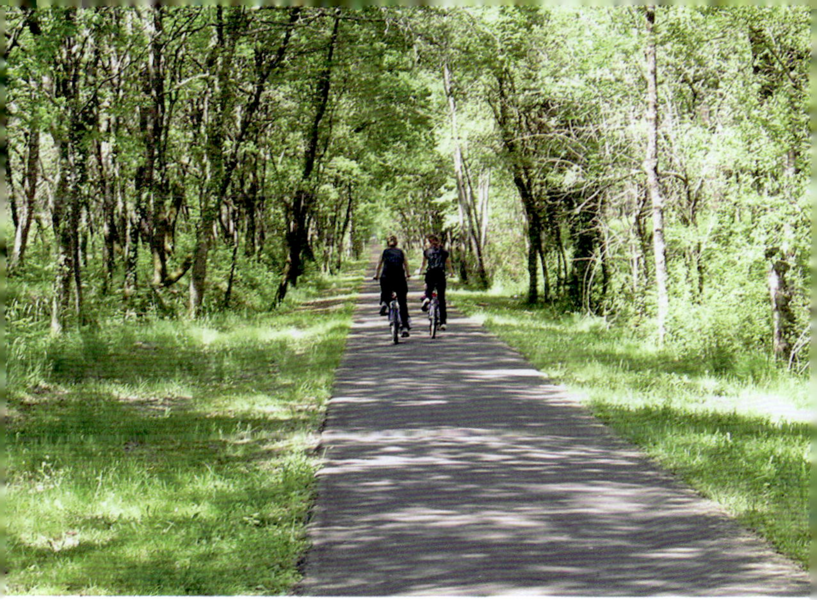

Rad- und Fußweg zwischen Bougue und Mont-de-Marsan

Durch Bostens gehen Sie geradeaus durch. Der Weg stößt auf die Hauptstraße D933 (km 11,5). Dort gehen Sie nach links und gleich wieder nach rechts. Der Weg führt nach **Gaillères** (km 13).

Le Chemin Vert, ☏ 05 58 76 57 04 oder 06 81 25 83 59, 10 Betten, Übernachtung mit Halbpension € 35. Die Herberge befindet sich ca. 1,5 km nach Gaillères am Pilgerweg (1116 Route de Bouge).

Hôtel-Restaurant Au cœur des Landes, Place de l'église, ☏ 05 58 93 69 48, www.aucoeurdeslandes.fr, 2 Zimmer, Übernachtung ab € 40 (für 2 Personen ab € 50), Frühstück € 6

An der Kirche gehen Sie auf dem Jakobsweg nach rechts und gleich wieder nach links. (Zum Friedhof , laufen Sie an der Kirche nach links und dann wieder nach rechts.) An der Hauptstraße entlang wandern Sie nach **Bougue**.

Bougue ⇧ 50 m, 40090, 756 Ew.

Gîte pèlerin municipal, ☏ 05 58 52 92 13 oder 05 58 52 93 08, Schlüssel und Anmeldung in der Bar am Platz oder bei der Mairie, 4 Betten, Übernachtung € 8

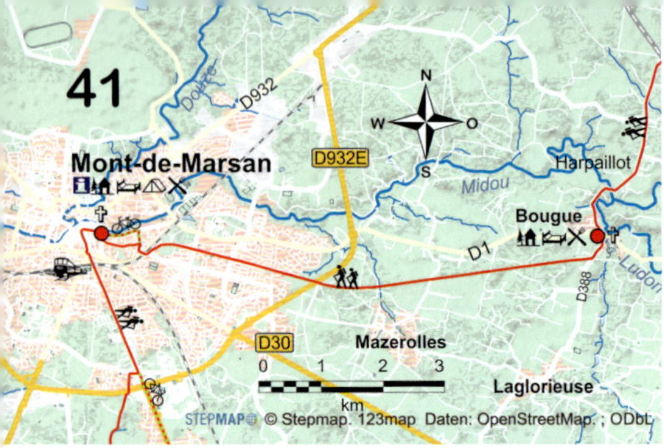

Bougue – Mont-de-Marsan 9,1 km

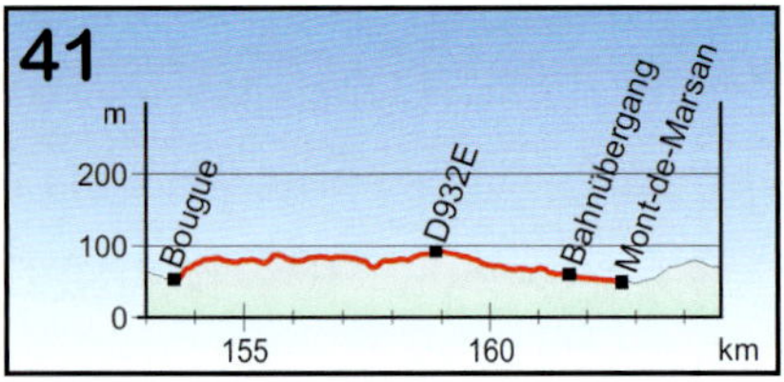

Gehen Sie an der Kirche vorbei auf der D388 Richtung Laglorieuse und nach 500 m auf den Radweg nach rechts. Er verläuft auf einer ehemaligen Bahnstrecke und führt direkt nach **Mont-de-Marsan**. Am Ende, nach 7 km, gehen Sie nach rechts, über den Bahnübergang und dann geradeaus. Auf der rechten Seite liegt ein Supermarkt. Nach 400 m biegen Sie an der T-Kreuzung nach links ab. An der nächsten Ampelkreuzung gehen Sie dann nach rechts und gleich wieder links in die Rue Augustin Lesbazeilles. Die Innenstadt erreichen Sie über den Boulevard Delamare. Die Hauptkirche befindet sich auf der anderen Seite des Flusses Midou, auf dieser Flussseite kommt man geradeaus zum Hôtel de Ville von **Mont-de-Marsan**.

Mont-de-Marsan

⇧ 55 m, 40000, 29.500 Ew.

Office du tourisme, 6 Place du Général Leclerc, ☏ 05 58 05 87 37, www.lemarsantourisme.fr oder www.montdemarsan.fr

♦ Sociéte landaise des Amis de Saint-Jacques, ☏ 05 58 06 84 01

Refuge pèlerin „Voie de Vézelay“ de la Sociéte landaise des Amis de Saint-Jacques, 2 Rue Augustin Lesbazeilles, ☏ 05 58 93 38 33 oder 05 58 75 76 14, 14 Betten, Küchenzeile mit Mikrowelle und Bibliothek mit Büchern über den Jakobsweg, Übernachtung € 8. Die Pilgerherberge befindet sich im ersten Gebäude auf der rechten Seite.

Hôtel-Restaurant Les Pyrénées, 20 Avenue du 34° R. I., ☏ 05 58 46 49 49, 24 Zimmer, Übernachtung ab € 44, Frühstück € 8

♦ Hôtel-Restaurant La Siesta, 8 Place Jean Jaurès, ☏ 05 58 06 44 44, www.la-siesta.fr, Übernachtung ab € 42 (für 2 Personen € 48), Frühstück € 8

🛏 Hôtel Résidence Hesttel, 64 Avenue de Maréchal Juin, ☏ 05 58 75 59 32, Übernachtung ab € 46, Frühstück € 6,50

Pont de Commerce. Die Flüsse Douze und Midou vereinigen sich mitten im Zentrum der Stadt zur Midouze. Später mündet die Midouze in die Adour.

Zusammenfluss von Douze und Midou zur Midouze, Mont-de-Marsan

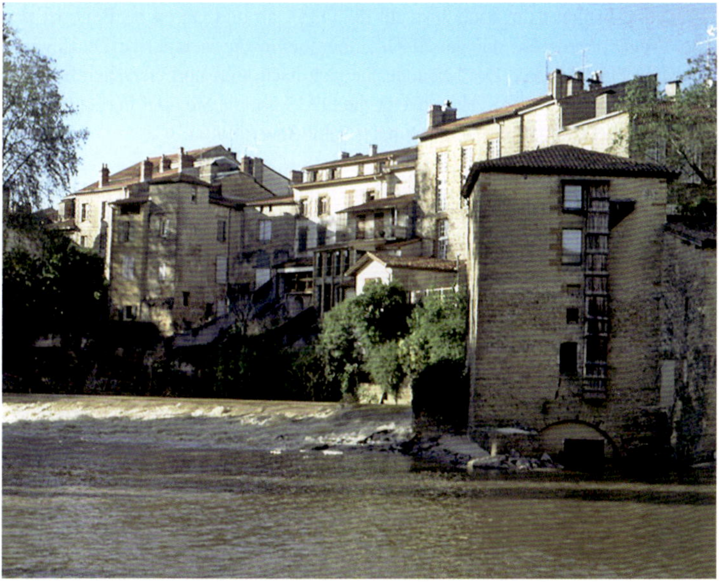

⌘ **Musée Despiau-Wlerick**. Das Museum ist in einem Donjon (Wehrturm) aus dem 14. Jh. untergebracht. Es zeigt mehr als 600 Werke von rund 100 internationalen Künstlern. Benannt ist es nach den einheimischen Bildhauern Charles Despiau (1874-1946) und Robert Wlerick (1882-1944).

♦ 6 Place Marguerite de Navarre, ☏ 05 58 75 00 45, Mi bis So 10:00 bis 12:00 und 14:00 bis 18:00, an Feiertagen geschlossen, Eintritt € 3, Sonderausstellungen € 2

Mont-de-Marsan ist die Hauptstadt des Departements Les Landes, hinterlässt aber dennoch einen etwas verschlafenen Eindruck.

Mont-de-Marsan – Saint-Sever 20,9 km

🚲 Der direkte Weg von **Mont-de-Marsan** nach Saint-Sever ist als D933 vierspurig ausgebaut und daher als Wegalternative für Radfahrer nicht zu empfehlen. Verlassen Sie die Stadt stattdessen auf der Avenue President John Fitzgerald Kennedy in Richtung Pau und Tarbes. Nach dem Kreisverkehr mit der Umgehungsstraße herrscht mehr Verkehr. Sie bleiben rund 3 km bis **Maisonnave** auf der D824 und biegen dann nach links auf die D351 ab und fahren bis **Benquet** 🛏 🍽. Weiter fahren Sie auf der D404, überqueren die vierspurige D933S und erreichen **Haut-Mauco**. Dort wenden Sie sich nach links und erreichen bei Bas-Mauco wieder die D933S. Hier zweigt die D933 ab, die Sie über **Péré** zum Fluss Adour führt. Dann fahren Sie hoch nach **Saint-Sever**.

🚶 Sie gehen über den Place Jean Jaurès und die Avenue President John Fitzgerald Kennedy in Richtung Pau und Tarbes aus der Stadt hinaus. Nach 3 km laufen Sie kurz vor dem Kreisverkehr nach rechts Richtung Saint-Pierre-du-Mont und gleich wieder links Richtung Lareigne. Sie unterqueren die Umgehungsstraße. Der Teerweg endet an einem Haus und Sie gehen schräg links auf einem Waldweg weiter. Im Wald biegen Sie rechts und gleich wieder links ab. Der Waldweg endet an einem Hof. Dort gehen Sie rechts bis zur Straße und auf der D321 nach **Benquet**.

Am Ortseingang steht links die Kirche 💧. Sie gehen weiter geradeaus und am ersten Kreisverkehr schräg rechts durch den eigentlichen Ort **Benquet** 🛏 🍽 (km 8).

🛏 Chambre d'hôtes Manoir des Manumis, 1068 Avenue de la Chalosse, M und Mme Frorensa, ☏ 05 58 71 05 10, 💻 www.manoirdesmanumis.fr, 5 Zimmer, Übernachtung mit Frühstück für 2 Personen € 70. Zum Chambre d'hôtes folgen Sie am zweiten Kreisverkehr geradeaus der Hauptstraße. Nach knapp 1 km liegt es auf der rechten Seite. (Einige Pilger beanstandeten die Sauberkeit.)

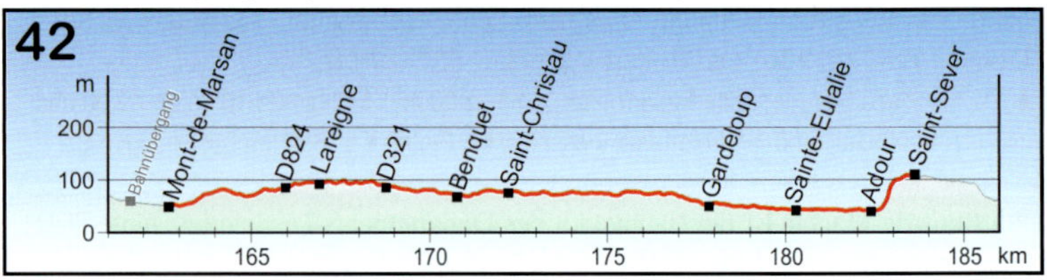

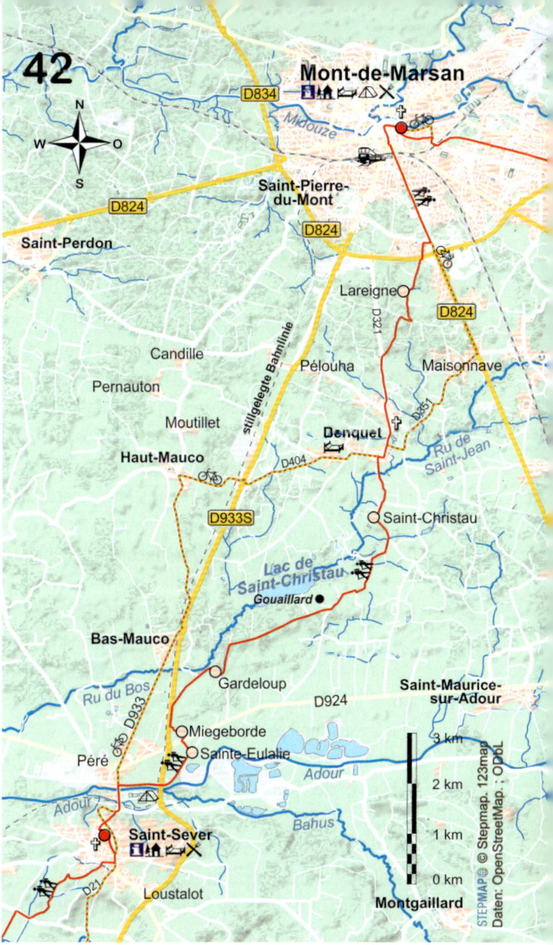

Sie folgen der Hauptstraße und machen mit ihr eine Kurve nach rechts. Danach gehen Sie am Kreisverkehr nach links. Auf der Straße bleibend laufen Sie durch **Saint-Christau** (km 10). Der Hauptstraße nach gehen Sie 500 m hinter dem Ort nach rechts in die Route du Sarrat. 600 m nach dem Abzweig biegen Sie links ab. Einen Kilometer weiter gehen Sie weg von der Hauptstraße nach rechts in den Chemin de Laouzère. Der geteerte Weg zweigt zu einem Hof ab, Sie gehen geradeaus auf einem Waldweg weiter.

An der T-Kreuzung im Wald biegen Sie nach links ab. Nach 700 m gelangen Sie zu einer Straße und gehen dort nach rechts. Die Straße führt Sie zu einer vierspurig ausgebauten Straße und ein Stück an ihr entlang. Dann biegen Sie nach links ab und kommen durch **Miegeborde** zur stark befahrenen D924.

Sie überqueren die Straße und erreichen **Sainte-Eulalie** (km 18). Dort biegen Sie rechts ab und gehen nach dem Ort auf einem Damm weiter. Dieser unterquert eine alte Bahnstrecke und eine neue Umgehungsstraße. Am Fluss Adour entlang führt er zur Hauptstraße Avenue du General de Gaulle. An dieser gehen Sie nach links und auf der Brücke über den Fluss Adour. Danach biegen Sie mit der

Hauptstraße nach rechts ab. Bei der nächsten Möglichkeit laufen Sie nach links, den steilen Weg Cote de Brille hinauf. Oben gehen Sie geradeaus in die Rue Lafayette und kommen zur ehemaligen Benediktinerabtei von **Saint-Sever**.

Saint-Sever ⇧ 60 m, 40500, 4.460 Ew.

Office du tourisme, Place du Tour du Sol, ☏ 05 58 76 34 64, gegenüber der Abtei, www.saint-sever.fr

Refuge municipal au Cloître des Jacobins, Rue Antonin Cloche, ☏ 05 58 76 34 64 (Office du tourisme). Die Herberge befindet sich im ehemaligen Jakobinerkloster und bietet 2 Zimmer mit 4 und 8 Betten. Übernachtung € 10.
Im Refuge municipal werden Radfahrer nicht aufgenommen. Sie werden an den Campingplatz Les Rives de l'Adour verwiesen (Avenue René Crabos, www.camping-lesrivesdeladour.com. Zum Campingplatz kommen Sie, wenn Sie nach der Überquerung des Flusses Adour nach links abbiegen.)

Hôtel des Arceaux, 23 Rue des Arceaux, ☏ 05 58 76 03 43, www.hotel-arceaux-saint-sever.com, 7 Zimmer, Übernachtung ab € 40 (für 2 Personen), Frühstück € 6,50

♦ Chambre d'hôtes La Roseraie, 3 Rue du Bellocq, ☏ 05 58 76 24 42 oder 06 84 21 23 67, 5 Zimmer, Übernachtung mit Frühstück € 75 (für 2 Personen)

♦ Chambre d'hôtes La Toast Vin, 5 Rue Larréde, ☏ 05 58 76 32 49 oder 06 10 69 53 28, latoastvin.free.fr, 3 Zimmer, Übernachtung mit Frühstück ab € 55 (für 2 Personen ab € 65), Abendmenü € 25

✞ **Abbaye de Saint-Sever** (Kirche der ehemaligen Benediktinerabtei). Das Kloster wurde 988 gegründet, die Kirche stammt aus dem 12. Jh. Sie steht auf der UNESCO-Weltkulturerbeliste. In den alten Klostergebäuden ist heute die Stadtverwaltung untergebracht.

♦ Mo bis Sa 8:00 bis 12:00 und 14:00 bis 18:00, So 8:00 bis 12:00, Mitte Juni bis Mitte Sep auch nachmittags

⌘ **Couvent des Jacobins**. Museum im ehemaligen Jakobinerkloster über den berühmten Beatuskommentar der Johannesapokalypse

♦ Rue Général Lamarque, Juli bis Sep tägl. 14:00 bis 18:00, in der Nebensaison (nach Rücksprache mit dem Office du Tourisme) Mo bis Sa 9:00 bis 12:00 und 14:00 bis 18:00, Eintritt frei

Aussichtspunkt hinter der Stierkampfarena am Place de Morlane

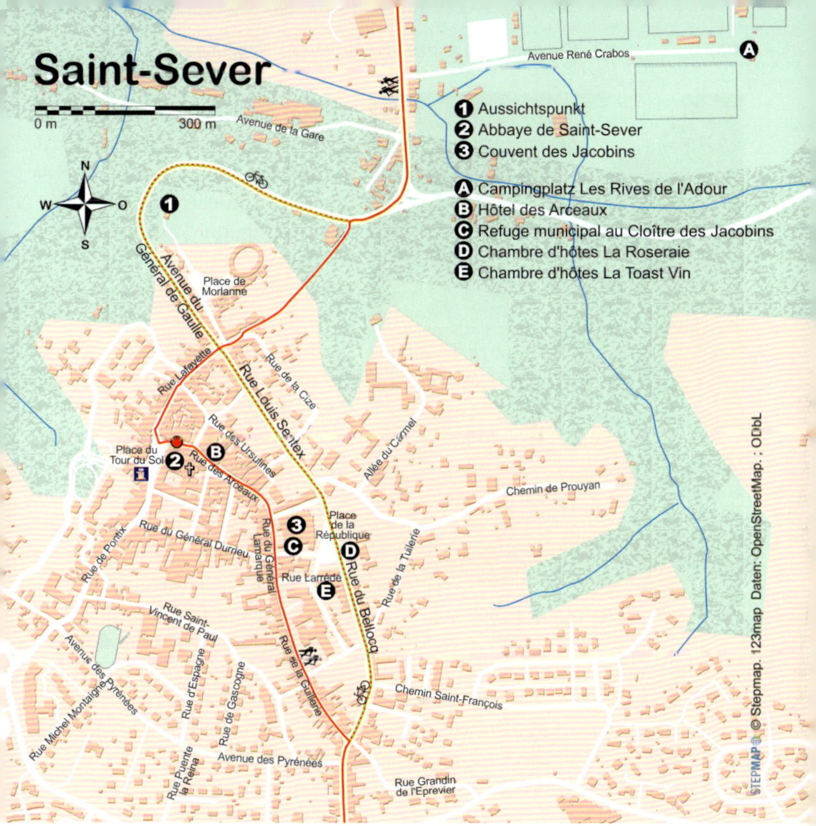

Saint-Sever wird aufgrund seiner Lage auf einem Plateau auch „Cap de Gascogne" genannt.

Saint-Sever – Hagetmau 16,2 km

Saint-Sever verlassen Sie auf der D21 Richtung Süden. An **Audignon** vorbei zweigt danach die D78 nach links ab. Auf dieser erreichen Sie über **Horsarrieu Hagetmau**.

Von der Kathedrale gehen Sie über die Rue des Arceaux auf die Rue du Général Lamarque und kommen am Couvent des Jacobins mit der Pilgerherberge

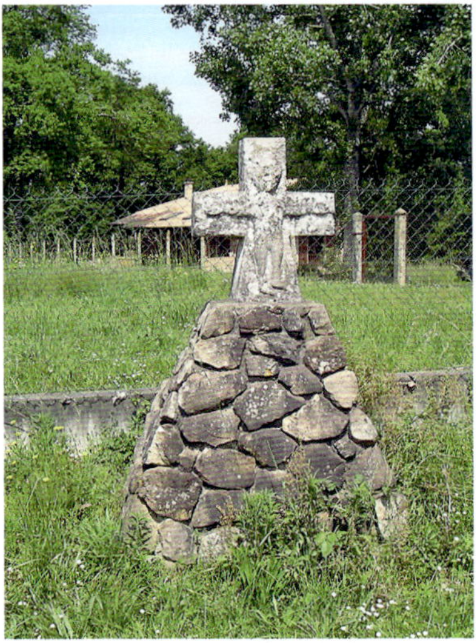

Denkmal, altes Pilgerhospital

vorbei. An der Ampelkreuzung biegen Sie rechts ab (Boulevard de l'Espérance) und nach dem Salle Omnisports wieder links in den Chemin de Laburthe. Dieser wird zum Chemin de Sarthoulet. Nach 1,2 km gehen Sie links auf einen Feldweg (Chemin de Laboye). Am Ende des Feldweges folgt eine Straße. An der T-Kreuzung mit der D408 biegen Sie rechts und gleich wieder links in den Chemin de Pugnerette ab. Dieser Weg führt an den Fluss Gabas. Sie gehen zunächst an ihm entlang und dann links über den Fluss. 1,4 km danach laufen Sie rechts über einen Bahnübergang und dann links, auf dem Feldweg parallel zur Bahn, nach **Audignon** 🛏 ♦ (km 7).

🛏 Chambre d'hôtes Les Hauts d'Audignon, 2011 Route du Château d'eau, ☏ 05 58 76 01 75 oder 06 61 46 10 90, 2 Zimmer, Übernachtung mit Frühstück ab € 65 (für 2 Personen € 75), mit Saunabenutzung

♦ Chambre d'hôtes Larrey, 1047 Route du Château d'eau, ☏ 05 58 06 23 68 oder 06 10 02 82 09, 3 Zimmer, Übernachtung mit Frühstück ab € 60 (für 2 Personen € 70)

An der Mairie gehen Sie nach links und nach der alten Bahnstrecke wieder nach rechts. An der Straßenkurve wandern Sie geradeaus weiter. Der Weg führt Sie durch zwei kleine Waldstücke. 700 m hinter dem Ort gehen Sie nach dem zweiten Waldstück nach rechts und wenden sich nach rund 200 m nach links auf die D78. Dieser folgen Sie für rund 1,2 km. Bevor die Straße wieder hinunter in die Senke führt, biegen Sie links ab. Nach 500 m gehen Sie nach rechts, nach 350 m, an der T-Kreuzung, nach links unter der Eisenbahn hindurch und 200 m danach erneut nach rechts. Die Hauptstraße D350 überqueren Sie geradeaus und kommen hinauf nach **Horsarrieu** (km 12). Auf der D78 geht es nach **Hagetmau**.

⌘ Zwischen **Horsarrieu** und **Hagetmau** markiert ein Kreuz auf der rechten Seite den Ort, an dem früher ein altes Pilgerhospital stand.

Am Kreisverkehr vor **Hagetmau** gehen Sie nach rechts und biegen nach 100 m links in den Chemin de Belloc.

Auf der Straße zwischen Kreisverkehr und Abzweig herrscht viel Verkehr!

An der ersten Kreuzung könnten Sie rechts nach 200 m zur Crypte St. Girons gehen. An der zweiten Kreuzung gehen Sie nach links über die Rue Saint-Girons in das Ortszentrum von **Hagetmau**.

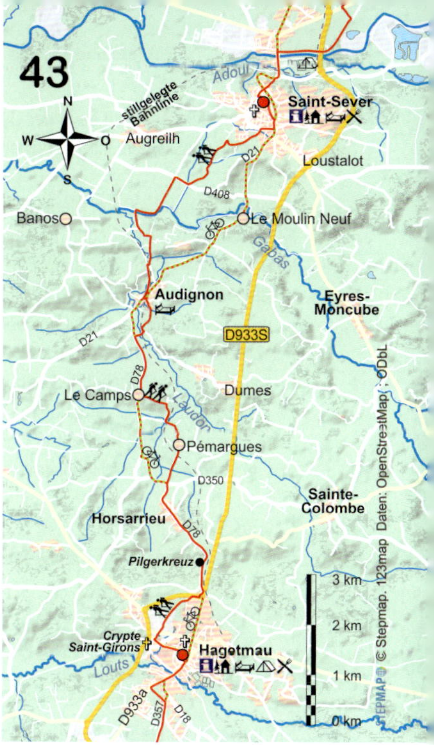

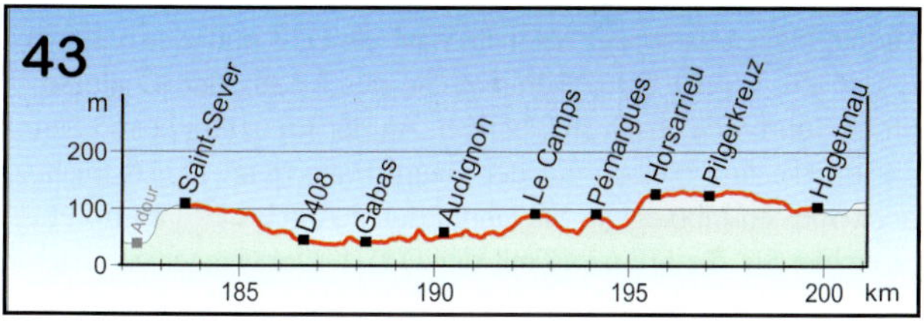

Hagetmau ⇧ 115 m, 40700, 4.500 Ew.

Office du tourisme, Place de la République, ☏ 05 58 79 38 26, www.tourisme-hagetmau.com

Refuge pèlerin municipal, 434 Rue Saint Girons, ☏ 05 58 79 79 79 (Complexe d'Entraîment Sportif International de Hagetmau, Cité Verte), 7 Plätze, Übernachtung € 8, 15. März bis 30. Okt. Die Herberge liegt am Rande der Innenstadt, direkt am

Weg. Den Schlüssel gibt es in der Cité Verte auf der anderen Seite der Innenstadt. Dort müssen Sie persönlich erscheinen, eine telefonische Reservierung ist nicht möglich.

Hôtel-Restaurant La Crémaillère, 616 Avenue du Trace, ☏ 05 58 79 31 93, www.lacremaillere40.com, 11 Zimmer, Übernachtung ab € 55 (für 2 Personen € 65), Frühstück € 8

♦ Hôtel-Restaurant Le Jambon, 245 Rue Carnot, ☏ 05 58 79 32 02, www.hotel-restaurant-lejambon.com, 7 Zimmer, Übernachtung ab € 65 (für 2 Personen € 70), Frühstück € 10

♦ Chambre d'hôtes Pargadot de Busqueton, Chemin de Busqueton, ☏ 05 58 79 35 43, pargadot.free.fr, 2 Zimmer, Übernachtung mit Frühstück € 40 (für 2 Personen € 50), Küche. Der Chemin de Busqueton stößt gegenüber dem Chemin de Lafargue auf die Hauptstraße (☞ Wegbeschreibung).

⌘ **Crypte Saint-Girons** aus dem 12. Jh. Rest des alten Benediktinerklosters
♦ außerhalb der Innenstadt (☞ Wegbeschreibung oben), Mitte Juni bis Mitte Sep Mo bis Sa, Aug tägl. außer Di 14:30 bis 18:30, sonst nach Absprache mit der Mairie (☏ 05 58 05 77 77), Eintritt € 4

Hagetmau – Beyries 12,3 km

Sie fahren von Hagetmau direkt nach Orthez und kommen nicht an Beyries vorbei. Sie verlassen Hagetmau zunächst auf der D933a Richtung Momuy nach Süden, biegen dann aber nach links auf die D18 und gleich wieder rechts auf die D357 ab. Auf der D357 kommen Sie durch **Labastide-Chalosse** ⇧ 120 m. Die Straße führt Sie danach steil bergab. An der Kreuzung fahren Sie nach links über die Brücke und bleiben auf der Hauptstraße, jetzt D376 (nicht nach Poudenx oder Souslens abbiegen). Sie fahren durch **Argelos** ⇧ 135 m. Etwa 3 km danach erreichen Sie die Kreuzung mit der D450. Dort biegen Sie nach rechts ab und fahren auf dieser Straße (inzwischen D50) über die Höhe nach **Sault-de-Navailles** ✕. Von hier an gibt es keine Alternative zur stark befahrenen D933. Auf dieser erreichen Sie (an **Sallespisse** ✕ vorbei) **Orthez**.

Ab Hagetmau ist die Markierung mit dem Zeichen der Muschel nur spärlich zu finden. Sie bleiben aber bis zum Ende in Saint-Jean-Pied-de-Port auf dem GR. Die rot-weiße Markierung des GR ist demgegenüber als gut zu bezeichnen.

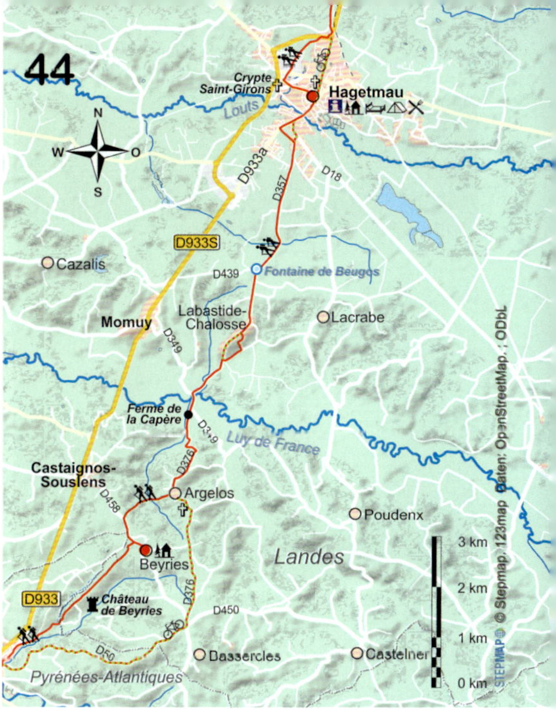

Vom Zentrum gehen Sie zunächst auf der Rue Carnot, der Rue Thiers und der Avenue Robert Ducournau Richtung Momuy (nach Süden). Nachdem Sie den Fluss Louts überquert haben, biegen Sie bei der zweiten Möglichkeit nach 400 m links in den Chemin de Lafargue und an der T-Kreuzung rechts auf die D357.

Fontaine de Beugos. Gehen Sie auf der rechten Seite an der D357 entlang. Der Brunnen wird in alten Berichten als Pilgerbrunnen bezeichnet. Er wurde in den letzten Jahren restauriert und neu gestaltet.

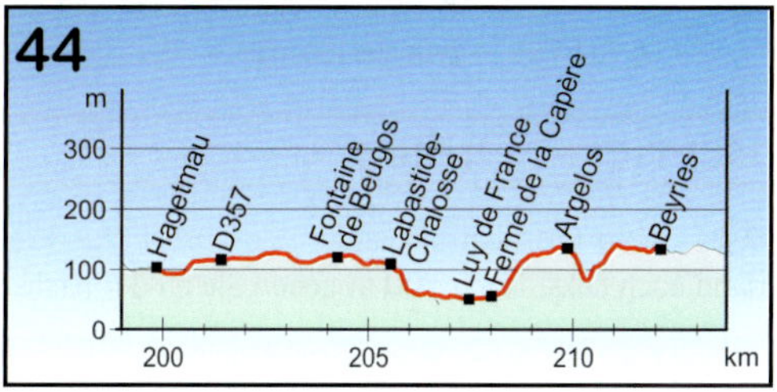

Auf der D357 geht es durch **Labastide-Chalosse** ⇧ 120 m (km 5,5). Die Straße führt steil hinunter. An der Kreuzung gehen Sie nach links über die Brücke und gehen 300 m auf der D349. Sie bleiben auf der Hauptstraße, jetzt D376.

⌘ An der Abzweigung der D376 von der D349 standen im Mittelalter eine Kapelle und ein Hospital des Malteserordens. Reste sind aber nicht mehr zu sehen. Heute befindet sich dort ein Bauernhof: Ferme de la Capère.

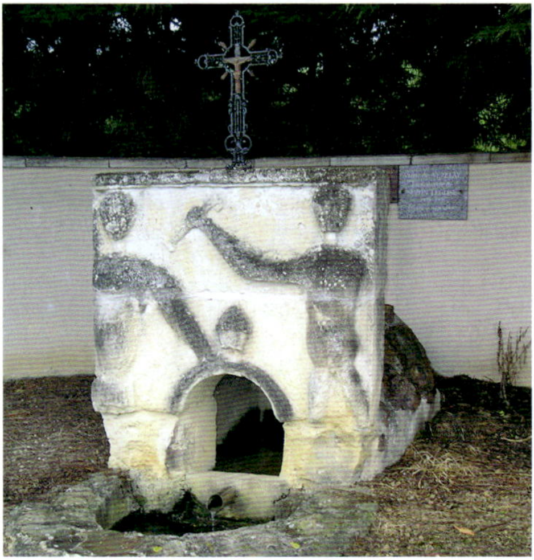

Fontaine de Beugos zwischen Hagetmau und Beyries

Sie steigen nach **Argelos** ⇧ 135 m hinauf (km 10). Nach der Mairie biegen Sie auf einen Feldweg nach rechts ab.

(Wenn Sie bei der Mairie geradeaus gehen, kommen Sie nach 300 m zur Kirche ♦.)

Der Feldweg führt von **Argelos** durch ein Tal und stößt nach 1,3 km auf die D458. Dort gehen Sie nach links. Nach 600 m steht an der Kreuzung ein Kreuz. Hier führt der Jakobsweg nach rechts, geradeaus kommen Sie nach **Beyries**.

Beyries

⇧ 132 m, ✉ 40700, 125 Ew.

Gîte municipal, im Zentrum des sehr kleinen Ortes, ☏ 05 58 79 04 69 (Mairie) oder 06 73 51 36 11, 5 Betten, Spende

Beyries – Orthez 16,6 km

Vom Ortszentrum laufen Sie zurück zur Kreuzung mit dem Kreuz und dann nach links. Nach 100 m gehen Sie an der nächsten Straße wieder nach links

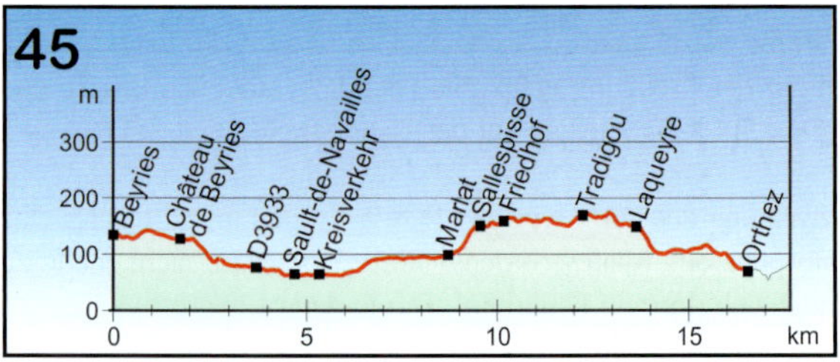

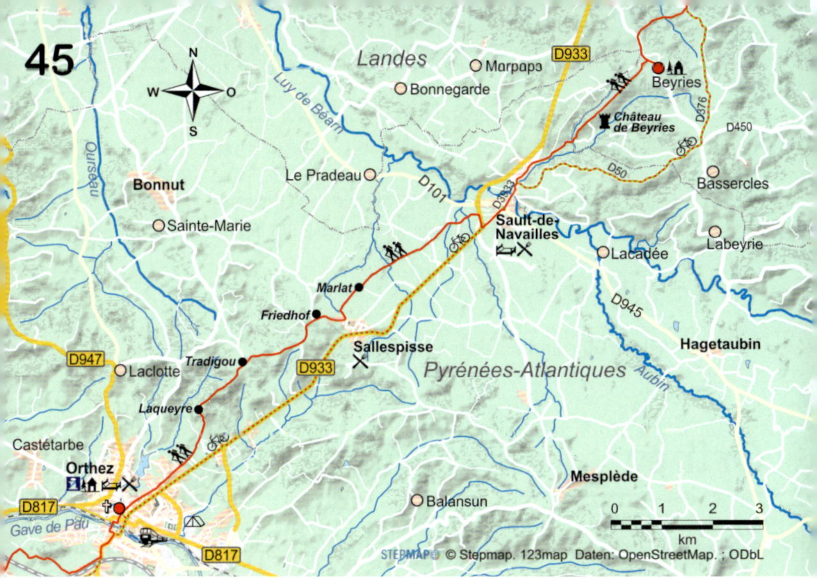

und am Château de Beyries vorbei. Geradeaus wandern Sie auf einen Feldweg hinunter, der nach 600 m auf eine Straße trifft. Dort biegen Sie rechts ab.

An dieser Stelle befindet sich die Departementsgrenze zwischen Les Landes und Pyrénées-Atlantiques. Gleichzeitig betritt man das Gebiet des **Béarn**.

Das Béarn nimmt rund zwei Drittel der Fläche des Departements Pyrénées-Atlantiques ein. Die ehemalige Vizegrafschaft war früher der größte aller Pyrenäenstaaten. Das Gebiet ist ein Hügelland, das von den beiden großen Flüssen Gave de Pau und Gave d'Oloron durchflossen wird. Geprägt ist das Béarn von der Landwirtschaft, vor allem von Viehwirtschaft und an den Kalkhängen der Pyrenäenausläufer auch durch Weinbau. Die Bewohner, vor allem Bauern, gelten als verschlossen und konservativ. Touristisch gesehen ist das Béarn ein schwarzes Loch. Zu Beginn des 17. Jh. wurde das Gebiet durch das Erbe des Königs Heinrich IV. in das Gebiet der französischen Krone eingegliedert.

Eine gewisse Eigenständigkeit behielt das Béarn durch die Verwendung des Okzitanischen (auch langue d'oc) als Landessprache. Alle Rechtsakte wurden bis zur Französischen Revolution auf Okzitanisch abgefasst. Nachdem sie zwischenzeitlich verboten und fast ausgestorben war, gab es in den letzten Jahrzehnten den Versuch einer Wiederbelebung der Sprache. Dennoch wird sie heute nur noch von wenigen gesprochen.

Die Straße führt zur Hauptstraße D3933. An ihr entlang gehen Sie nach links durch **Sault-de-Navailles** 🛏 ✕ 🛒 (km 4).

🛏 Hôtel Le Relais Béarn Chalosse, 35 Avenue de la Chalosse, ☏ 05 59 67 50 72, 7 Zimmer, Übernachtung € 40 (für 2 Personen € 50), Frühstück € 6

Auf der Hauptstraße gehen Sie durch den Ort.

✋ Viel Verkehr und teilweise kein Bürgersteig!

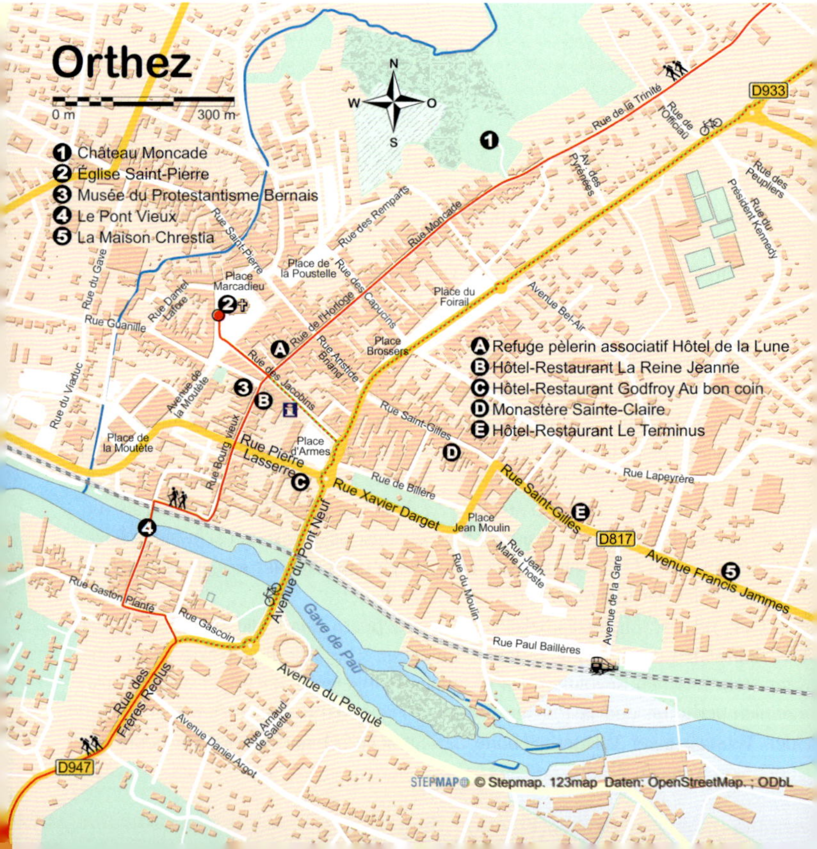

Hinter dem Ort liegt ein Kreisverkehr. Dort wandern Sie zunächst noch geradeaus weiter. Nach der Umgehungsstraße biegen Sie rechts ab und an der nächsten Möglichkeit gehen Sie wieder nach links und an der Umgehungsstraße entlang. Nach 300 m macht dieser Weg eine 90°-Kurve nach links, der Sie folgen. Von nun an laufen Sie geradeaus weiter. Auch wenn rechts der Chemin de Minyot abzweigt, gehen Sie geradeaus, nehmen also den linken Weg. Am Ende des Chemin de Bidou, an der Kreuzung, nehmen Sie den Feldweg geradeaus. Er stößt an einem Hof wieder auf eine Straße, dort gehen Sie geradeaus. Die Straße wird zum Feldweg, der hinauf nach **Sallespisse** ✕ ⇧ 160 m (km 9) führt. Vor dem Ort biegen Sie auf die Straße nach rechts ab. Sie kommen am Friedhof 💧 🚻 vorbei. Zunächst folgen Sie der Hauptstraße, an ihrem Ende gehen Sie geradeaus auf einen Schotterweg. Der Weg durchquert mehrere Senken und trifft hinter dem Wald wieder auf eine Straße. Diese führt hinunter nach **Orthez**.

Orthez

ℹ 🏠 🛏 ⛺ ✕ 🛒 ⚕ 🚆 📯 ⇧ 65 m, ✉ 64300, 10.600 Ew.

ℹ Office du tourisme en Cœur de Béarn, 1 Rue des Jacobins, ☏ 05 59 12 30 40, 💻 www.coeurdebearn.com

♦ Mairie, ☏ 05 59 38 32 84, 💻 www.mairie-orthez.fr

🏠 Refuge pèlerin associatif Hôtel de la Lune, 14 Rue de l'Horloge. Den Schlüssel gibt es bei der Mairie oder beim Hôtel-Restaurant La Reine Jeanne, 44 Rue du Bourg vieux, ☏ 05 59 67 00 76. 6 Betten in 2 Zimmern, großer Aufenthaltsraum mit Küche und Waschmaschine, Übernachtung € 10. Die Herberge ist in einem historischen Gebäude im Hinterhof untergebracht. Es diente lange Zeit als Herrschaftssitz. Eine Wendeltreppe führt zu der schön eingerichteten Pilgerherberge. Von Norden kommend gehen Sie einfach den Berg hinunter immer geradeaus. Automatisch kommen Sie auf die Rue de l'Horloge.

♦ Monastère Sainte-Claire, 35 Rue Saint-Gilles, ☏ 05 59 69 46 55. In dem Kloster können Pilger für eine Nacht bleiben, wenn die Pilgerherberge besetzt ist. Von Norden kommend gehen Sie an der Rue Astrid Briand nach links und dann geradeaus in die Rue Saint-Gilles.

🛏 Hôtel-Restaurant La Reine Jeanne, 44 Rue Bourg vieux, ☏ 05 59 67 00 76, 30 Zimmer, Übernachtung ab € 45, Frühstück € 9

♦ Hôtel-Restaurant Le Terminus, 14 Rue Saint Gilles, ☏ 05 59 69 02 07, 10 Zimmer, Übernachtung ab € 32 (für 2 Personen € 42), Frühstück € 5

♦ Hôtel-Restaurant Godfroy Au bon coin, 20 Place d'Armes, ☏ 05 59 69 08 90, 11 Zimmer, Übernachtung ab € 30 (für 2 Personen € 45), Frühstück € 5

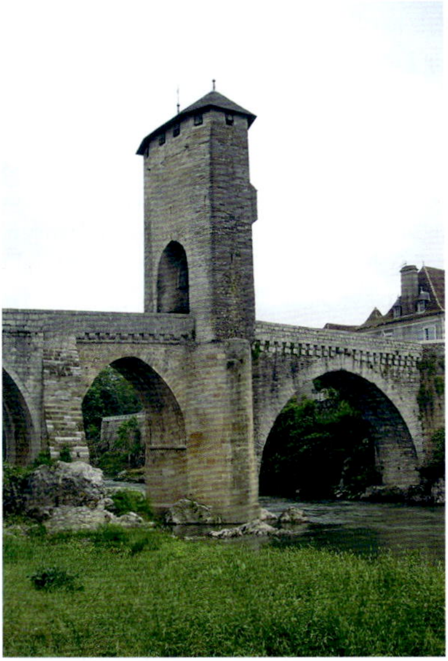

Le Pont Vieux, Orthez

✞ **Église Saint-Pierre**. Die Kirche wurde im 13. Jh. als Wehrkirche an der Stadtmauer errichtet und im 19. Jh. ergänzt.

⌘ **Château Moncade**. Ein Turm aus dem 13. Jh. ist noch von der Festung übrig geblieben.

♦ ☏ 05 59 69 37 50, 14. April bis 30. Sep tägl. 10:00 bis 12:30 und 14:00 bis 18:00 (Juni bis Aug bis 18:30), Eintritt € 4

⌘ **Musée du Protestantisme Bernais**, Maison de Jeanne d'Albret. Das Museum erinnert an die Regierungszeit der Königin Jeanne d'Albret (1428-1572), als der Calvinismus Staatsreligion im Béarn war, und behandelt die Geschichte der Hugenotten.

♦ Rue Bourg-Vieux, ☏ 05 59 69 14 03, museejeannedalbret.com, Di bis Sa 10:00 bis 12:00 und 14:00 bis 18:00 (Juni bis Aug 14:30 bis 18:30, Nov bis März nur nachmittags), Eintritt € 5

⌘ **La Maison Chrestia**. Das Museum erinnert an den französischen Dichter Francis Jammes, der 1897 bis 1907 in diesem Haus gewohnt hat.

♦ 7 Avenue Francis Jammes, ☏ 05 59 69 11 24, www.francis-jammes.com, Mo bis Fr 14:30 bis 17:00

⌘ **Le Pont Vieux**. Alte Brücke aus dem 13. Jh. mit Mittelturm

Orthez – Sauveterre-de-Béarn 22,7 km

Sie fahren zunächst auf der D947 und nach Überquerung der Autobahn dann auf der D23 über **l'Hôpital d'Orion** ⌘ ♦ ⇧ 80 m, **Béuste** ⇧ 225 m und **Burgaronne** ⇧ 205 m nach **Sauveterre-de-Béarn**.

Von der Rue d'Horloge gehen Sie geradeaus in die Rue Bourg-Vieux. Auf der Pont Vieux überqueren Sie den Fluss Gave de Pau, danach biegen Sie links ab. An der Kreuzung laufen Sie nach rechts auf die Rue des Frères Reclus. Bevor die Straße die Autobahn unterquert, biegen Sie rechts in den Chemin de Laslannes ab. Nach rund 1,2 km setzen Sie den Weg auf einem unasphaltierten Forstweg fort. Dieser führt Sie durch ein Waldstück und dann wieder auf einen asphaltierten Weg. An der T-Krezung gehen Sie nach rechts und bei der Hauptstraße nach links. Mit ihr überqueren Sie die Autobahn und kommen nach **Saint-Suzanne** (km 4).

Chambre d'hôtes, La Ferme Acoucoula, Mme Allemand, 975 Chemin du Pontet, ☏ 05 59 65 28 11 oder 06 22 83 03 87, 4 Zimmer, Übernachtung mit Frühstück € 53 (für 2 Personen € 58), Abendessen € 14. Das Chambre d'hôtes liegt etwa 2 km östlich vom Ort. Der Weg dorthin führt von Saint-Suzanne am Rathaus nach links (Chemin de Baratou), an der nächsten Kreuzung nach rechts, an der D23 nach links und die nächste Straße wieder nach rechts.

Kapelle, l'Hôpital-d'Orion

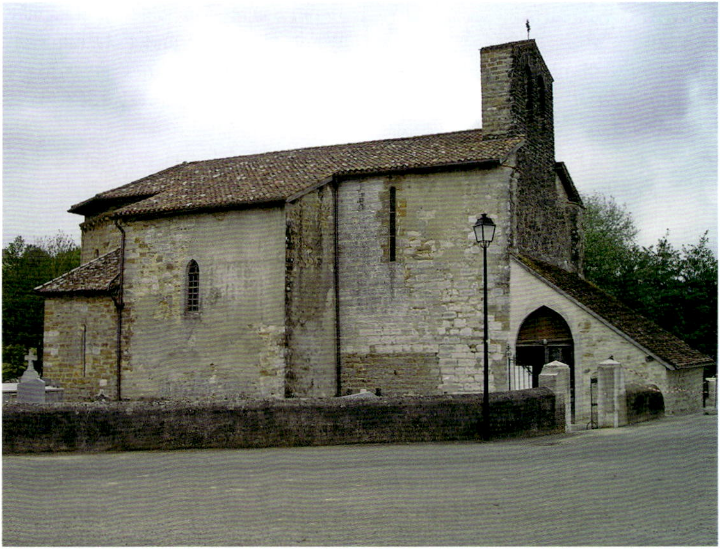

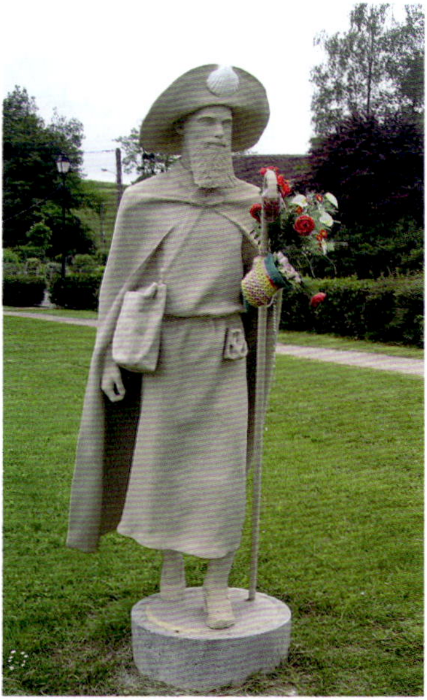

St. Jakobus-Denkmal, l'Hôpital-d'Orion

Gehen Sie auf der Straße durch den Ort und dann durch eine Senke nach **Lanneplaà** (km 6). Dort laufen Sie im Ort links und am Friedhof hinter dem Ort rechts (Chemin de Saint-Jaques). Nach 300 m biegen Sie wieder rechts ab. Über Cambeborde und auf einem Wiesen- und Waldweg kommen Sie nach Trescoigt (km 8,5) an der D23. Sie überqueren die Hauptstraße und gehen nach 200 m nach rechts. Die Nebenstraße führt hinunter nach **l'Hôpital d'Orion** ⌘ (km 11).

⌘ **L'Hôpital d'Orion** ist eine alte Pilgerstation auf dem Weg nach Santiago de Compostela. Die Commanderie Sainte-Madeleine de l'Espitàu wurde 1114 gegründet. Daran erinnern noch die Reste des alten Hospizes und die Kirche aus dem 13. Jh.

Gîte Les Etoiles d'Orion, Cécile Dufrene, 66 Chemin de Ménan, ☏ 05 59 09 36 69 oder 06 32 03 21 16, Übernachtung mit Frühstück € 15, Halbpension € 22. Die Gîte liegt etwas abseits vom Weg. Um dorthin zu kommen, gehen Sie in l'Hôpital d'Orion nach links auf die D23, folgen der Straße für ca. 1 km und biegen dann wieder links ab. Nach rund 200 m haben Sie es erreicht. Es liegt mitten in der Natur.

Nach der Brücke über den Fluss Le Saleys gehen Sie geradeaus bergan. Bleiben Sie nicht auf der D23, die nach links abbiegt. Nach 1,7 km kommen Sie zur D30. Auf ihr gehen Sie nach links und bei der nächsten Möglichkeit nach 200 m nach rechts auf einen Feldweg (links vom Zaun). Dieser führt hinunter, überquert einen Bach und steigt dann wieder an. Die folgende Straße überqueren Sie gerade und gehen wieder hinunter, an der Abzweigung biegen Sie links ab. Dieser Weg wird zum Feldweg, führt hinunter und nach der Brücke wieder hinauf (den linken Weg nehmen). An der Straße (D23) wenden Sie sich nach rechts und an

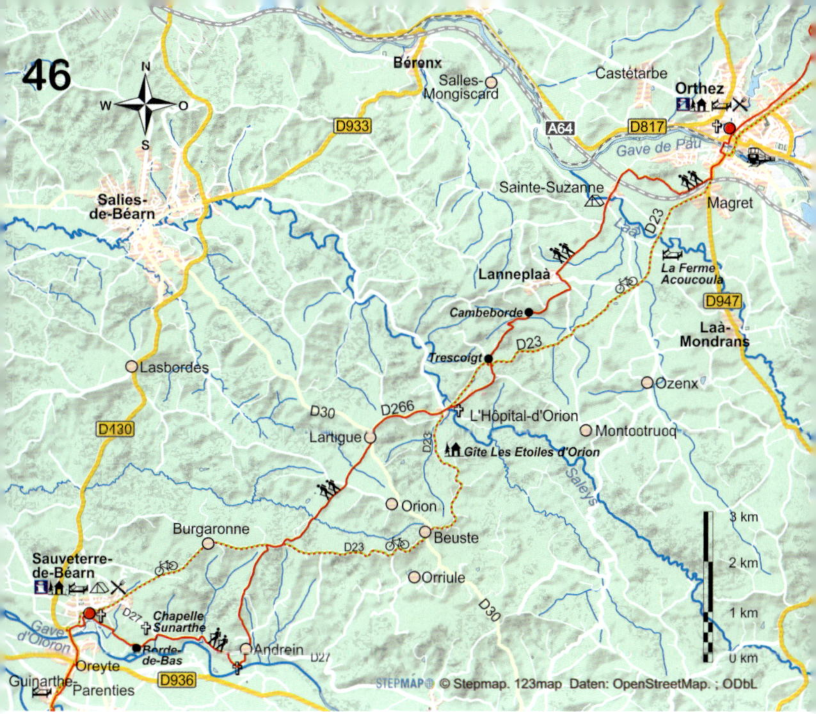

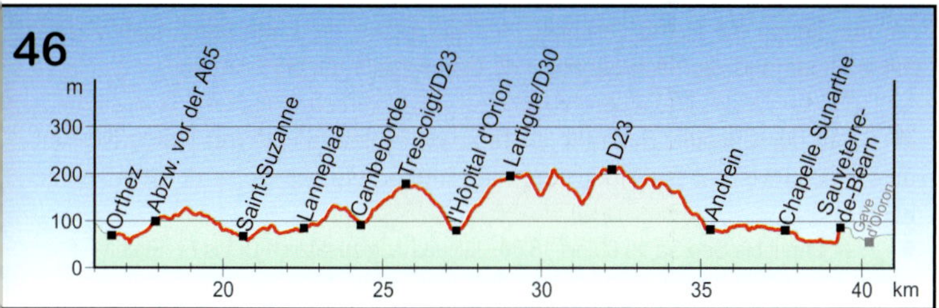

der nächsten Straße nach links. Durch mehrere Senken führt sie schließlich hinunter. An der Stoppstelle (rechts Mairie) gehen Sie geradeaus zur Kirche und in den alten Ort **Andrein** (km 19).

Von Andrein wandern Sie zur Vorfahrtsstraße (D27) und gehen dort nach links. Nach 1,7 km an der Straße laufen Sie 100 m vor der Kapelle in Sunarthe (auf der rechten Seite steht ein Haus) nach links auf einen Grasweg.

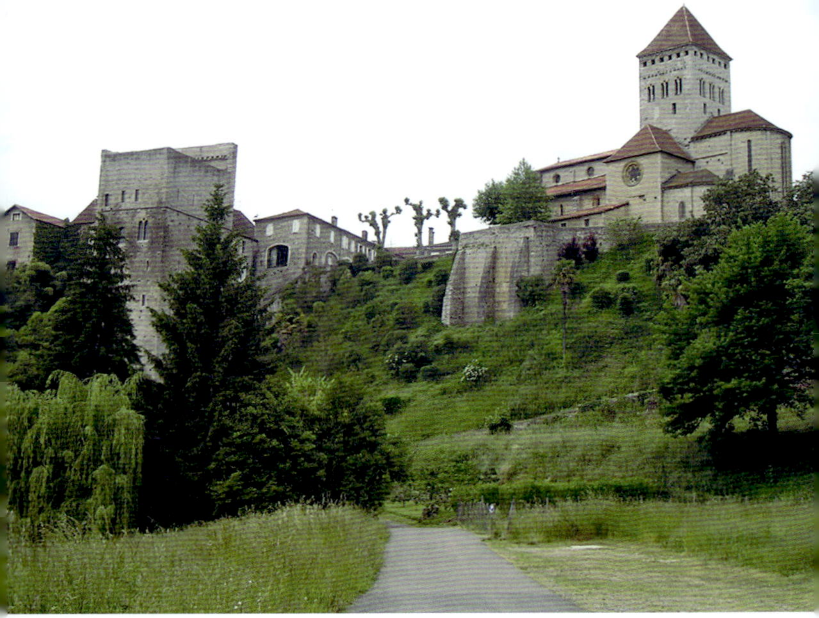

Sauveterre-de-Béarn

☺ Von der Gesamststrecke von Vézelay nach Santiago de Compostela haben Sie nun knapp die Hälfte geschafft. Schilder geben die Entfernung nach Vézelay mit 851 km und die nach Santiago de Compostela mit 859 km an.

⌘ In der Chapelle Sunarthe (100 m vom Abzweig entfernt) haben die Amis du Vieux Sauveterre ein Modell des mittelalterlichen Sauveterre-de-Béarn aufgebaut.

♦ April bis Sep Sa 15:00 bis 18:00, Juli und Aug zusätzlich Di bis Fr, Eintritt € 5

Der Grasweg macht eine Kurve nach rechts und führt hinunter zu einer Teerstraße. Auf ihr gehen Sie geradeaus weiter. Wenn der Weg anzusteigen beginnt, wenden Sie sich davor nach links, weiter im Tal des Flusses Gave d'Oloron, und bleiben zunächst im Tal (an der Stelle steht rechts ein Haus). Am Ende dieses Weges, unterhalb der Kirche, gehen Sie 175 Stufen hinauf zum Kirchplatz von **Sauveterre-de-Béarn**.

Sauveterre-de-Béarn

⇧ 80 m, 64390, 1.400 Ew.

- Office du tourisme, Place Royale, ☏ 05 59 38 32 86. Die Tourismusinformation finden Sie gegenüber vom Hôtel de Ville.
- Private Pilgerherberge La Maison de la Tour, Mme Abel, 15 Rue Léon Bérard, ☏ 05 59 38 56 49 oder 09 81 86 85 46 oder 06 59 54 74 32, 6 Betten, Übernachtung mit Frühstück € 18
- ♦ Private Pilgerherberge, Mme Gabriella, 12 Rue Saint-André, ☏ 05 59 69 23 12 oder 06 82 07 28 08, 8 Plätze, Übernachtung € 20, Frühstück € 5, Abendessen € 12
- Chambres d'hôtes Auberge du saumon, 18 Quartier de la Gare, ☏ 05 59 38 53 20, 5 Zimmer, Übernachtung mit Frühstück für 2 Personen ab € 55, Abendmenü € 17
- ♦ Maison Noste Couegn, 24 Rue Léon Bérard, ☏ 06 70 93 95 27, 2 Zimmer, Übernachtung mit Frühstück € 50 (pro Zimmer)

⌘ **Pont de la légende**. Um die halbe Brücke ranken sich viele Legenden.

Sauveterre-de-Béarn hat noch viel von seinem mittelalterlichen Charme bewahrt. Die Église Saint-André und der Tour de Monréal stammen aus dem 13. Jh.

Individuell gestalteter Wegweiser

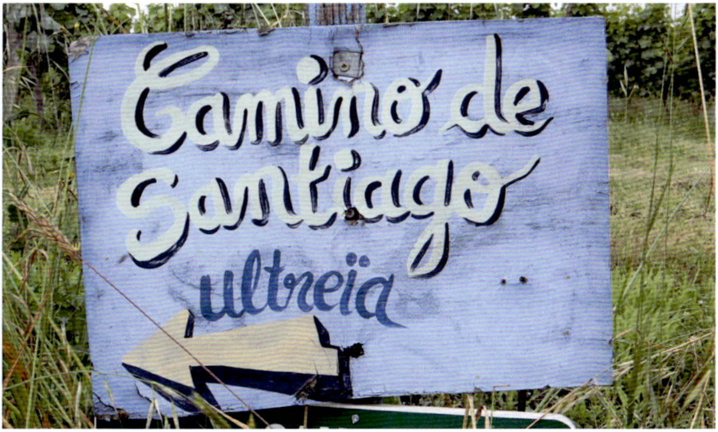

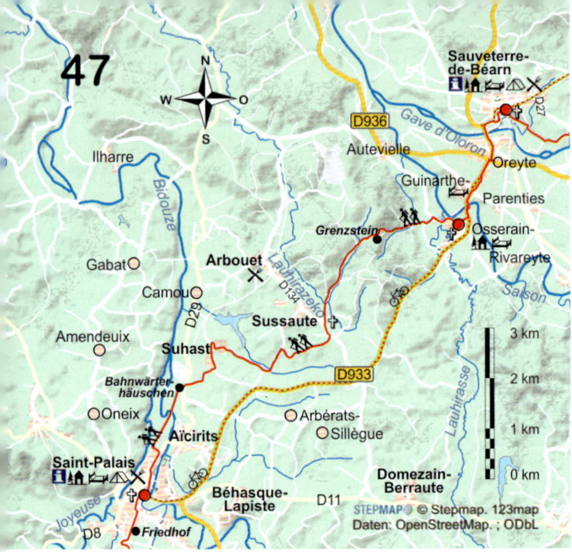

Sauveterre-de-Béarn – Osserain-Rivareyte

3,4 km

🚲 Sie überqueren mit der D933 den Fluss Gave d'Oloron und bleiben auf ihr bis Ossereian-Rivareyte.

🚶 Von der Kirche gehen Sie über die Rue Léon Bérard. An der Hauptstraße (Côte de Lalanne) gehen Sie nach links und am Kreisverkehr nach rechts über die Brücke. Die Brücke mit der D933 ist die einzige Brücke über den Fluss Gave d'Oloron. Hinter der Brücke bleiben Sie auf der D933.

✋ Viel Verkehr!

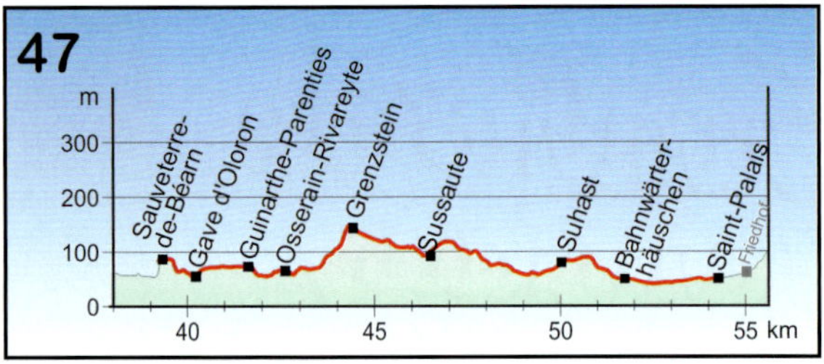

Am Kreisverkehr gehen Sie geradeaus (Richtung Saint-Palais) und durch **Guinarthe** 🛏 hindurch.

🛏 Chambre d'hôtes Bigne Nadine, Mme Pouyau, Route de Saint-Palais, ☏ 05 59 38 93 83, 2 Zimmer, 4 Plätze, Übernachtung mit Frühstück für Pilger € 18, Halbpension € 28

Nachdem Sie den Fluss Saison in einer Senke mit zwei Brücken, der alten und der neuen Straßenbrücke, überquert haben, gehen Sie rechts ab und durch **Osserain-Rivareyte**.

Osserain-Rivareyte

⇧ 66 m, 64390, 200 Ew.

Private Pilgerherberge Villa Mon rêve, Pascal Souroste, ☏ 05 59 38 55 67 oder 06 08 47 24 99, 4 Plätze, Übernachtung mit Frühstück € 25, Halbpension € 38

♦ Private Pilgerherberge Maison Hourcade, M und Mme Duée, ☏ 06 86 74 10 24, Halbpension € 38

♦ Gîte le Pehau, Mme Grimes, ☏ 05 59 38 95 32 oder 06 71 74 76 93, Halbpension € 38

Chambre d'hôtes Le Pehau, M und Mme Grimes, ☏ 05 59 38 95 32 oder 06 71 74 76 93, 5 Zimmer, Übernachtung mit Frühstück für 2 Personen € 60, Abendessen € 15

Osserain-Rivareyte ist eine alte Pilgerstation. Das Quartier de l'hôpital mit einer Kapelle als Überrest des alten Hospizes und das Quartier Saint-Elix mit den Resten der Abtei aus dem 14. Jh. und dem Schloss aus dem 17. Jh. zeugen von einer reichen Vergangenheit.

Osserain-Rivareyte – Saint-Palais 11,6 km

Sie bleiben auf der D933 und fahren auf ihr nach **Saint-Palais**.

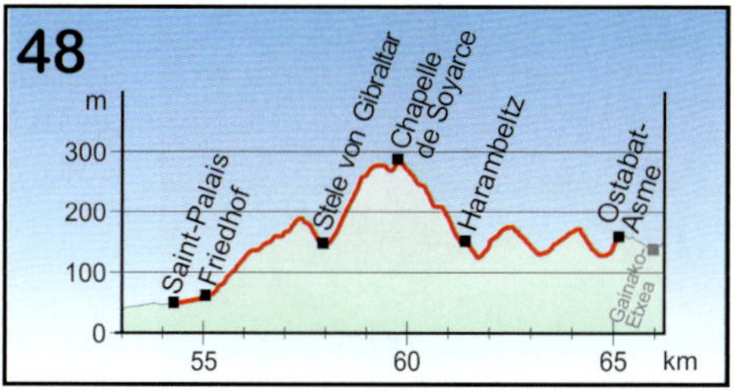

Im Ort gehen Sie rechts und nach einer Senke (der Bach Le Lauhirasse wird überquert) auf der Höhe (beim Quartier Saint-Elix) nach links. Auf dem Feld laufen Sie nach rechts und auf dem Feldweg Richtung Wald. Am Waldrand haben Sie die Wahl zwischen vier Wegen. Sie gehen zunächst schräg links und dann wählen Sie erneut die linke Alternative. Der Weg bleibt erst im Tal und steigt später an. Er wird zu einem Pfad und führt nach oben.

⌘ Am Waldende steht auf der linken Seite ein alter Grenzstein von 1395. Er markiert die Grenze zwischen den ehemals unabhängigen Königreichen **Béarn** und **Navarre**.

Mit dem alten Königreich **Navarre** betreten Sie das **Baskenland** (bask. Euskal Herria, frz. Pays Basque). Zum Leidwesen vieler französischer Basken gibt es kein eigenes Departement. Der französische Teil des Baskenlandes ist mit dem größeren Béarn zu einem Departement (Pyrénées-Atlantiques) zusammengefasst.

Von den sieben baskischen Provinzen liegen drei Provinzen in Frankreich: Labours (bask. Lapurdi), Basse-Navarre (Nieder-Navarre, bask. Behenafarroa) und Soule (bask. Zuberoa).

Die Sprache der Basken, Baskisch oder Euskadi, hat keinerlei Ähnlichkeit mit einer indogermanischen Sprache. (Die baskischen Ortsbezeichnungen sind im Folgenden in Klammern aufgeführt.)

In fast jedem baskischen Dorf fallen die hohen Mauern auf. Sie nennt man *fronton*. Sie sind ein Teil des pelota, eines Spiels mit einem kleinen Ball. Es ist am ehesten mit Squash vergleichbar, wird aber im Baskenland oft ohne Schläger gespielt.

Ehemaliger Grenzstein

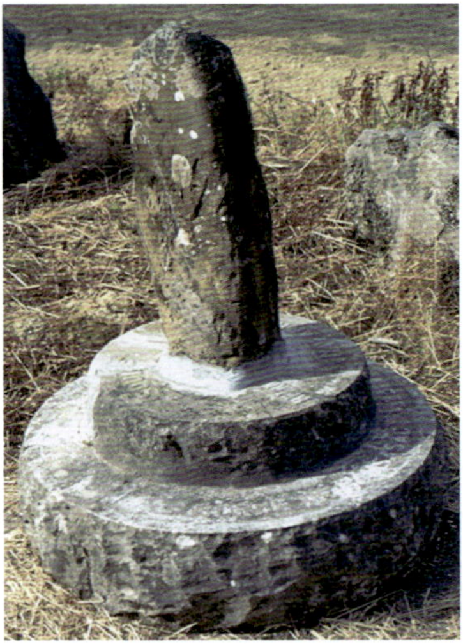

Hinter dem Wald wenden Sie sich nach links auf eine Piste. Sie führt hinunter. Sie wandern geradeaus und wieder hoch nach **Sussaute** (**Arbouet-Sussaute**, bask. **Arboti-Zohota**) ⇧ 117 m (km 7,5). An der Vorfahrtsstraße gehen Sie links weiter. (Davor kommen Sie links zur Kirche St. Jacques ♠. An der Vorfahrtsstraße gelangen Sie nach rechts in den 2 km entfernt liegenden Ortsteil **Arbouet** ✕.)

Hinter dem Ort Sussaute biegen Sie vor dem Ortsschild nach rechts in einen Feldweg, der zu einem Wiesenweg wird. Dieser führt hinunter zu einem Hof. An der Straße gehen Sie nach rechts (links ist nur die Hofeinfahrt). Sie durchqueren eine Senke und laufen 300 m nach der Hofeinfahrt an

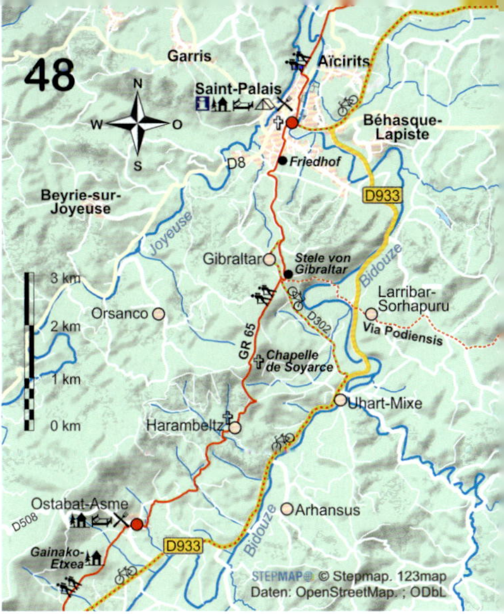

der T-Kreuzung nach links. Sie bleiben für 600 m auf dem Weg und an der nächsten Abzweigung biegen Sie nach rechts ab (und gehen nicht hoch). Die Straße verläuft zunächst eben, dann steigt sie nach **Suhast** an (km 11). Dort wenden Sie sich nach links und gehen nach knapp 600 m – Sie haben inzwischen die letzten Häuser hinter sich gelassen – rechts hinunter. An der Vorfahrtsstraße D29 laufen Sie nach links und gleich wieder nach rechts. Nach 100 m passieren Sie ein ehemaliges Bahnwärterhaus auf der rechten Seite. Dort biegen Sie nach links auf eine alte Bahntrasse ab. Diese führt direkt auf **Saint-Palais** zu. Bei den ersten Häusern (nach der Absperrung) laufen Sie links und an der Hauptstraße nach rechts. Bei der nächsten Möglichkeit nehmen Sie die Straße schräg links. Auf dieser laufen Sie immer geradeaus (teilweise gegen die Einbahnstraße). Rechts vom Weg liegt das Stadtzentrum von **Saint-Palais (Donapaleutar).**

Saint-Palais (Donapaleutar) ⇧ 46 m, 64120, 1.800 Ew.

Mairie, Place de l'Hôtel de ville, Charles de Gaulle, ☏ 05 59 65 73 06, www.saint-palais.fr

Pilgerherberge und Gîte Maison franciscaine, 1 Avenue de Gibraltar, ☏ 05 59 65 90 77, 44 Betten, Übernachtung mit Frühstück im Doppelzimmer pro Person € 14, im Saal (14 Betten) € 9, 15. April bis 15. Okt 14:00 bis 21:00. Die Herberge befindet sich im ehemaligen Franziskanerkloster, liegt direkt am Weg und an der D933. Sie wird von Freiwilligen betreut.

Hôtel de la Paix, 33 Rue du Jeau de Paume, ☏ 05 59 65 73 15, 27 Zimmer, Halbpension für eine Person € 79 (bei 2 Personen € 68 pro Person)

♦ Hôtel du Midi, 11 Place du Foirail, ☏ 05 59 65 70 64, hotel-midi.jimdo.com, 12 Zimmer, Übernachtung ab € 62 (pro Zimmer), Frühstück € 7, Halbpension € 74 (bei 2 Personen € 60 pro Person)

⌘ **Musée de Basse-Navarre et des Chemins de Saint-Jacques**. Museum über das alte Königreich und die drei Jakobswege, die sich in der Nähe der Stadt zu einem vereinigen.

♦ Place de l'Hôtel de Ville, ☏ 05 59 65 71 78, 15. Juni bis 15. Sep tägl. 14:00 bis 18:00, Eintritt frei

Saint-Palais – Ostabat-Asme 10,9 km

Sie fahren von Saint-Palais auf der D302 weiter und damit über die Höhe (⇧ 164 m). So kommen Sie an der Stele von Gibraltar, dem Treffpunkt der Jakobswege im Baskenland, vorbei. Vor **Uhart-Mixe** erreichen Sie die D933 und fahren auf ihr nach **Larceveau (Larezabal).** Dort bleiben Sie auf der D933, verlassen mit ihr das Tal der Bidouze und fahren über **Lacarre** und **Saint-Jean-Le-Vieux (Donazaharre)** nach **Saint-Jean-Pied-de-Port (Donibane Garaztar).**

Stele von Gibraltar

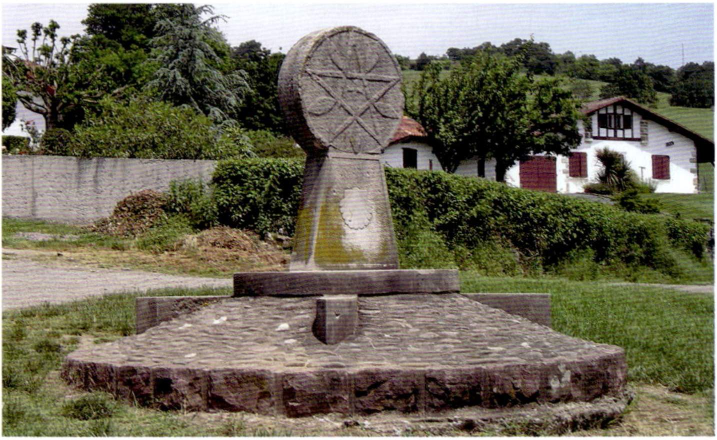

Über die Rue Gambetta kommen Sie zum Franziskanerkloster. Dort gehen Sie nach rechts und am Friedhof ♦ vorbei an der Straße den Berg hinauf (Avenue de Gibraltar). 2 km nach dem Abzweig führt der Weg geradeaus steiler nach oben, während die Straße einen Bogen um den Hügel macht. Sie können auch auf der Straße bleiben, verpassen aber dann die Stele von Gibraltar.

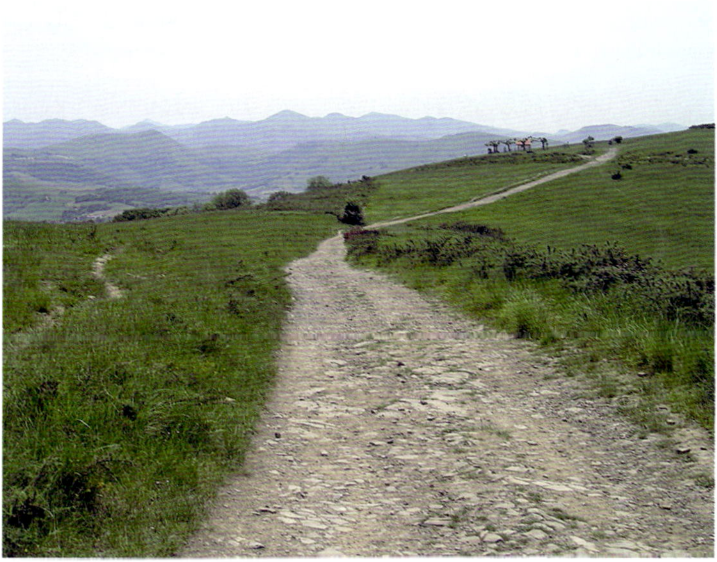

Weg zwischen Saint-Palais und Ostabat-Asme

⌘ Die Stele von Gibraltar markiert die Stelle, an der die drei Jakobswege von Le Puy-en-Velay (Via Podiensis), Vézelay (Via Lemovicensis) und Tour (Via Turonensis) zusammentreffen. Der Stein ist im Stil eines baskischen Grabsteins errichtet. Der Name Gibraltar kommt von der alten baskischen Aussprache von „Salvatorem" – „Chibaltarem" – und bedeutet „Treffen".

Von dieser Stele folgt der Jakobsweg nun dem GR 65. Die rot-weiße Markierung des GR ergänzt hier die eigentliche Markierung des Jakobsweges. Der Jakobsweg ist daneben mit schönen blauen Richtungstafeln beschildert.

An der Stele gehen Sie nach rechts, die Straße wird überquert und Sie steigen auf einem Pfad steil nach oben zur **Chapelle de Soyarce** hinauf (km 5).

✞ **Chapelle de Soyarce** ● ⇧ 285 m. An der Kapelle befinden sich Bänke und eine Erklärungstafel.

Von der Kapelle gehen Sie nach links den Berg wieder hinunter. Nach etwa 1 km biegen Sie in einen Pfad nach rechts ab. Er führt hinunter nach Harambeltz (km 7).

✝ **Chapelle de Harambeltz**. Die Kapelle aus dem 12. Jh. ist der Überrest eines früheren Pilgerhospitals.

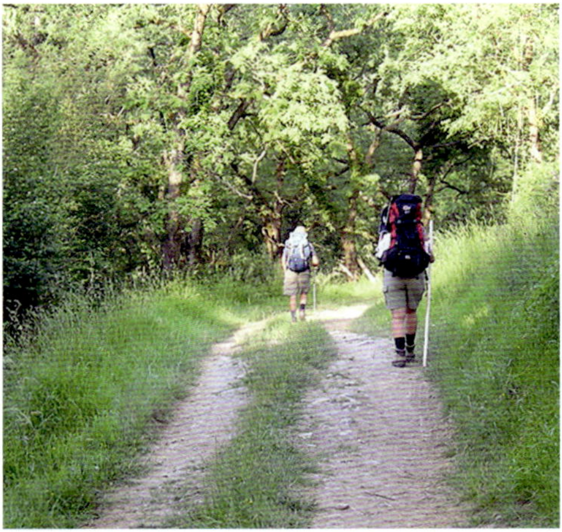

Unterwegs nach Ostabat-Asme

Nach der Kapelle gehen Sie rechts hinunter. Sie überqueren einen Bach, danach steigt der Weg an und Sie nehmen die Piste nach links. Sie wandern durch eine weitere Senke und geradeaus wieder hoch.

Vor **Ostabat-Asme** liegt erneut eine Senke. Der Pilgerweg zweigt davor links von der Straße ab, trifft aber in der Ortsmitte von **Ostabat-Asme (Izura-Azme)** wieder auf diese.

Ostabat-Asme (Izura-Azme)

⇧ 65 m, ✉ 64120, 195 Ew.

Gîte de la Maison Aneteia/Ospitalia, M. Etchepareborde, ☏ 05 59 37 83 17 oder 06 10 04 65 75, 20 Betten, € 13 (falls Heizung erforderlich € 3), März bis Dez

Gîte d'etape Izarrak und Chambre d'hôtes Gainako-Etxea, M und Mme Eyharts, ☏ 05 59 37 81 10 und 06 72 73 78 56, www.ostabat-compostelle.fr, 19 Betten (Gîte) und 4 Zimmer, Übernachtung für Pilger € 30 (mit Abendessen und Frühstück, im Mehrbettzimmer), Normalpreis Übernachtung € 40 (im Zweibettzimmer). Das Chambre d'hôtes liegt am Jakobsweg, 1 km hinter dem Ort.

Chambre d'hôtes Café Ametzanea, ☏ 05 59 37 81 56, 6 Betten, Übernachtung € 32 (mit Abendessen und Frühstück). Das Chambre d'hôtes liegt direkt im Ort.

Ostabat-Asme ist ein altes Pilgerzentrum. Im Mittelalter gab es hier mehrere Hospitäler und Herbergen. An manchen Tagen wurden bis zu 5.000 Personen beherbergt.

Ostabat-Asme – Saint-Jean-Pied-de-Port 20,9 km

Der Weg durchquert einige Höfe. Auch wenn es zunächst nicht danach aussieht, geht er dennoch weiter. An diesen Stellen ist er gut markiert. Außerdem verläuft er auch über einige Weiden. Bitte schließen Sie immer die Gatter!

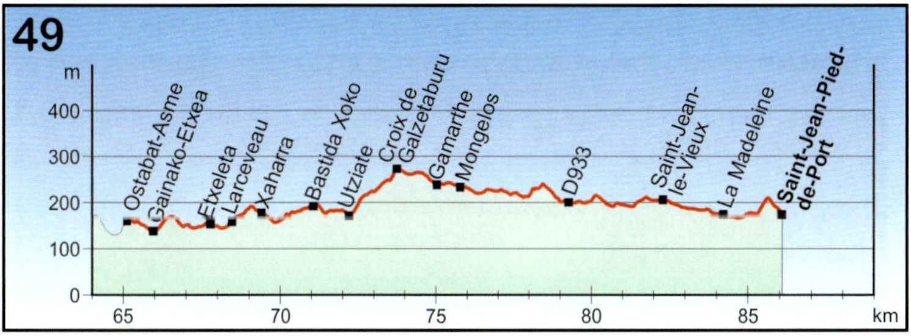

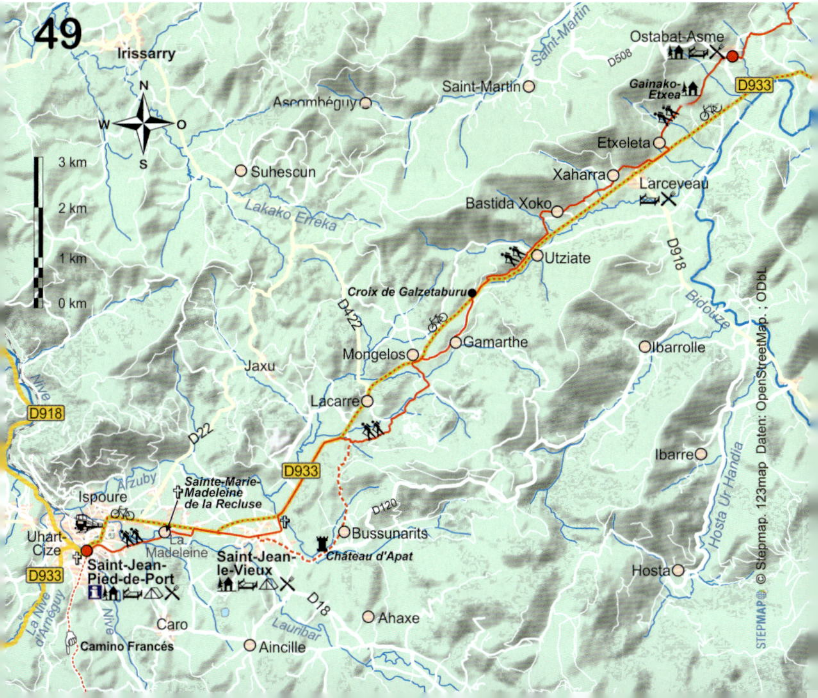

Auf der D508 gehen Sie aus dem Ort und nach 100 m an der ersten Möglichkeit nach rechts. Nach 2,8 km laufen Sie für 500 m rechts an der D933 entlang.

Viel Verkehr!

Wegmarkierung zwischen Ostabat-Asme und Saint-Jean-Pied-de-Port

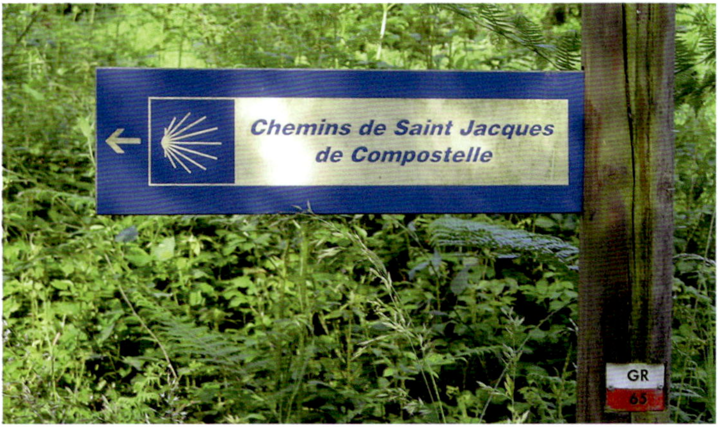

Nach dem Ortsschild von **Larceveau (Larzabale)** biegen Sie auf den Wanderweg nach rechts und bei der nächsten Möglichkeit wieder nach links ab. Zu den Einkaufsmöglichkeiten und den Hotels gehen Sie an der D933 geradeaus weiter nach Larceveau (km 4).

Larceveau (Larzabale)

⇧ 160 m, 64120, 400 Ew.

- Hôtel-Restaurant Espellet, Bourg (an der D933), ☎ 05 59 37 81 91, hotel-restaurant-espellet.fr, 20 Zimmer, Übernachtung ab € 40 (für 2 Personen € 48), Frühstück € 7,50, Halbpension € 56
- ♦ Hôtel-Restaurant du Trinquet, Bourg (an der D933), ☎ 05 59 37 81 57, 7 Zimmer, Übernachtung ab € 40

Der Jakobsweg verläuft parallel zur D933 weiter und kommt bei **Utziate** wieder direkt an die Straße. Am Croix de Galzetaburu ⇧ 260 m gehen Sie nach

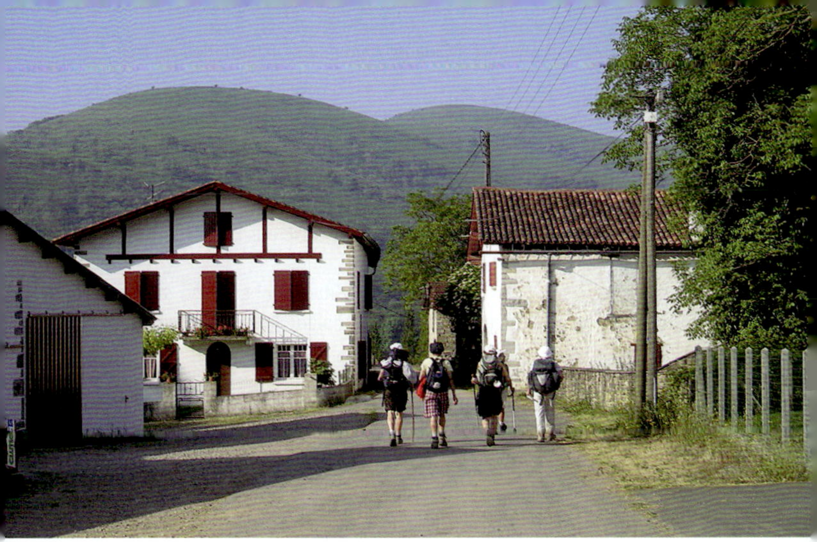

Zwischen Ostabat-Asme und Saint-Jean-Pied-de-Port

links von der D933 weg. Der Weg führt durch **Gamarthe** (km 10) hindurch und bei **Mongelos** wieder an die D933. Dort biegen Sie links ab. Nach 200 m an der Hauptstraße entlang gehen Sie wieder nach links. 600 m weiter biegen Sie nach rechts ab. Kurz bevor der Weg die D933 wieder erreicht, wurde in den letzten Jahren eine Wegalternative ausgeschildert. Je nach Tageszeit (und dementsprechendem Verkehr) können Sie weiter geradeaus gehen und erreichen über die D933 Saint-Jean-le-Vieux. Die ausgeschilderte Alternative führt über Nebenstraßen. Dazu gehen Sie nach links den Berg hoch und durch **Bussunarits** (km 16) und am Château d'Apat vorbei auf die D120 nach **Saint-Jean-le-Vieux (Donazahartar)** (km 17).

Saint-Jean-le-Vieux (Donazahartar)

⇧ 212 m, ✉ 64220, 880 Ew.

Gîte du Camp Romain, Mme Etchandy, Chemin vincial 04, ☏ 05 59 49 16 54 oder 06 86 99 82 03, Übernachtung € 15 (im Mehrbettzimmer, im Zweibettzimmer ab € 40)

Hôtel-Restaurant Mendy, Route d'Iraty, ☏ 05 59 37 11 81, Halbpension ab € 75, Frühstück € 7

⌘ **Aphat Ospitale**. Ruinen des alten Hospizes des Malteserordens mit der Kapelle Saint-Blaise. Etwa 1 km nördlich vom Ort an der D933 (zurück).

Im Ort laufen Sie nach links und 700 m an der D933 entlang. Dann biegen Sie nach links ab und gehen nach 100 m wieder nach rechts zur Kirche in **La Madeleine** (km 19,5).

✞ **Église Sainte-Marie-Madeleine de la Recluse** aus dem 15. Jh.

Von der Kirche führt der Weg Richtung Zitadellenberg und steigt an. Durch die Porte Saint-Jacques betreten Sie die Altstadt von **Saint-Jean-Pied-de-Port (Donibane Garaztar).**

Saint-Jean-Pied-de-Port (Donibane Garaztar)

⇧ 180 m, 64220, 1.580 Ew.

- Office du tourisme, 14 Place Général de Gaulle, ☏ 05 59 37 03 57, www.saintjeanpieddeport-paysbasque-tourisme.com
- ♦ Association des Amis des chemins de Saint-Jacques des Pyrénees-Atlantiques, 39 Rue de la Citadelle, ☏ 05 59 37 05 09
- Refuge pèlerin municipal, 55 Rue de la Citadelle, 32 Betten, Übernachtung mit Frühstück € 10. Die Herberge ist das erste Haus nach der Porte Saint-Jacques. Anmeldung bei der Association des Amis des chemins de St. Jacques, 39 Rue de la Citadelle. Die telefonische Reservierung ist ausgeschlossen. ganzjährig ab 14:00
- ♦ Refuge Accueil Paroissial, Maison Kaserna, 43 Rue d'Espagne, ☏ 05 59 37 65 17, 12 Plätze, Halbpension € 20, Anfang April bis Ende Sep
- ♦ Gîte privé Beilari, 40 Rue de la Citadelle, ☏ 05 59 37 24 68, www.beilari.info, 18 Plätze, Halbpension € 33, Ende März bis Mitte Sep
- ♦ Refuge privé Le Chemin vers l'Etoile, 21 Rue d'Espagne, ☏ 05 59 37 20 71 oder 06 14 06 92 77, www.pelerinage-saint-jacques-compostelle.com, 20 Plätze, Übernachtung ab € 17, Frühstück € 2 (Halbpension € 26), März bis Nov
- ♦ Gîte Zazpiak-Bat, M Guillaume, 13b Rue du Marchéchal Harispe, ☏ 06 75 78 36 23, www.gite-zazpiak-bat.com, 18 Plätze, Übernachtung mit Frühstück ab € 25, Halbpension ab € 38. Das Gîte liegt in der Nähe der Route Napoleon (D428).
- ♦ Gîte Compostella, 6 Route d'Arneguy (Route de Roncevaux), ☏ 05 59 37 02 36, 14 Plätze, Übernachtung ab € 12,50, Frühstück € 5, Halbpension ab € 30, März bis Nov ab 14:00
- ♦ L'Auberge du Pèlerin, 25 Rue de la Citadelle, ☏ 05 59 49 10 86 oder 07 67 22 96 24, www.aubergedupelerin.com, 43 Plätze, Übernachtung € 18, Abendessen € 12, Frühstück € 5, Ende März bis Mitte Okt

- Gîte ultreia, 8 Rue de la Citadelle, ☏ 06 80 88 46 22, 💻 www.ultreia64.fr, Küche, 4 Zimmer, 15 Plätze, Übernachtung mit Frühstück ab € 22
- ♦ Gîte Azkorria/Bigot, 50 Rue de la Citadelle, ☏ 05 59 37 00 53 oder 06 76 02 05 36, 14 Plätze, Halbpension ab € 28
- ♦ Refuge Esponda, 9 Rue du Trinquet, ☏ 06 07 27 57 85, 14 Plätze, Übernachtung ab € 14
- ♦ Gîte Zuharpeta, 5 Rue Zuharpeta, ☏ 05 59 37 35 88 oder 06 21 30 03 05, 💻 gite-zuharpeta.fr, 23 Plätze, Übernachtung ab € 18, Abendmenü € 13, Frühstück € 6

✞ **Église Notre-Dame**. Die Kirche wurde im 14. Jh. im gotischen Stil erbaut. Der Kirchturm ist gleichzeitig das Stadttor (Porte Notre-Dame) an der Brücke.

⌘ **Porte Saint-Jacques**. Das Jakobustor steht auf der Liste des UNESCO-Weltkulturerbes.

⌘ Die **Zitadelle** wurde als wichtiger Vorposten in den französisch-spanischen Grenzkonflikten errichtet. Ursprünglich erhob sich über dem Ort das Château de Mediguren (1191 erwähnt). Ab 1625 wurde das Schloss zu einer Zitadelle umgebaut.

Porte Saint-Jacques, Saint-Jean-Pied-de-Port

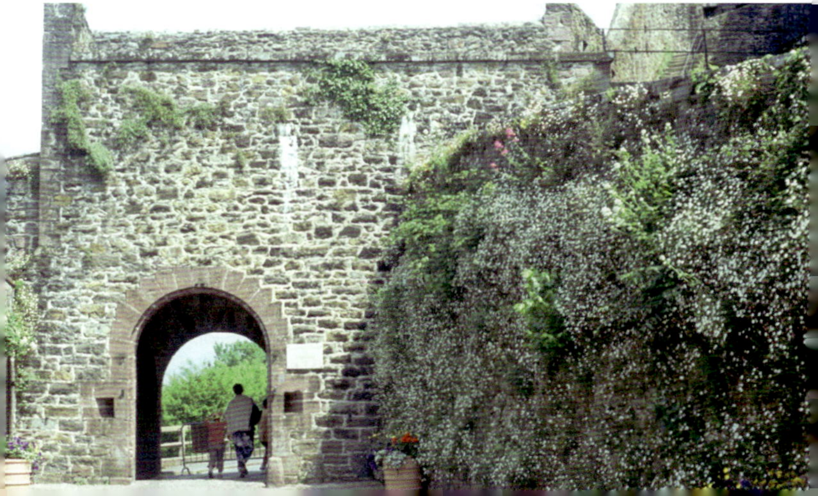

Schöner Ausblick von der Zitadelle

⌘ **Prison des Evêques**. Eine Abteilung in dem alten Gefängnis befasst sich mit dem Jakobsweg.

♦ 41 Rue de la Citadelle, ☏ 05 59 37 00 92, Ostern bis Allerheiligen tägl. außer Di 11:00 bis 12:30 und 14:30 bis 18:30, im Juli und Aug tägl. 10:30 bis 19:00, Eintritt € 3

Rue de la citadelle, Saint-Jean-Pied-de-Port

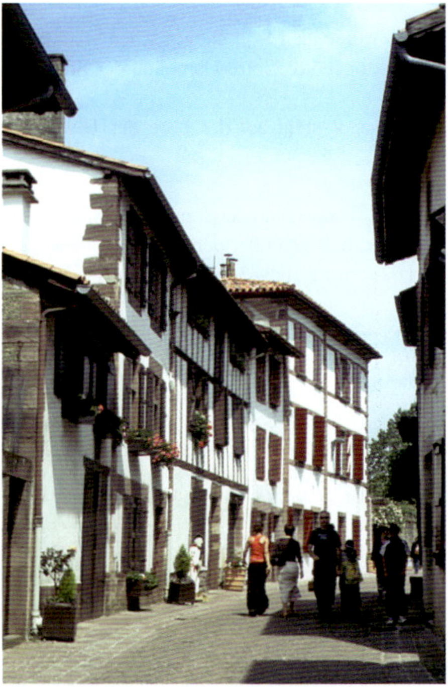

Saint-Jean-Pied-de-Port ist die Hauptstadt von Basse-Navarre (Nieder-Navarra). Als **Navarre** (span. Navarra) 1512 von dem Vereinigten Königreich Kastilien und Aragon besetzt wurde und von da an zu Spanien gehörte, blieb nur noch das Gebiet nördlich der Pyrenäen übrig. In französischer Abhängigkeit, aber formell noch selbstständig fristete das Königreich Basse-Navarre ein Schattendasein. Als 1589 Heinrich III. von Navarre als Heinrich IV. König von Frankreich wurde, war Basse-Navarre mit Frankreich in Personalunion verbunden. Bis 1830 trugen die französischen Könige offiziell den Titel „König von Frankreich und Navarre“.

Heute ist Saint-Jean-Pied-de-Port mit seiner Rue de Citadelle und der malerischen Partie am Fluss Nive (Errobi) ein Fremdenverkehrsort, der auf große Touristenströme eingestellt ist.

Wie geht's weiter?

❶ Auf dem Hauptweg Richtung Santiago de Compostela

Der Hauptweg nach Santiago de Compostela, der Camino Francés, verlässt **Saint-Jean-Pied-de-Port** durch die Port d'Espagne (Spanisches Tor) und führt auf der sogenannten Route Napoleon über die Pyrenäen (Col de Lepoeder, ⇧ 1.430 m) in das spanische **Roncesvalles** (Orreaga) ⇧ 952 m (km 27).

Die nächste Herberge (Gîte Ferme Ithurburia, ☏ 05 59 37 11 17, 25 Plätze) liegt im 6 km entfernten **Honto** ⇧ 480 m.

Für Fahrradfahrer empfiehlt es sich, die D933 Richtung Pamplona zu nehmen. Sie führt über **Valcarlos (Luzaide)** (km 12) und den Ibanetapass (⇧ 1.057 m) nach **Roncesvalles (Orreaga)** ⇧ 952 m. Die dortige Pilgerherberge nimmt aber keine Radfahrer auf.

Weitere Informationen und eine genaue Wegbeschreibung finden Sie beim Conrad Stein Verlag: Joos, Raimund: Spanien: Jakobsweg Camino Francés, ISBN 978-3-86686-424-5. € 14,90

❷ Auf dem Küstenweg Richtung Santiago de Compostela

Von **Saint-Jean-Pied-de-Port** fahren Sie mit dem Zug nach **Bayonne** und steigen dort nach **Hendaye** um. Hendaye ist der Ausgangsort des Küstenweges.

Weitere Informationen und eine genaue Wegbeschreibung bekommen Sie beim Conrad Stein Verlag: Joos, Raimund: Spanien: Jakobsweg Küstenweg (Camino de la Costa, Camino del Norte und beliebte Varianten), ISBN 978-3-86686-405-4. € 16,90

❸ Die Rück- oder Weiterreise mit dem Zug

Mit dem Zug können Sie von **Saint-Jean-Pied-de-Port** nach **Bayonne** fahren. Dort gibt es Verbindungen nach Biarritz, Pau, (über Bordeaux) nach Paris und nach Spanien.

☹ Da das Eisenbahnnetz in Frankreich auf Paris ausgerichtet ist, führt die Rückreise mit dem Zug nach Vézelay (leider) über Bayonne, Bordeaux und Paris.

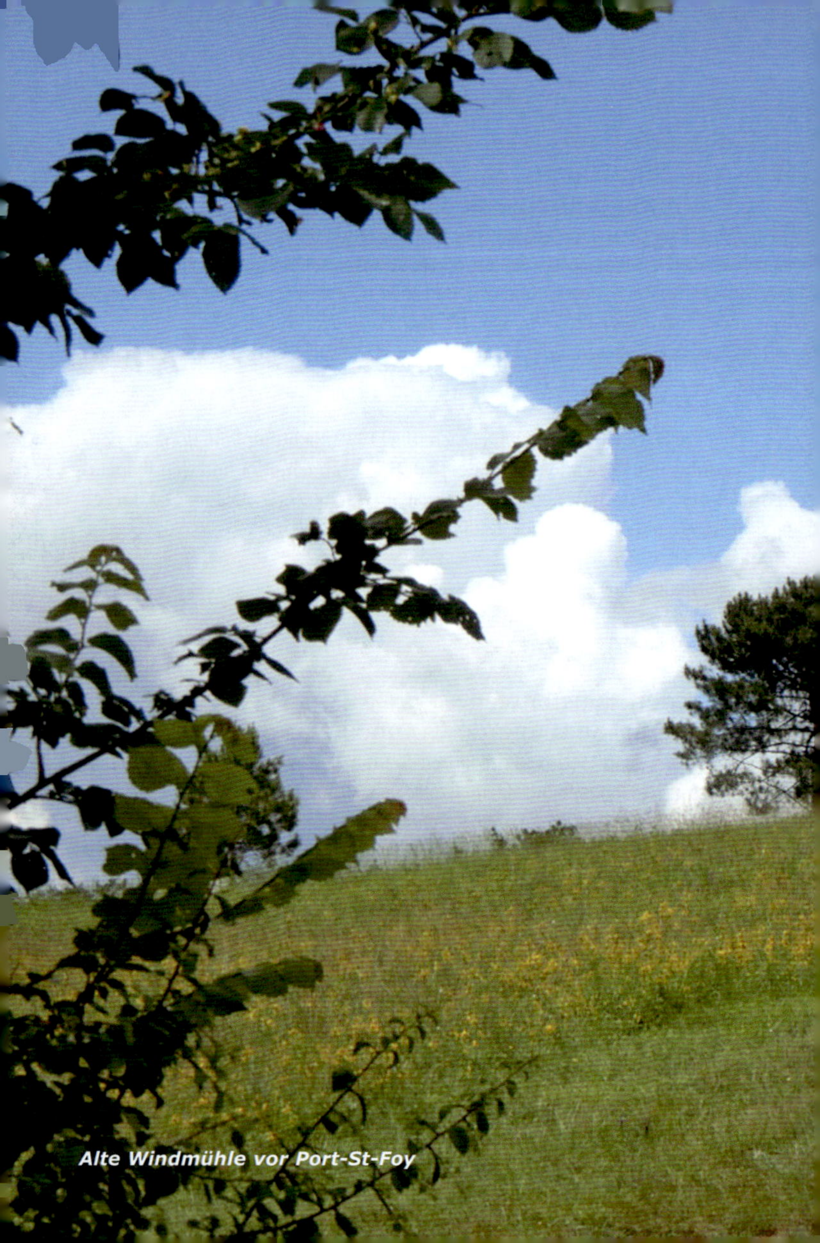

Alte Windmühle vor Port-St-Foy

Index

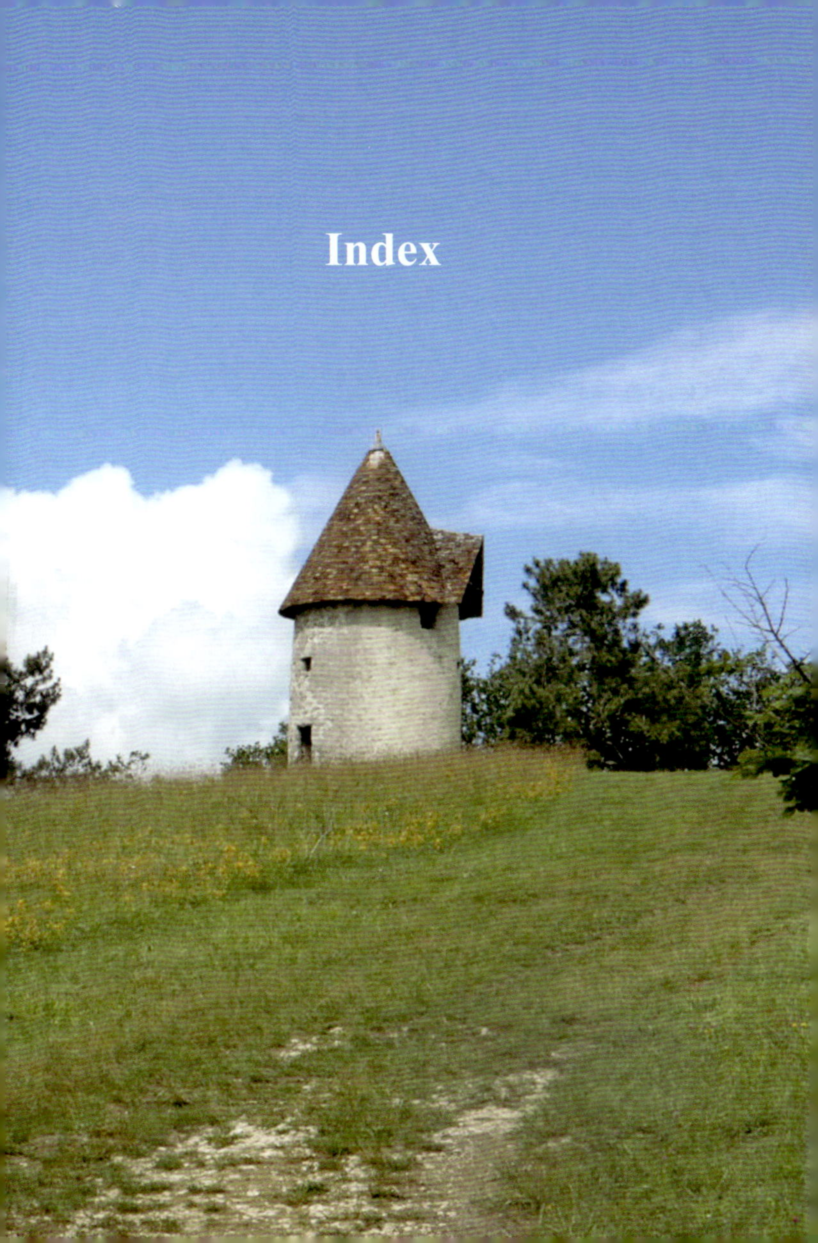

A

B

C

D

Q/R

S

T/U

V

W

Y/Z